Jürgen Rüttgers

Transformationen

Jürgen Rüttgers

Transformationen

Wie sich Deutschland ändern muss, um die Zukunft erfolgreich zu meistern

HERDER

FREIBURG · BASEL · WIEN

Satz: ZeroSoft, Timişoara
Herstellung: GGP Media GmbH, Pößneck

Printed in Germany

ISBN: 978-3-451-39646-5
ISBN E-Book: 978-3-451-83149-2

Inhalt

Vorwort

> „Daß dein Leben Gestalt, dein Gedanke Leben gewinne,
> laß die belebende Kraft stets auch die bildende sein."
> *(Friedrich Schiller)*

Wenn ich in den vergangenen Jahren über unsere Zukunft nachdachte, fiel mir immer wieder auf, wie häufig der Begriff „Transformation" genutzt wurde. Ob die Pandemie und ihre Folgen, der Krieg gegen die Ukraine, Trumps Überfall auf den Washingtoner Kongress, die Zeitenwenden oder die schlechten Wahlergebnisse der demokratischen Parteien: „Transformation" – alle großen Veränderungen wurden so markiert. Aber es ist ja auch wahr: Wir leben in schwierigen Zeiten großer Umwälzungen. Einige seien genannt:

Noch immer arbeitet in und an uns das *Ende des Kalten Krieges*, wie wir ihn bis 1989 kannten. Das ist schon mehr als 30 Jahre her, und wir erinnern uns, wie glücklich die Menschen nach Mauerfall und Wiedervereinigung waren. Heute wissen wir, dass nach friedlichen Revolutionen häufig ein „postrevolutionärer Folgekonflikt"[1] entsteht – so geschah es auch hier.

Auch Putins unverantwortlicher *Krieg gegen die Ukraine* hat Transformation zur Folge. Er will die alte Sowjetunion wiederbeleben; die alten russischen Teilstaaten sollen dem Kreml neue Macht geben. Die westlichen Demokratien wehren sich, um ihren Frieden, ihre Freiheit, ihren Wohlstand zu verteidigen.

Aus diesen und auch aus anderen Gründen sind *neue Strukturen im Westen* erforderlich, ob es nun um neue Technologien, um militärische Wehrhaftigkeit, um gesellschaftlichen Fortschritt, neue Erfindungen oder Zukunftsfragen geht oder um die Neuformierung supranationaler Zusammenarbeit. Nicht alle Bürgerinnen und Bürger begrüßen solche fundamentalen Änderungen. Sie wollen das Gewohnte nicht aufgeben, und für nicht wenige geht es auch darum, ihre persönliche Macht in Politik, Wirtschaft und Gesellschaft zu verteidigen. Dann greifen sie zu Mitteln illiberaler Demokratien.

Aber: Große Veränderungen ermöglichen oder erfordern immer auch Chancen, einen Neuanfang, dessen Ordnung sich oft erst noch herausbilden muss.

Ungeordnet ist beispielsweise noch die *Globalisierung unserer Lebenszusammenhänge.* Die Weltwirtschaft befindet sich in stürmischer Transformation, es geht um „Marktwirtschaft statt Staatswirtschaft", und wir wissen noch nicht, wie weit sich das im weltweiten Konsens regeln lässt.

Ganz offen ist auch die Frage, was die wachsenden *Möglichkeiten künstlicher Intelligenz* mit uns machen. Wir sagen: Diese Verfahren dürfen den Menschen nicht ersetzen, was offline gilt, muss auch online gelten. Aber werden wir das durchsetzen können?

Forschung und Entwicklung führen zu immer neuem Wissen. Wissen ist nicht alles; die Verabsolutierung des Wissens ist eine moderne Selbsttäuschung. Nützlich für eine humane Gesellschaft wird es nur, wenn es von (auch innerer) Bildung begleitet wird. Die Wissensgesellschaft setzt also Bildung voraus; Bildung ist damit die heute wichtigste soziale Frage — werden wir hier in der Breite der (Einwanderungs-)Gesellschaft erfolgreich sein?

Die Wissensgesellschaft muss deshalb durch eine *neue Bildungspolitik* exzellente Bedingungen für die schulische Erstausbildung schaffen. Die Ausbildung junger Menschen im Betrieb und den berufsbildenden Schulen in der Bundesrepublik ist — noch — europaweit und international vorbildlich, aber wir müssen daran arbeiten, die Ressourcen verbreitern, und es muss alles dafür getan werden, dass jeder Jugendliche einen Schulabschluss erwirbt.

Wir spüren auch einen *Umbruch der Volksparteien.* Volksparteien alter Prägung haben ihre alten Aufgaben verloren, die neuen Aufgaben aber nicht verstanden. Weil sie geglaubt haben, sie könnten mit einer „asymmetrischen Demobilisierung" die Wahlen gewinnen, haben sie in großem Umfang ihre Mitglieder verloren, keine neuen Mitglieder gewonnen und keine neuen Inhalte erarbeitet. Nur wenn sie einen Neuanfang beginnen, haben sie eine Chance für ihre Zukunft.[2]

Und schließlich: Die *Modernisierung der Europäischen Union.* Den so attraktiven „European Way of Life", der unser europäisches Leben prägt, gilt es zu verteidigen durch eine fortwährende Stärkung der Europäischen Union. Die Grundlage dieser Gemeinsamkeit war und ist die deutsch-französische Freundschaft, wie sie im Élysée-Vertrag und dem Vertrag von Aachen beschworen wurde. Frankreich und Deutschland tragen eine besondere Verantwortung für den europäischen Einigungsprozess. Sie sind der Kern der Europäischen Union, deren wichtigste Aufgabe es sein muss, eine gemeinsame Außen-, Sicherheits- und Verteidigungspolitik zu organisieren, in transatlantischer Kooperation mit den USA. Es gilt unverändert, was der französische Europapolitiker Jean Monnet schon am 5. August 1943 erklärte: „Es wird keinen Frieden in Europa geben, wenn der Wiederaufbau der Staaten auf der nationalen Souveränität beruht […] Die Länder Europas sind zu klein, um ihren Völkern den Wohlstand und die soziale Entwicklung zu sichern, die erforderlich sind. Die europäischen Staaten müssen eine Föderation bilden."[3]

Dabei gilt: „Man kann europäischer Deutscher sein und gleichzeitig ein deutscher Europäer." Mit diesem Satz illustrierte Helmut Kohl immer wieder den Gedanken, dass ein deutsches Vaterland und eine europäische Identität sich nicht ausschließen, sondern ergänzen. Nation, Staat und Europa sind im 21. Jahrhundert nur noch als Demokratie denkbar. Nicht der Nationalstaat, also die Identität von Staat und Nation, ist das Modell der Zukunft. Vielmehr ist es die Demokratie in Staat, Wirtschaft und Gesellschaft in Europa und seinen Mitgliedstaaten, die das Überleben der Nationen – auch Deutschlands – sichert.

Vor diesem Hintergrund muss jedes Land Europas und der EU entscheiden, ob es seine Zukunft im Vereinten Europa gestalten will.

Jürgen Rüttgers

1. Transformationen – ein Überblick

„Demokratische Ordnungen sind nicht in Stein gemeißelt. Sie sind Fragen nach Sinn und Leistungsfähigkeit ausgesetzt. Demokratie heißt Wettbewerb um Ideen, Programme und Ziele. Deshalb wählen wir. Deutschland und Europa müssen mehr Demokratie wagen, um das Versprechen von Freiheit und Gerechtigkeit zu erfüllen. Und das Erreichte darf nicht zwischen den Fingern zerrinnen. Deutschland und Europa haben viel zu verlieren."

(Jürgen Rüttgers)[1]

Bedrohte Freiheit

Als der „Kalte Krieg" des letzten Jahrhunderts mit der Wiedervereinigung Deutschlands und dem Zusammenbruch des kommunistischen Systems endete, war Deutschland 50 Jahre geteilt. Damals, 1989/1990, hatten sich die Menschen in Osteuropa ihre Freiheit errungen. In Polen streikte die Gewerkschaft Solidarność für Freiheit und Gerechtigkeit, ihre Mitglieder kämpften im Untergrund gegen die kommunistische Diktatur und waren darin erfolgreich. Auch die ungarische Regierung öffnete den „Eisernen Vorhang". In der Tschechoslowakei stellte sich der Schriftsteller und Dissident Václav Havel an die Spitze der demokratischen Bewegung. Die Letten, Esten und Litauer zeigten ihren Freiheitswillen in einer großen Menschenkette, an der sich mehr als eine Million Menschen beteiligten.

In Ostdeutschland trugen die Menschen Kerzen durch ihre Städte. Die kommunistische DDR-Regierung wurde gleichsam durch ein Straßenplebiszit abgewählt, sie war nicht mehr in der Lage, den Eisernen Vorhang und die Berliner Mauer, die Deutschland teilten, mit Gewalt aufrechtzuerhalten. Dies war „vielleicht […] die einzige erfolgreiche Volkserhebung der deutschen Geschichte", schreibt Tony Judt.[2]

Die Idee der Freiheit hatte gesiegt. Diktaturen wandelten sich zu Demokratien, die auf den westlichen Grundwerten fußten und als Rechtsstaaten mit Gewaltenteilung sowie einer unabhängigen Verfassungsgerichtsbarkeit Mitglied der Europäischen Union und der transatlantischen Verteidigungsgemeinschaft werden konnten. Dass diese große europäische Freiheitsrevolution mit dem Resultat der deutschen Wiedervereinigung friedlich stattfand und auch noch die Zustimmung aller Mitgliedstaaten der Europäischen Union und der alliierten Siegermächte gewann – das ist das eigentlich Wunderbare.

Aber das Glücksgefühl jener Jahre ist geschwunden. Heute haben viele Menschen Angst vor der Zukunft. Sie erleben, wie sich die alte Weltordnung auflöst und das hergebrachte Gleichgewicht der Mächte schwindet. Und keiner weiß, wie die neue Ordnung der Welt sortiert sein wird.

So wie Jürgen Osterhammel für den amerikanischen Unabhängigkeitskrieg festgestellt hat: „Gekämpft wurde nicht für eine Verfassung, sondern um Spielräume unterschiedlicher Gesellschaftsmodelle *innerhalb* einer bestehenden Verfassung"[3], so kennt auch die postkommunistische Gegenwart im demokratischen Teil Europas solche Debatten: „Der Westen hatte im Gefühl des Sieges über die sozialistischen Staaten geglaubt, weitermachen zu können wie gewohnt. Dabei verdrängte er, dass das neue, wiedervereinigte Europa ein neues Regulierungsparadigma brauchte, um die ‚kulturelle Krise des Hyperindividualismus' zu überwinden."[4]

Man war in der Europäischen Union nach 1989 eben nicht an einem gemeinsamen Freiheitsverständnis angekommen. Aber: Statt eine gemeinsame Zukunft im vereinten Europa aufzubauen, differieren bis heute die Interpretationen dieser notwendigen Gemeinsamkeit erheblich: In Polen, Ungarn, Italien oder Frankreich finden nationalistische, abgrenzende Ideologien neue Anhänger. Das führt zur Stärkung populistischer Parteien, die auf der Basis eines neuen Nationalismus eine regelbasierte, multilaterale und föderalistische Politik ablehnen.

Hinzu kommt der durch den russischen Präsidenten Putin gegen die Ukraine begonnene grausame Krieg, der die westlichen Demokratien, die USA sowie Europa und Deutschland vor neue Herausforderungen stellt. Sie müssen sich nun nicht nur um intensivere politische und wirtschaftliche Zusammenarbeit bemühen, sondern ernsthaft auch an militärischer Kooperation arbeiten, wenn das westliche Freiheitsmodell Bestand haben soll.

Insofern stellt Russlands Krieg tatsächlich eine Zeitenwende dar. Sieben Jahrzehnte lang schien es so, als seien Konflikte diplomatisch einzuhegen. Tatsächlich gelang das auch, wenngleich es bis 1989 ein kalter Friede war, fußend auf gegenseitiger militärischer Bedrohung für den Fall einer Aggression. Der Zusammenbruch des Kommunismus nach 1989 vermittelte uns das Gefühl, auf militärische Rüstung käme es nun nicht mehr an. Der Gang der Geschichte, so schien es, gab uns Anlass für eine pazifistische Konstruktion des politischen Europas – Hoffnungen, die nun zerstört sind. Mühsam – und mit viel Geld – müssen wir (beim Militär oder auch der Energiepolitik) nachholen, was in dieser Zeit der Friedensseligkeit verpasst wurde. Und wir erkennen, dass der alte Satz: „Wenn du den Frieden willst, bereite den Krieg", der vor 1989 die Wirklichkeit bestimmte, auch jetzt wieder die Lage beschreibt. Das treibt die Menschen um.

Klimakrise, grenzenlos

Gewiss markiert auch der Klimawandel eine solche Wendezeit. Jeder weiß, dass auch sein Leben betroffen sein wird. Der Temperaturanstieg macht Teile der Erde unbewohnbarer, als sie es schon sind. Er zerstört arktische Lebensräume, er verändert die Biologie der Meere. Er sorgt für Migrationsbewegungen, die weitere soziale Verwerfungen zur Folge haben werden, wenn sie nicht in weltweiter Anstrengung gesteuert werden können.

Der Versuch, den Klimaanstieg zu begrenzen, verändert zudem die energiepolitische Landschaft. Energieerzeugung mit klimaschädlichen Gasemissionen ist unerwünscht. Die Industriegesellschaft kann daher nur überleben, wenn sie sich auf knappere Energie einstellt und hier neue Wege geht. Aber es wird ihr schwer gemacht, diese neuen Pfade zu definieren. Zwar wird Kohle, Öl und Gas jede Zukunft abgesprochen, zugleich aber schaltet die Bundesregierung CO_2-freie Kernkraft ab und subventioniert fossile klimaschädliche Energieträger weiterhin.

Gleichzeitig kommen die propagierten erneuerbaren Energien nur langsam voran – seinen „Doppelwumms" hatte sich der Bundeskanzler wohl anders vorgestellt. Der verunsicherte Bürger greift derweil wieder zum Brennholz und wirft die Kachelöfen an. Das Ergebnis: 2022 ist in deutschen Wäldern so viel Holz zur Energiegewinnung geschlagen worden wie seit der Wiedervereinigung nicht: Die Menge stieg von 11,8 auf 13,8 Millionen Kubikmeter, das ist ein Plus von 17 Prozent.[5]

Zugleich laufen wir auf einen dramatischen Energiewandel zu. Marc Elsbergs Roman „Blackout"[6] ist deshalb zum Bestseller geworden, weil das Horrorszenario, das er darin entwirft, in den Bereich des Realistischen gerückt ist, gelebte Angst. Tatsächlich können sich diese Blackouts künftig häufig ereignen. Es ist zu wenig Strom im Netz, Blackouts können eintreten, wenn die Versorgung über einen langen Zeitraum auszufallen droht. Beim

Thriller „Blackout" war dieser bewusst herbeigeführt – aus politischen Gründen.

In der Hauptschaltleitung Brauweiler geschah dies aber am 12. Juni 2019 tatsächlich – aus ungeklärten Gründen. Fachleute nennen einen solchen Großausfall „Brownout". Damals gelang es einem jungen 27-jährigen Ingenieur, überall Strom zu kaufen, ohne Plan, ohne Erlaubnis, für viel Geld. Er rettete die Situation.

Das Dramatische aber ist: Der Energiemangel, auf den wir zulaufen, ist nicht etwa technisch schicksalhaft über uns gekommen. Vielmehr hat Deutschland die Versorgungssicherheit von Wohnungen, von Industrie, von Mittelstands- und Handwerksbetrieben, von Rechenanlagen, von Unternehmen der Lebensmittelproduktion aus politischen und ideologischen Gründen mit jeweils bewussten Entscheidungen aufgegeben. Fatal war die Konzentration auf Gaslieferungen aus Russland, auf Windräder und Photovoltaikanlagen, die nur phasenweise Strom liefern und schon einmal wegen einer Gewitterfront ausfallen. Unsere Energienot ist eine Kette politischer Fehlentscheidungen.

Die Zeitenwende hat sich angekündigt

Den Begriff der „Zeitenwende" hat die Ampelregierung aus SPD, Grünen und FDP im Jahr 2022 populär gemacht. Kanzler Scholz fasste mit diesem Begriff, geboren aus dem russischen Angriffskrieg gegen die Ukraine, aber auch all die Veränderungen zusammen, die sich bereits in den letzten drei Jahrzehnten auftaten. Denn schon zur Jahrhundertwende war klar, welche Umbrüche und Herausforderungen bevorstehen:

- Immer mehr Menschen suchen Antworten auf die neuen Herausforderungen im Rückzug auf Bekanntes und Überschaubares. Das Erstarken fundamentalistischer Strömungen hat hier seine Ursachen. Nicht ohne Grund stößt Samuel Huntingtons These vom Zusammenprall der Kulturen auf so große Resonanz.

- Auch die Chancen der internationalen Information und Kommunikation, die faszinierende Entwicklung des Internets, werden überlagert von Gegenbewegungen und Gefährdungen. Clifford Stoll, der zu den Pionieren des Internets zählt, warnt heute vor der Gefahr der Entmenschlichung in einer Wüste von Datenmüll. Politischer Radikalismus, verschiedene Formen von Kriminalität und Pornografie haben in den Rechnernetzen eine neue Heimat gefunden. Auch eine neue gesellschaftliche Spaltung wird befürchtet: hier jene, die über Computerkompetenz verfügen, und dort solche, die als Computeranalphabeten ein neues Proletariat bilden: Angeschlossene und Ausgeschlossene.

- Angekündigt hatte sich auch der fortwährende Konflikt zwischen Marktwirtschaft und Demokratie. Trotz der Auflösung des kriegerischen Gegensatzes von Kapitalismus und Kommunismus und der Entwicklung einer globalen Marktwirtschaft zeigt sich, dass Marktwirtschaft und Demokratie keineswegs natürliche Schwestern sind. Das eine (Marktwirtschaft) funktioniert ohne das andere (Demokratie) – das zeigt sich am deutlichsten am Beispiel asiatischer Länder, vor allem Chinas.

- Seit Längerem schon stellen wir fest, dass durch die Globalisierung die politischen Systeme der Nationalstaaten unter erheblichen Anpassungs- und Legitimationsdruck geraten sind. Nationale Regelungsräume verlieren an Einfluss. Es verwundert nicht, dass die faktische Entwertung der Nation zu emotionalen Gegenreaktionen führt – zu neuem Nationalismus.

- Auch die internationalen Finanzinstitutionen müssen – wir spüren es seit Langem – angepasst werden. Sie spiegeln die

Realität der Globalisierung nicht mehr wider. Extreme Auswüchse von Finanzmarktspekulationen und Wettbewerbsverzerrungen erfordern neue internationale Spielregeln. Seit der Asienkrise und den Entwicklungen in Russland wird über dieses Thema wieder verstärkt nachgedacht. Für manchen ist jedoch die Forderung nach neuen Instanzen zur Reglementierung einer Weltgemeinschaft ein willkommener Vorwand, sich die Mühe der Erarbeitung freiheitlicher Konzepte zu ersparen und so von unzureichenden Antworten im eigenen Land abzulenken.

- Und schließlich ist die Finanzierung der sozialen Sicherungssysteme eine weitere Unwägbarkeit, die sich durch den verschärften Wettbewerbsdruck mit neuer Dringlichkeit stellt. Nationalstaatliche Systeme sind diesem besonders ausgesetzt. Wenn sich die Art, wie Menschen arbeiten, verändert, dann geraten Systeme, die durch Arbeit finanziert werden, in große Schwierigkeiten. Wer sie als reine Kostenfaktoren ansieht, wird zu Sozialabbau neigen. Wer aber erkannt hat, dass ihr Funktionieren Voraussetzung für positive Veränderungen ist, wird sie in modifizierter Form zu retten versuchen.

Die deutsche Einheit

Zu den glücklichen Momenten der deutschen Geschichte gehört, dass Deutschland 1990 die Wiedervereinigung letztlich mit Zustimmung unserer europäischen Partner friedlich vollziehen konnte. Aber historische Wendungen sind oft das Ergebnis politischer Entscheidungen, die lange zurückliegen. So wäre ohne die Politik Konrad Adenauers, des ersten Kanzlers der Bundesrepublik, die deutsche Einheit nicht möglich geworden. Er verankerte Deutschland fest im Westen und damit in der neuen Demokratie Europas. Sein festes Ziel war eine Wiedervereinigung in Frieden und Freiheit, darauf waren seine politischen Entscheidungen gerichtet.

Helmut Kohl konnte in den Jahren des Mauerfalls und der Wiedervereinigung davon Gebrauch machen. Arnulf Baring lobt im Rückblick, „wie schnell 1989/90 Bundeskanzler Helmut Kohl die unerwartete Chance begriff, die sich uns bot. Er hat sie sofort beherzt und zugleich vorsichtig genutzt. Die Sozialdemokraten hingegen ließen eine große geschichtliche Chance vorübergehen, auf die sie doch mit der neuen Ostpolitik Willy Brandts nach 1969 ursprünglich selbst hingearbeitet hatten. Wie schon in der Gründungsphase der alten Bundesrepublik verkannten sie wieder die Zeichen der Zeit."[7]

Frank Becker betont einen anderen Aspekt, der den Bürgern Wendemut und europäische Gesinnung abverlangt: „Damit schuf der Kanzler politische Fakten, die unmissverständlich klarmachten, dass Deutschland keine Hegemonie in Europa anstrebte, sondern in Europa aufgehen wollte – in einem Europa, das möglichst allen Staaten jene Freiheitsrechte gewährte, von denen die Deutschen 1989/1990 profitierten. Kohl war also ein ,Kanzler der Einheit', sogar in einem doppelten Sinn. Er setzte sich für die Einheit Europas ebenso ein wie für die Einheit Deutschlands."[8]

Viele Menschen fühlen sich angesichts dieser fundamentalen Veränderungen überfordert. Sie suchen nach Sicherheit und fordern die Rückkehr nationalstaatlicher Grenzen. Aber welchen Weg wir auch immer gehen: Von der Faszination „des normativen Projekts des Westens, der Ideen der unveräußerlichen Menschenrechte, der Herrschaft des Rechts, der Gewaltenteilung, der Volkssouveränität und der repräsentativen Demokratie"[9] dürfen wir nicht ablassen. Das ist die Verpflichtung, die aus den Veränderungen des Jahres 1989 für uns erwächst.

Entgrenzungen unseres Lebens

„Entgrenzung" ist nicht nur eine politische Beschreibung. Der Begriff beschreibt auch Veränderungen des Raumes, von globalen Zusammenhängen, von politischen, wirtschaftlichen, geistigen und kulturellen Grenzen. Und diese „Entgrenzungen" beruhen heute (mehr als in obrigkeitsstaatlicher Vergangenheit) auf individuellen Entscheidungen.

Von solchen Entgrenzungen haben die Menschen viele erlebt. Es sind solche, die fremdbestimmt über sie gekommen sind, und andere, die Menschen autonom für sich vornehmen, die Spielräume ihrer Freiheit nutzend.

Am spürbarsten sind jene Entgrenzungen, die die Globalisierung mit sich bringt. Die Taktzahl des wirtschaftlichen Wettbewerbs hat sich beschleunigt. Denn es geraten unterschiedliche Wirtschaftssysteme mit unterschiedlichen Kostenvoraussetzungen miteinander in einen Wettbewerb um Märkte und Preise, der die Sicherung der von uns geschätzten sozialen Marktwirtschaft erschwert. Es wird schwieriger, ihr Versprechen von Wohlstand, Solidarität und Chancengleichheit einzulösen. Das macht Menschen Angst vor der Zukunft.

Natürlich führen solche Veränderungen immer auch zu erneuten ordnungspolitischen Debatten. Mehr denn je kommt es jedenfalls auf Wissen an, auf Bildung also und Forschung, auf die besseren Ideen. Wissen ist neben Arbeit, Boden und Kapital längst ein weiterer bedeutsamer Produktionsfaktor.

Zusammen ergibt das wieder Sinn. Globalisierung und Wissensgesellschaft können eine neue Wirtschaftsentwicklung entstehen lassen, die sich für alle Menschen positiv auswirkt und die auch unser sozialpolitisches Versprechen sichern kann – wenn wir mithalten. Denn das Tempo der Wissensvermehrung ist gewaltig. Alle fünf bis sieben Jahre verdoppelt sich das weltweit verfügbare Wissen. Die Zahl der Computer mit Internetzugang steigt jährlich um etwa vier Prozent. Die Zahl der Internetnutzer steigt rasant: Im

April 2022 nutzten 63 Prozent der Weltbevölkerung das Internet, 1995 waren das noch weniger als ein Prozent.

Mag die Mehrheit der Menschen der Richtung einer politischen Entwicklung aber auch zustimmen (wie das bei der deutschen Einheit war), so suchen viele Zeitgenossen doch verstärkt nach Überschaubarkeit. Sie wollen zurück in eine „gute alte Zeit", die es jedoch nie gab.

Die Summe aller heute erlebten „Entgrenzungen" hat erhebliche psychologische Folgen. Politische Verantwortung kann daher nicht mehr allein bedeuten, das allgemeine Leben einer Gemeinschaft zu organisieren – Nahrung, Wohnung, Bildung, Sicherheit. Politik muss mehr denn je individualwohlorientiert und daher überaus kommunikativ sein, sie muss einen demokratischen Diskurs organisieren, der über Verlautbarungen im Internet hinausgeht, um eine valide öffentliche Meinung entstehen zu lassen. Umfassender als bisher muss man berücksichtigen, dass die Entscheidungen, die die Gremien einer repräsentativen Demokratie treffen, auf individuelle Empfindlichkeiten und Reaktionen stoßen. Das macht eine proaktive Kommunikation notwendig.

Die Entfremdung von Politik

Auch die Veränderungen der Parteienlandschaft sind Zeichen einer Transformation. Früher verfügten wenige Parteien über jeweils relativ große Stimmanteile, sie durften sich zu Recht als Volksparteien verstehen. Das hat sich geändert: Kleine Interessengruppen nähren eigene Parteien; die Zahl der Stammwähler nimmt von Wahl zu Wahl ab; in Deutschland gibt es auch keine die Parteien tragenden Milieus mehr.

Die Macht, die die Parteien einmal hatten, ist stark reduziert, ihre feste Basis geschwunden. Die Arbeiter wählen nicht mehr selbstverständlich die SPD, der Mittelstand und das Handwerk sowie die

Beamten nicht mehr automatisch die CDU, die Unternehmer nicht mehr FDP, die „Ossis" nicht mehr Linkspartei. Die AfD wird nicht nur von Rechtsradikalen und Querdenkern gewählt, sondern vor allem von Protestwählern. Die Grünen haben ein städtisches Milieu entwickelt, das jetzt dazu führt, dass sie in einem großstädtischen Umfeld neben Listenmandaten auch Direktmandate erringen können. In Kommunalwahlen stellen die Grünen inzwischen auch Oberbürgermeister/-innen.

Der Anteil der Nichtwähler ist problematisch hoch. 2021 hat sich fast ein Viertel der Wahlberechtigten nicht an der Bundestagswahl beteiligt.[10] Viele Bürgerinnen und Bürger wenden sich „mit Grauen ab von einer Politik, die sie als Spektakel empfinden. In der Berliner Arena, so scheint es manchmal, führt eine Laienschar ein Stück auf, wie es die Brüder Grimm nicht phantastischer hätten ersinnen können. Das Märchen von einer Regierung, die auszog, das Fürchten zu lernen. Zum Fürchten sind die jüngsten Urteile der Bevölkerung über den Zustand von Staat und Politik. Die Entfremdung wächst und wird endemisch."[11]

Über diese Umwege politischer Überforderung produziert die Politik selbst jenen Verdruss und jene Vertrauenskrisen, denen sie zunehmend zum Opfer fallen könnte. Sie sind die selbst aufgestellte Falle der Diskrepanz von Allmachtsofferten und Einlösungskompetenz.

61 Prozent der repräsentativ Befragten sind überzeugt, dass „keine Partei" mit den Problemen in Deutschland fertigwerde, nur ein Drittel glaubt, dass die vier relevanten koalitionsfähigen politischen Parteien dazu in der Lage seien. Auch vertrauten aktuell nur noch 30 Prozent der Deutschen den Parteien, nur noch 29 Prozent der Bundesbürger denken, ihr Staat sei kompetent und handlungsfähig.[12]

Es fehlt also nicht nur an Vertrauen in die Transformationskompetenz, sondern auch an Führung, die solches Vertrauen wiederherstellt.

2. Globalisierung als System-Wettbewerb

„Ein eventuell besseres wirtschaftliches Modell muss heute wohl mehr als sonst von einer tieferen existentiellen und sittlichen Veränderung der Gesellschaft ausgehen. [...] Es ist also nicht so, dass die Einführung eines besseren Systems automatisch ein besseres Leben garantiert, sondern eher umgekehrt – nur durch ein besseres Leben kann man wohl auch ein besseres System aufbauen."

(Václav Havel)

Die erschütterte Weltfinanzordnung

In der ersten Dekade des 21. Jahrhunderts brach eine weltweite Wirtschafts- und Finanzkrise aus. Die Welt stand am Abgrund. Mit dem Konkurs der amerikanischen Bank Lehman Brothers und der Verstaatlichung großer Unternehmen begann eine neue Form von Staatswirtschaft. Aus Angst vor einer Rezession und hoher Arbeitslosigkeit wurden weltweit bis dato unvorstellbar hohe Rettungssubventionen verteilt.

Als am 16. September 2008 die globalen Geldmärkte einfroren, begann „die erste Krise eines globalen Zeitalters".[1] Es war ein „ernüchterndes historisches Fazit. Innerhalb von nur fünf Jahren hatten sowohl die außen- als auch die wirtschaftspolitische Elite der

Vereinigten Staaten, des mächtigsten Staats der Welt, ein demütigendes Scheitern erlebt."[2]

Aber es blieb nicht bei einem amerikanischen Problem. Zwar lag dort die Verantwortung, aber gleichzeitig implodierte auch die Londoner City. In vielen anderen Staaten, insbesondere in den EU-Staaten, ergaben die Haushalts- und die Handelsdefizite die gleichen Probleme. Es wurde nun schwieriger, Geld von ausländischen Geldgebern zu bekommen. Die „twin deficits" folgten unterschiedlichen Drehbüchern und erlebten unterschiedliche Entscheidungen. In der Eurozone drehte sich, beobachtete Adam Tooze, alles „in erster Linie um die Politik und die Verfassung der Eurozone".[3] Dennoch versuchte Ben Bernanke als Präsident der FED, „jener Clique aus Banken, ihren Aktionären und den dreist absahnenden Führungsleuten Kredite in Höhe von Billionen Dollar zur Verfügung zu stellen […] Um dem Ganzen die Krone aufzusetzen, ging mindestens die Hälfte der zur Verfügung gestellten Hilfsmittel, obwohl die Federal Reserve eine nationale Zentralbank ist, an Banken, die ihren Sitz nicht in den Vereinigten Staaten, sondern überwiegend in Europa haben."[4]

Seit 2009 ist die amerikanische Wirtschaft kontinuierlich gewachsen. „Im Gegensatz dazu trieben die Verantwortlichen der Eurozone durch mutwillige Entscheidungen Millionen Bürger in eine mit den 1930er-Jahren vergleichbare Depression. Das war eine der schwersten selbst verschuldeten wirtschaftspolitischen Katastrophen der Geschichte. Dass ausgerechnet das winzige Griechenland mit einer Volkswirtschaft, die 1 bis 1,5 Prozent des Bruttoinlandsprodukts der EU ausmacht, zum Dreh- und Angelpunkt für diese Katastrophe gemacht werden sollte, lässt die europäische Geschichte zu einer bitteren Karikatur erstarren."[5]

Obwohl der deutschen Bundeskanzlerin auf der nationalen wie auf der europäischen Ebene eine gemeinsame Politik der Stabilisierung immer wieder empfohlen wurde, weigerten sich deutsche und andere europäische Politiker, denjenigen Mitgliedstaaten finanzielle Hilfe anzubieten, die kurz vor dem Staatsbankrott standen. Erst Anfang Mai 2010 änderte die deutsche Bundesregierung ihre Meinung und schloss sich dem amerikanischen Drängen an. Fortan galt die CDU als „Umfallerpartei", wenngleich die Hilfe für Griechenland unausweichlich war. „Um zu verhindern, dass Griechenland ‚ein weiterer Lehman' wurde, mobilisierten die Amerikaner den IWF, das sinnbildliche Geschöpf des klassischen Globalismus der Nachkriegszeit, um das Europa des 21. Jahrhunderts zu retten. […] Erst im Juli 2012 stabilisierte sich Europa."[6] Die Krise hatte viele Folgen – eine davon war, dass die CDU-geführte NRW-Landesregierung die Landtagswahl am 9. Mai 2010 verlor.

Kampf um die Wirtschaftsordnung – auch in der CDU

Die Finanzkrise verstärkte die Debatten um unsere Wirtschaftsordnung, die schon länger liefen. Schon mit dem Zusammenbruch des kommunistischen Sozialismus hatte sich vielerorts eine ungeregelte Marktwirtschaft durchgesetzt, die diese Debatten provozierte. Mit den „Chicago Boys", die Anhänger des amerikanischen Präsidenten Ronald Reagan und der britischen Ministerpräsidentin Margaret Thatcher waren, entwickelte sich eine neue Form des Liberalismus. Die in Deutschland fälschlicherweise „Neoliberalismus" genannte Form der Marktwirtschaft konnte sich weitgehend durchsetzen. „Ihr Argument gegen die Soziale Marktwirtschaft war: Der Markt allein ist schon sozial. Wenn der See steigt, dann haben alle im Boot etwas davon."[7]

Diese Theorie vom „Washington Consensus"[8], dessen Credo staatliche Sparsamkeit, Liberalisierung der Handelspolitik, Deregulierung von Märkten und Privatisierung war, wurde vom Internationalen Währungsfonds und der Weltbank in einer großen Zahl von Volkswirtschaften durchgesetzt.

Auch in Deutschland gab es eine intensive Debatte in allen Parteien des Bundestages über die Zukunft des Wirtschafts- und

Sozialsystems in einer globalen Wirtschaft. In der unter dem Begriff „Neoliberalismus" geführten Diskussion wurde behauptet, dass der Sozialstaat nicht mehr finanzierbar sei. Wie stark aber sollte der Staat eingreifen in die finanzielle Absicherung der Lebensrisiken: Alter, Invalidität, Krankheit, Pflegebedürftigkeit, Armut und zumeist auch Arbeitslosigkeit?

Die CDU führte diese Diskussion um den Grad der Freiheit in der sozialen Marktwirtschaft ebenfalls. Unter Leitung des ehemaligen Bundespräsidenten Roman Herzog wurde mit der CDU-Vorsitzenden Angela Merkel ein neues Wirtschafts- und Sozialprogramm entworfen. Nach einer Reihe von Regionalkonferenzen wurde es auf dem Leipziger Parteitag am 1.12.2003 beschlossen.[9] Der veranlasste „politische Druck auf die Sozialpolitik, der sich innerhalb der Union deutlich bemerkbar machte, verstärkte sich in den folgenden Jahren durch Vorgaben der Europäischen Union […] Hinzu kamen zu diesem Zeitpunkt noch unklare finanzielle Folgen im Rahmen der Deutschen Einheit, […] [und] der gesamtdeutschen Krise von 1993–1996."[10]

Da war es schwer, den bisherigen expansiven Kurs der Sozialpolitik zu halten, der seine deutlichste Ausformung in der 1995 eingeführten Pflegeversicherung fand, die Norbert Blüm initiiert hatte. Sie beförderte die Sozialleistungsquote, also die Summe aller Sozialleistungen in Prozent des BIP, von 27,6 Prozent im Jahre 1995 auf 28,8 Prozent im Jahr darauf, 1991 (dem ersten Jahr des gesamtdeutschen Budgets) waren es noch 24,9 Prozent gewesen.[11] Als dann die rot-grüne Koalition diese Quote ab 1998 weiter nach oben trieb, wuchs der Druck auf Angela Merkel, eine sparsamere Sozialpolitik zum Markenzeichen der CDU auf der Suche nach einem validen Oppositionskern zu machen. Die alte sozialpolitische Garde war abgetreten, der Wirtschaftsflügel der CDU unter Friedrich Merz führte diese Debatten nun an. So kam es zum Leipziger Parteitag 2003, der eine polarisierte Debatte über den zukünftigen sozialpolitischen Kurs der Union auslöste.

Ihr kam entgegen, dass die Herzog-Kommission eine maßgebliche Ursache für die deutsche Wachstumsschwäche in den hohen Sozialversicherungsbeiträgen sah. Im Ergebnis sprach sich die CDU in Leipzig (wenn auch gegen harte innerparteiliche Widerstände) für ein Prämiensystem in der Gesundheitsversicherung aus, um damit die unternehmerischen Wachstumskräfte zu stärken. Das war ein Systemwechsel, weg von der rein beitragsbezogenen Solidarversicherung, ein – wie die Kanzlerin es ausdrückte – „Befreiungsschlag zur Senkung der Arbeitskosten". Aber „dieser Befreiungsschlag wurde vor allem von den Vertretern des christlich-sozialen Flügels, allen voran Norbert Blüm, als Verabschiedung aus der Solidarität begriffen".[12]

Und da in Leipzig zugleich auch die Arbeitsmarkt- und Tarifpolitik flexibilisiert werden sollte, um Wachstum zu fördern und Arbeitslosigkeit abzubauen, „sprachen viele von der Freidemokratisierung der Union".[13]

Den neuen Beschlüssen der CDU war jedoch kein langes politisches Leben beschieden. Das Wahlergebnis 2005 war für die CDU so knapp, „dass die CDU fortan marktradikalen Reformen der Sozial- und Arbeitsmarktpolitik eher skeptisch bis ablehnend gegenüberstand. Stattdessen setzte sie nunmehr wieder auf Reformen innerhalb des Systems."[14]

Bei der SPD: Agenda 2010 und Hartz IV

Auch die SPD hatte eine Debatte hinter sich über die Frage, wie man die sozialpolitischen Leistungen an die Möglichkeiten anpassen konnte. Ergebnis waren die „Agenda 2010" und die „Hartz-IV-Gesetze". Deren Positionen waren vom damaligen Kanzleramtsminister Bodo Hombach entwickelt worden, zunächst 1999 mit dem „Schröder/Blair-Papier", mit dem eine unter Europas Sozialdemokraten abgestimmte angebotsorientierte Sozialpolitik „von links" abgesteckt werden sollte. Gerhard Schröder konnte diese Gesetze 2003 nur mit großem persönlichen Einsatz im Bundestag durchsetzen. Es ging ihm um eine „aktivierende Wirtschafts- und Sozialpolitik", die Sozialleistungsempfänger stärker motivieren sollte, sich selbst um Arbeit zu bemühen.

Die Agenda 2010 enthielt eine Vielzahl von Vorschlägen, um das finanziell angeschlagene Sozialsystem zu sanieren. Die Absenkung der Bezugsdauer des Arbeitslosengeldes von 32 auf zwölf Monate beziehungsweise 18 Monate bei über 50-Jährigen, eine Zusammenlegung von Sozial- und Arbeitslosenhilfe, die unter dem Begriff Hartz IV bekannt wurde, sowie eine Auflösung der sogenannten Deutschland AG, einer Vernetzung der deutschen Großunternehmen durch persönliche Verflechtungen auf Vorstands- und Aufsichtsratsebene, stellten eine tiefgreifende Reform des Sozialsystems dar. Die eigentumsrechtliche Verflechtung der deutschen Großindustrie wurde – unterstützt von erheblichen Steuervorteilen – beendet.

Die entsprechenden Maßnahmen trafen auf Zustimmung der Union, wenngleich Angela Merkel 2003 bei den Reformen aufgrund der Beschlüsse des Leipziger Parteitages auch noch schärfer hätte einschneiden wollen.[15]

Die „Groko" – und was von Merkels Reformfreude blieb

Von dieser Reformfreude Merkels blieb freilich nicht viel. 2005 hatte die nordrhein-westfälische CDU einen bedeutenden Wahlsieg gegen die SPD errungen, was auch zur Auflösung des Bundestages und Neuwahlen führte. Angela Merkel gelang ein knapper Wahlsieg, so konnte sie in einer Koalition mit der SPD Bundeskanzlerin werden. Von Merkels sozialpolitischen Vorstellungen waren die Sozialdemokraten freilich nicht begeistert, die SPD „mochte die ,Liberalisierung-Agenda' nicht mittragen und setzte sich sogar für eine Rücknahme vieler Reformen ein, die sie selbst unter Gerhard Schröder beschlossen hatte. Einzige Ausnahme blieb die Erhöhung des Renteneintrittsalters, für die sich vor allem der sozialdemokratische Sozialminister Franz Müntefering eingesetzt hatte und die gegen erheblichen Widerstand der eigenen Partei verwirklicht wurde."[16]

Immerhin gelang es der SPD, die Reformen der Agenda als ursächlich für die im internationalen Vergleich schnelle und positive Überwindung der wirtschaftlichen Auswirkungen der Weltfinanzkrise in Deutschland darzustellen. Die Verluste in der Wählerschaft konnte sie trotzdem nicht mehr wettmachen.[17]

Als stellvertretender CDU-Bundesvorsitzender plädierte ich damals für den „Blick zurück nach vorn". Denn der Erfolg der Marktwirtschaft hängt wesentlich von der Existenz einer geistig-moralischen Rahmenordnung ab, für die der freie Markt gesichert ist. Sozial bedeutet nicht, dass der Staat jederzeit Subventionen und Staatsprogramme verteilt. Vielmehr kommt es darauf an, für die nötige Balance zwischen Freiheit, Deregulierung und Wettbewerb auf der einen Seite und soziale Absicherung und Gerechtigkeit auf der anderen Seite zu sorgen.[18]

Volker Kronenberg hat meine Position damals so beschrieben: „Gerät die ordnungspolitische Balance […] in Gefahr, beispielsweise im Zuge des Leipziger Parteitages der CDU, als seine Partei die ‚argumentationsfaul' […] als ‚alternativlos' präsentierte Agenda-Politik von Gerhard Schröder durch noch weitreichendere Reformbeschlüsse überbieten wollte, zog [er] die Reißleine: Er warnt vor ‚Lebenslügen' seiner Partei, begründet, warum Marktwirtschaft sozial bleiben muss, und kämpft innerparteilich für eine Korrektur des einseitigen Reformkurses von Leipzig, indem er in Dresden einen Parteitagsbeschluss erwirkt, der auf eine Verlängerung der Bezugsdauer von Arbeitslosengeld I für ältere Arbeitnehmer zielt […] nicht zufällig unterstützt vom damaligen bayerischen Ministerpräsidenten und CSU-Vorsitzenden Stoiber."[19] In Leipzig bekam ich damals das schlechteste Wahlergebnis, in Dresden war ich der Gewinner. In Hannover war die CDU bei der Verabschiedung eines Grundsatzprogrammes wieder als „die Volkspartei der Mitte" positioniert, sozialpolitisch, wirtschafts- und gesellschaftspolitisch.

Marktwirtschaft gegen Staatswirtschaft

Zu den Leitentscheidungen eines jeden Staates gehört die Grundfrage, wie das Verhältnis von Markt und Staat balanciert sein soll. Nach dem Ende des Zweiten Weltkrieges wurde diese Debatte mit Verve geführt. Die Idee der sozialen Marktwirtschaft war da eine wesentliche Grundlage für den Erfolg des Wiederaufbaus: nämlich traditionelle, liberale Ordnungsvorstellungen zu überwinden und die Funktion des marktwirtschaftlichen Wettbewerbs wiederherzustellen.

Alfred Müller-Armack nahm bei der Erörterung des Konzeptes der sozialen Marktwirtschaft auf die katholische Soziallehre und die evangelische Sozialethik Bezug. Außerdem wurden die Arbeiten von Wissenschaftlern wie Walter Eucken, Alexander Rüstow und Wilhelm Röpke zugrunde gelegt. Und so konnten Konrad Adenauer und Ludwig Erhard nach der gewonnenen ersten Bundestagswahl am 20.9.1949 im Bundestag feststellen: „In der Frage ‚Planwirtschaft' oder ‚Soziale Marktwirtschaft' hat das deutsche Volk sich mit großer Mehrheit gegen die Planwirtschaft ausgesprochen."[20]

Das hatte gute Gründe. Sie liegen in den sieben Prinzipien der sozialen Marktwirtschaft. Das ist der Wettbewerb als Regelungs- und Preisfindungsmechanismus, weil er wirksamer und gerechter als staatliche Ge- und Verbote ist *(Wettbewerbsprinzip)*. Eigenverantwortung soll belohnt und nicht bestraft werden *(Anreizprinzip)*. Leistung muss sich lohnen *(Leistungsprinzip)*. Den Schwachen, die sich selbst nicht helfen können, soll geholfen werden *(Solidarprinzip)*. Investitionen in die Zukunft sind für die Allgemeinheit wichtiger, statt nur den Konsum zu fördern *(Investitionsprinzip)*. Niemand darf diskriminiert und in seinen Lebenschancen behindert werden *(Fairnessprinzip)*. Nachhaltiges Wirtschaften ist wichtiger für das Überleben der Menschheit als kurzfristiger Profit *(Nachhaltigkeitsprinzip)*.[21] Das hat das Nachkriegsdeutschland demokratisch stabilisiert.

Anderswo ist es nicht so gut verlaufen. Polen, Tschechien, Bulgarien, Estland, Lettland, Litauen, Rumänien, Slowakei, Slowenien, Kroatien, Montenegro und Nordmazedonien, die Mitglieder der NATO und nur teilweise Mitglieder der Europäischen Union geworden sind, kämpften in postsozialistischen Zeiten mit starken Problemen. „Noch in den 1990er Jahren [wurde] eine zunächst solide erscheinende Demokratie von führenden Eliten torpediert. […] Nur in wenigen Transformationsstaaten hat sich eine stabile Demokratie entwickelt, und die Entwicklungen in Ungarn und Polen haben gezeigt, wie rasch demokratische Institutionen erodieren können, wenn die regierenden Eliten sie angreifen. Auch in Slowenien und Tschechien gibt es durchaus Anzeichen für den Bedeutungszuwachs nepotistischer und/oder populistischer Eliten. Der allgemeine Trend geht in Richtung eines ‚antidemocratic turn' – nicht nur in Mitteleuropa. Auch in Russland und Belarus haben Repression und Willkürherrschaft in den vergangenen Jahren nochmals deutlich zugenommen. […] In den autokratischen und re-autokratisierten Staaten verläuft die Wirtschaftsentwicklung insgesamt flacher und auf niedrigerem Niveau als in den konsolidierten Demokratien."[22]

Das Bruttoinlandsprodukt (BIP) zwischen den neuen EU-Mitgliedstaaten sowie Russland hat sich signifikant auseinanderentwickelt. Während beispielsweise Estland und Russland 1993 auf gleichem Niveau waren, liegt das BIP in Estland heute um 50 Prozent höher als das russische. Infolge des von Putin begonnenen Ukrainekrieges wird sich die Schere weiter öffnen.

Natürlich hat dieser Wohlstandserfolg marktwirtschaftlich organisierter Staaten mit Systemfragen zu tun. Deshalb birgt auch die

Globalisierung große Chancen, wenn sie ordnungspolitisch richtig organisiert wird. Das aber ist nicht für jeden sofort offensichtlich. Denn für viele ist das Wort „Globalisierung" zur Chiffre für Zukunftsängste geworden. Sie beobachten, dass Globalisierung auch Abwanderung von Forschung und Produktion (und damit von Arbeitsplätzen) ins Ausland bedeuten kann, dass auch Kapital und Investitionen exportgefährdet sind.

Auch kann die Freude über die Wiedervereinigung von Europa und Deutschland und die damit verbundene „große europäische Freiheitsrevolution" nicht darüber hinwegtäuschen, dass innerhalb und außerhalb Europas neue politische, ökonomische und gesellschaftliche Krisen entstanden sind, die zu erheblichen Belastungen führten und sich nicht allein durch eine freiheitliche Ordnungspolitik auflösen. Für die Demokratien ist deshalb wichtig, die Werte von Demokratie und sozialer Marktwirtschaft immer wieder offensiv darzustellen.

Mazzucatos Staatswirtschaft – und was dagegen spricht

Seit einiger Zeit wirbt die Ökonomin Mariana Mazzucato weltweit dafür, die marktwirtschaftlichen Systeme künftig einer stärkeren staatlichen Steuerung zu unterwerfen. Mazzucato, die zu den einflussreichsten Ökonominnen unserer Zeit gehört, ist insoweit eine geistige Erbin von John Maynard Keynes, von dem der Satz stammt: „Nicht das ist wichtig für den Staat, dass er die gleichen Dinge etwas besser oder etwas schlechter ausführt, die heute bereits von Einzelpersonen getan werden, sondern dass er Dinge tut, die heute überhaupt nicht getan werden."[23]

Sie will, dass der Staat „die Richtung vorgeben" soll, die Ideen aber sollen „von unten heraufsprudeln".[24] Ihr Credo liest sich so: Weil „der Finanzsektor seit Jahren größtenteils nur noch sich selbst finanziert, anstatt produktiv zu investieren", auch die Wirtschaft weitgehend „finanzialisiert" sei und von solchen Überlegungen dominiert, und weil schließlich der „Klimanotstand" bevorstehe, könne man die Märkte nicht mehr sich selbst überlassen. Vielmehr bestehe „die einzige Möglichkeit [...] darin, dass der Staat die Initiative ergreift und sie mit Weitblick angeht", dass er aufhöre, nurmehr „Probleme zu kitten, anstatt kühne Projekte in Eigeninitiative anzupacken". Denn nur „der Staat" habe die Möglichkeit, den notwendigen Wandel im benötigten Maße zu dirigieren.[25]

Mazzucato strebt damit eine radikale Veränderung unseres Wirtschafts- und Gesellschaftssystems an. Die freiheitliche Wirtschaft (also der „reale Sektor"), die sich an Angebot und Nachfrage orientiert, die Nutzen maximiert, die eine optimale und sparsame Verteilung der Wirtschaftsfaktoren im Raum bewirken will, ist nicht Mazzucatos Ordnungsmodell. Vielmehr gehe es darum, „dass der reale Sektor sich nicht länger nur auf die Maximierung des Aktionärswerts konzentriert und seinem Handeln die Interessen eines breiteren Spektrums von Stakeholdern zugrunde legt [...] Was es hier braucht, ist zum einen Klarheit darüber, welche Art von Wert überhaupt geschaffen werden soll, zum anderen – um diesen Wert zu schaffen – eine neue Art der Zusammenarbeit über die gesamte Wertschöpfungskette hinweg. Es bedarf eines neu belebten Sinns für den öffentlichen Zweck sowohl bei Staat und Wirtschaft als auch hinsichtlich der Art und Weise ihrer Zusammenarbeit. So ist es zum Beispiel durchaus möglich, durch die Strukturierung staatlicher Aktivitäten unternehmerisches Verhalten zu belohnen, das uns der Erfüllung von Nachhaltigkeitszielen näherzubringen vermag."[26]

Um eine wirkliche Veränderung anbieten zu können, schlägt Mazzucato vor, ein „Rahmenkonzept [zu] entwickeln, das uns die Herausbildung einer neuen Form von Volkswirtschaft ermöglicht, die tatsächlich dem Gemeinwohl dient. Es genügt nicht, das BIP (Bruttoinlandsprodukt) neu zu definieren, um Indikatoren zur Lebensqualität, egal ob Glück, Wohlfahrt, unbezahlte Pflegearbeit und kostenlose Informationen, Bildung und Kommunikation über das Internet miteinzubeziehen. Und es genügt auch nicht, den Reichtum zu besteuern.“[27]

Mariana Mazzucato definiert „die Realität der Wertschöpfung als kollektiven Prozess. Die Wirklichkeit sieht so aus, dass alles, was das Geschäft eines Unternehmens anbelangt, angefangen mit den Innovationen und der technischen Entwicklung, auf der es aufbaut, aufs Engste verwoben ist mit Entscheidungen gewählter Volksvertreter, Investitionen von Schulen, Universitäten, Behörden, ja selbst Non-Profit-Einrichtungen.“[28] Aber die Frage ist: Werden mit dem Geld der Finanzindustrie „neue Strukturen, neue Produktionskapazitäten aufgebaut? [...] Sie führen zu Profiten ohne Produktion. [...] Auch die Realwirtschaft hat sich finanzialisiert. Beispielsweise werden Gewinne gar nicht in Forschung und Entwicklung investiert, sondern in große Aktienrückkaufprogramme, die den Aktienkurs in die Höhe treiben.“[29]

Zentral ist dann natürlich die Frage, welche Innovationen angegangen werden sollen und welche nicht. Deshab sei dieses „neue Wirtschaftsmodell“, wie Mariana Mazzucato meint, als „Wirtschaftswachstum ohne Innovation [...] schwer vorstellbar“. Nur müsse Innovation eben auch richtig verwaltet werden, „wenn wir dafür sorgen wollen, dass das, was produziert wird und wie, auch tatsächlich der Wertschöpfung dient. [...] Dazu müssen wir als Erstes verstehen, dass es sich bei der Innovation nicht um ein neutrales Konzept handelt. Es kann zu unterschiedlichen Zwecken eingesetzt werden – ähnlich wie man einen Hammer sowohl als Werkzeug als auch als Waffe einsetzen kann.“[30]

Während der Staat weitgehend beurteilt werde als „notwendig, aber unproduktiv, weniger als Wertschöpfer denn als etwas, das Geld ausgibt und reguliert“, pochen der Finanzsektor und das Silicon Valley auf eine „bevorzugte Behandlung, die ihnen Gewinne ermöglicht, die in keinem Verhältnis zu tatsächlich von ihnen geschaffenen Werten stehen. Umgekehrt sieht man andere Akteure weithin – zu Unrecht – als ‚unproduktiv‘ an.“[31] Der ökonomische „Mainstream“ sehe nur dann eine „positive Rolle des Staates […] als Feuerwehr im Falle von Marktversagen, […] z. B. die Grundlagenforschung, umweltverschmutzende Industrien, staatliche Subvention“. Der Staat soll nur „ideale Bedingungen für Geschäfte schaffen, um den Unternehmenssektor machen zu lassen – schließlich schafft der den Wert“.[32]

Die Thesen Frau Mazzucatos mögen populär sein, es gibt freilich gute Gründe, ihren Vorschlägen nicht zu folgen.

Erster Einwand: Die Folgerungen der italienischen Ökonomin ergeben nur Sinn, wenn ihre Diagnose stimmte, dass der Staat im Innovationsgeschehen der Volkswirtschaft gegenwärtig keine Rolle spiele oder seine Forschungsförderung jedenfalls vom „Mainstream“ kritisch beäugt werde. Das Gegenteil aber ist wahr. Wolfgang A. Herrmann, der ehemalige Präsident der Technischen Universität München, hat die große Vielfalt, die Chancen und die Probleme des staatlichen Innovationsförderungssystems und der Drittmittelförderung jüngst in einem verdienstvollen Buch zusammengetragen.[33]

Wahr ist es auch nicht für die Vereinigten Staaten, auf die sich Frau Mazzucato meist bezieht, unwahr ist es aber vor allem auch für die sozialen Marktwirtschaften der Europäischen Union. Die öffentliche Hand – von der EU bis zu den nationalen Ebenen – ist als Drittmittelgeber nicht nur überall akzeptiert, sondern in langjähriger Zusammenarbeit in die Grundlagenforschung intensiv eingebunden. Renommierte Gremien wachen dabei darüber, dass die Forschungsmittel zielgerichtet eingesetzt werden, dass die Freiheit von Forschung und Lehre gewahrt bleibt und man sie in ein kreatives Verhältnis zu den Erwartungen setzt, die die Drittmittelgeber mit ihrer Subvention zweifellos verbinden.[34]

Zweiter Einwand: Frau Mazzucato spricht fortwährend davon, dass sich „der Staat“ daranmachen müsse, strikte Vorgaben zu machen und die Lenkung des Innovationssystems in die Hand zu nehmen. Wen meint sie damit? Welche der staatlichen Akteure wären in der Lage, Innovationsthemen, Forschungsrichtungen vorzugeben oder auszuschließen? Sind es die Beamten? Sollen es die (meist auf kurze Zeit gewählten) Minister sein? Ist es das Parlament, das nun nicht gerade aus Forschungsfachleuten besteht? Wären ständige Volksabstimmungen geeignet? Wo also wäre in den Instanzen von Legislative und Exekutive die Kombination aus Sachverstand und genialer Zukunftsahnung zu finden, der man die Steuerung des Wirtschafts- und Gesellschaftssystems anvertrauen könnte? Wer unter ihnen könnte es an Kompetenz und detailliertem Sachverstand mit den Experten der freien Wirtschaft oder der deutschen Forschungslandschaft aufnehmen?

Die Antwort ist: In Legislative und Exekutive wird man nicht in einem relevanten Maße fündig werden. Frau Mazzucato scheint das selbst zu schwanen, wenn sie schreibt: „Das Problem ist, dass wir sehr träge Staatsapparate haben, die nicht mehr in die eigenen Köpfe investieren, sondern alles an Firmen wie McKinsey auslagern."[35] Warum tun sie das? Weil die Erfahrung sie gelehrt hat, dass es im Staatswesen gefährlich sein kann, Verantwortung zu übernehmen. Scheitert ein Forschungsprojekt (und bei offener Forschung muss diese Möglichkeit bestehen), dann wird man schnell zum Opfer von Vorgesetzten, Rechnungshöfen oder gar Staatsanwälten. Das fördert die Risikofreude nicht.

Hinzu kommt: Der Blick in Geschichte und Gegenwart lehrt, dass der Staat kein guter Innovator ist. Staatsverwaltete Systeme waren nicht einmal in der Lage, die Bedarfe von Fünfjahresplänen richtig einzuschätzen – an diesem und generellem Unvermögen sind die sozialistischen Systeme allesamt 1989 gescheitert und tun das gegenwärtig noch. Das Pro-Kopf-Wachstum autoritär geführter Staaten (oder sollen wir sagen: Diktaturen?) liegt auch heute noch dramatisch unter denen freiheitlicher Marktwirtschaften. Woher soll da die Weisheit zur Erkenntnis zukunftsnotwendiger Innovation kommen? Könnten sie sie befördern, sie gar produktiv in die Welt setzen? Ohne den deutschen Beamten zu nahe treten zu wollen: Eher nicht. Sie haben genug zu tun mit dem Verwalten der Gegenwart und der Regelung des gestern in einer repräsentativen Demokratie Beschlossenen. Und es ist viel, wenn ihnen in der sozialen Marktwirtschaft die Sicherung des Menschlichen und die konstruktive Begleitung wirtschaftlich-wissenschaftlicher Entwicklungen gelingt.

Die soziale Marktwirtschaft ist die „Idee einer dynamischen Wirtschafts- und Gesellschaftsordnung, die Markt und Menschlichkeit verbindet". Jeder weiß, dass sie wie der Rechtsstaat von Voraussetzungen lebt, die sie selbst nicht hervorbringen kann. Wilhelm Röpke sagt dazu: „Selbstdisziplin, Gerechtigkeitssinn, Ehrlichkeit, Fairness, Ritterlichkeit, Gemeinsinn, Achtung der Menschenwürde des anderen, feste, sittliche Normen – das alles sind Dinge, die Menschen bereits mitbringen müssen, wenn sie auf den Markt gehen und sich im Wettbewerb miteinander messen."[36] Mit diesen Eigenschaften gelingen auch Innovationen besser, was ihre Menschenfreundlichkeit und ihre Nachhaltigkeit betrifft, auf die Frau Mazzucato ja auch Wert legt.

Und so bleibt es bei dem, was Wilhelm Röpke einmal in ein nachvollziehbares Bild gefasst hat: „Das Verhältnis von Staat und Markt ist einem ‚Fußballspiel' vergleichbar: Der Staat soll sich auf die Rolle des Spielleiters und Schiedsrichters beschränken und hier volle Autorität genießen, aber er soll nicht gleichzeitig Fußball spielen."[37]

Dritter Einwand: Frau Mazzucato schreibt: „Und wir haben einen Privatsektor, der sich nur um kurzfristige Projekte kümmert."[38] Das ist nachvollziehbar ebenfalls unwahr. Wer die Forschungsabteilungen deutscher Unternehmen durchforstet, findet dort sehr zahlreiche Forschungsprojekte, die sich mit sehr langfristigen Perspektiven auseinandersetzen. Die immer geschmähte Chemieindustrie beispielsweise erforscht Produkte, ohne die eine Energiewende gar nicht funktionieren würde – kein Solarpanel, kein E-Motor, keine Batterie, kein Windrad. Die Grundlagenforschung wird auch dafür betrieben, sie ist eben gerade nicht kurzfristig angelegt, sondern langfristig.

Unstreitig werden Forschung und Innovation in der Privatwirtschaft auch der Überlegung unterworfen, ob sie am Ende den Menschen Nutzen stiften. Insofern zielen sie auf private oder staatliche Konsumenten und letztlich auf die Frage, ob man mit dem Endprodukt Gewinne erzielen kann oder nicht. Das hilft der Bewertung eines Unternehmens, also dem von Frau Mazzucato geschmähten „Aktionärswert". Daran ist nichts Verwerfliches, im Gegenteil. Wir befinden uns hier im Kernbereich segensreicher marktwirtschaftlicher Funktionen, dem Staat steht es dabei frei, bestimmte Forschungen mehr zu fördern und andere weniger. Er kann Innovationssuche im Bereich seiner Vorsorgefunktion auch beauftragen, und hier tun sich große Tätigkeitsfelder auf.

Margrethe Vestager, die Vizepräsidentin der EU-Kommission, hat mit der EU-Forschungsförderung seit Jahrzehnten Erfahrung. Der Staat müsse heute Verantwortung übernehmen für einen „gigantischen Wandel. Nämlich dafür, Wirtschaft und Gesellschaft klimafreundlich zu machen. In dieser Größenordnung gab es das wahrscheinlich noch nie in der Geschichte." Da müsse der Staat nun „Antreiber, Unterstützer und Regelsetzer" sein. Aber sie hält richtigerweise fest: „Doch ohne Markt funktioniert es auch nicht, denn er sorgt für Effizienz und niedrige Kosten." Zwar müsse der Staat eine größere Rolle spielen als früher, „doch diese größere Rolle bedeutet allerdings, dass der Staat viel stärker aufpassen muss, den Markt nicht zu verdrängen. Je größer die Rolle, desto bescheidener sollte man sein."[39]

Und sie weiß, dass jedes staatliche Handeln eher kurzfristig angelegt ist, von Wahlen beeinflusst, und so Staatsversagen leicht möglich wird.

Wie der Ruf nach „mehr Staat" in der Wirtschaft gerade auch im Mittelstand ankommt, hat die Chefin des weltweit tätigen Maschinenbauers Trumpf, Nicola Leibinger-Kammüller, jüngst in einem

Gespräch formuliert. „Es gibt in der heutigen Politik ein Grundmisstrauen gegen die Eigenverantwortlichkeit […]. Dass ausgerechnet der Staat, der ökonomisch viel in den Sand gesetzt hat und gerade bei der Strompreisentwicklung komplett danebenlag […] uns Unternehmen zunehmend sagt, in welche Richtung wir denken sollen, ist einfach absurd. Der Staat ist nicht der bessere Unternehmer, er hat für die Rahmenbedingungen zu sorgen. Unsere Stärke als Unternehmen hingegen sind die Agilität und der Forschergeist. Wenn man uns machen und forschen lässt, lösen wir das Klimathema technologiebasiert […] Setzt uns die Bedingungen knallhart, aber lasst uns dann agieren!"[40]

Vierter Einwand: Folgt man den Umbauplänen, die Frau Mazzucato für Wirtschaft und Gesellschaft vorlegt, bleibt der Umbau des demokratischen Systems nicht außen vor. Denn wenn „der Staat" und seine Protagonisten alle Lenkung in die Hand nähmen und gesellschaftliche Ziele setzen wollten, könnte er sich (wollte er langfristig handeln) kaum ständigen Wahlen aussetzen: Landtagswahlen, Bundestagswahlen, Europawahlen. Irgendeine Wahl ist immer, und jedes Mal würden alle Zielsetzungen demokratisch infrage gestellt werden müssen. Die Gefahr ist also groß, dass die Konsequenz, die Frau Mazzucato fordert, schließlich zu totalitären Tendenzen führen muss – und das wird auch sie nicht wollen.

Richtig war und ist, dass das puristische „neoliberale" Mantra – Steuersenkung, Sozialabbau, Privatisierung, Deregulierung – sich als auf Dauer nicht tragfähig erwiesen hat. Aber auch die Ideen von Mariana Mazzucato sind am Ende nicht überzeugend. Immer mehr Staat und immer weniger Markt – dieses Rezept hat noch nie funktioniert.

Mariana Mazzucato kämpft gegen den „Washington Consensus", der freie Märkte für Handel und Kapital schuf.[41] Tatsächlich ist diese Liberalisierung, so erfolgreich sie beim Wirtschaftswachstum war, im Hinblick auf die Einkommensumverteilung vielerorts gescheitert und hat neue Probleme bewirkt. Aber genauso wie der

Neoliberalismus des „Washington Consensus" in vielen Ländern der Dritten Welt zur Vernichtung vieler Arbeitsplätze und Schaffung großer Armut führte,[42] haben auch viele Staatswirtschaften keine nachhaltigen Erfolge erzielt. Kein Wirtschaftssystem kann ohne „Rahmenbedingungen" funktionieren. Bisher waren nur Wirtschaftssysteme erfolgreich, die wirtschaftlichen Erfolg und soziale Gerechtigkeit miteinander verbinden können.

Der frühere polnische Außenminister Bronisław Geremek fragt: „Wir müssen in Europa eine Antwort auf die Überlebensfrage der Demokratie finden: Warum wollen wir hier in Europa zusammenleben?" Und er folgert: „Was uns zusammenhält, sind die gemeinsamen demokratischen Werte und die soziale Idee." Nur zusammen können wir die Klimakatastrophe besiegen. „Wir müssen uns um das Glück der Menschen kümmern. Dann haben die Illiberalen und Autoritären keine Chance."[43]

Globalisierung: Der Wandel zur Industrie 4.0

Vor 30 Jahren begann ein Wandel der Arbeitswelt hin zur – wie wir das heute nennen – „Industrie 4.0". Der Kern der Industrie 4.0 besteht in der systemübergreifenden globalen Vernetzung von Menschen, Anlagen und Produkten sowie der selbstständigen und dezentralen Organisation und Steuerung von Produktionstechnik. Unternehmen, die im internationalen Wettbewerb stehen, müssen deshalb beim Automatisierungsgrad mithalten – noch haben viele deutsche Unternehmen an dieser Stelle großen Nachholbedarf.

„Die Intensivierung der Globalisierung, herbeigeführt durch das stetige Wachstum des weltweiten Handels, den Wegfall von Protektionismus und die Zunahme länderübergreifender Untenehmenskooperationen sowie verkürzte Produktlebenszyklen, erzwingt die Neukonzipierung bestehender Geschäftsmodelle, Prozesse und Technologien in den betroffenen Unternehmen. Strategische Entscheidungen müssen ad hoc getroffen werden und stehen nicht mehr am Ende eines langfristigen Planungshorizonts. Die beschriebenen Rahmenbedingungen erfordern ein hohes Maß an Innovationskraft und Durchhaltevermögen der Industrie, um mit dem aktuellen Wandel Schritt zu halten."[44]

Diese von Horst Wildemann beschriebene betriebswirtschaftliche Ausgangslage zeigt die Notwendigkeit einer globalen Produktionskette. Inzwischen hat sich diese Ausgangslage fundamental verändert. Durch politische Erschütterungen wie den von Putin begonnenen Krieg mit der Ukraine, den dadurch ausgelösten weltweiten Energiekrieg in Europa und dem Nahen Osten, die diktatorischen Veränderungen in China, die Sanktionen des Westens gegenüber den diktatorischen Systemen in Afghanistan, Syrien, dem Jemen und anderen Ländern von Subsahara, aber auch die Diktaturen in Südamerika hat die Kollabierung der regelbasierten Handelsketten die auf die europäische Nachkriegsordnung I und das Ende des Kalten Krieges folgende gemeinsame wirtschaftsbasierte und kooperative Neuordnung der europäischen Zusammenarbeit (Nachkriegsordnung II) beendet.[45]

Damit begann die Entkopplung Russlands von den Wirtschafts- und Finanzkreisläufen der westlichen Welt, „womit die Annäherungsperspektive der Nachkriegsordnung I (‚Wandel durch Handel‘) verschlossen ist".[46] Für die Europäer kommt es deshalb darauf an, ihr eigenes politisches System resilienter gegen Einflussnahmen und Angriffe zu gestalten. Das fängt mit einer modernen Bildungspolitik an, die den Umgang mit Fake News lehrt, und reicht bis zu effizienten Mechanismen, um die Finanzierung von Parteien zu prüfen und demokratische Institutionen vor Unterwanderung zu schützen.[47]

Technologische Innovation und inklusives Wachstum in Deutschland

Der Wettbewerb, das spüren wir jeden Tag, wird härter. „Das Wirtschaftswachstum der letzten Jahrzehnte – anders als etwa zu Zeiten des ‚Wirtschaftswunders‘ – führt nicht mehr zu einer Abnahme von Ungleichheit. Wachstum wirkt somit zu einem geringeren Maß inklusiv."[48] Die Weltordnung, an die wir gewohnt waren, hat sich in den letzten Jahren aufgelöst, ohne dass ein neues, friedliches und stabiles Gleichgewicht gefunden worden wäre. China ist bestrebt, die Vereinigten Staaten an wirtschaftlicher Kraft und politischem Einfluss zu überholen. Russland strebt ganz offen eine Wiedererrichtung des alten sowjetischen Imperiums in Europa an. Der Nahe Osten und Afrika zermürben sich in relgiösen und Stammeskriegen, die Migration und Terrorismus nach Europa bringen.

Zugleich wird Europa – relativ – unbedeutender. Die Wirtschaftskraft und damit der politische Einfluss anderer Weltregionen wachsen, Asien, Indien, Südamerika steigen auf. Uns bleibt also nichts anderes, als unsere Wettbewerbsfähigkeit durch immer neue Ideen zu sichern.

Als die Europäische Kommission eine Gruppe von Experten bat, Vorschläge für die Zukunft der europäischen Industrie zu machen, schrieb ich (als Vorsitzender dieser Strategiegruppe) im Vorwort der Studie: „Es liegt auf der Hand, dass die europäische Wirtschaft ihre Wettbewerbsfähigkeit verlieren wird und wir ohne eine starke und moderne industrielle Basis, neues Wissen und neue Technologien, Start-ups und neue kleine und mittlere Unternehmen sowie einen auftragsorientierten Ansatz für die Innovationspolitik keine neuen Arbeitsplätze auf den künftigen Märkten schaffen werden. Die Strategiegruppe schlägt vor, inklusives Produktivitätswachstum und neue Arbeitsplätze in modernen Industriezweigen zu schaffen und gleichzeitig Arbeitsplätze wieder nach Europa zu verlagern, damit mehr Arbeitsplätze geschaffen werden als aufgrund des technologischen Fortschritts verloren gehen."[49]

Deshalb empfahl die Strategiegruppe der EU, folgende Bereiche in den Vordergrund ihrer Politik zu stellen, um im globalen Wettbewerb mitzuhalten: moderne Fertigungstechnologien, fortgeschrittene Werkstoffe und Nanotechnologien, Biowissenschaften, Mikro- und Nanoelektronik und Photonik, künstliche Intelligenz, Sicherheit und Konnektivität.

Wenn in diesem Zusammenhang von „inklusivem Wachstum" die Rede ist, so muss sich der europäische Weg in die Zukunft dadurch auszeichnen, dass die Einkommensungleichheiten durch technologiegetriebenes Wachstum nicht steigen. Denn die Zeiten, in denen (wie beim deutschen „Wirtschaftswunder") Wachstum automatisch auch höheres Einkommen für alle und damit eine Abnahme von Ungleichheit nach sich zieht, sind lange vorbei. Der steigende technologische Anspruch an heutige Arbeitsplätze führt dazu, dass es bei weniger ausgebildeten Arbeitnehmern auch Verlierer gibt und die Einkommens- und Vermögensungleichheit wächst. Eine Studie der Bertelsmann-Stiftung stellte dazu fest: „Der Gini-Koeffizient für das Markteinkommen und für das verfügbare Einkommen sowie Maße für die Armutswahrscheinlichkeit belegen einen beachtlichen Anstieg der Ungleichheit seit den 1990er-Jahren. […] Technologische Innovationen können demnach vor allem aufgrund einer zentralen Größe wirken: der Arbeitsproduktivität. […] Das bedeutet, dass Innovationen im günstigsten Fall zu einem Anstieg der Reallöhne der Beschäftigten und so zu einem Zuwachs an Inklusivität führen können."[50]

Was also tun? Die Autoren der Bertelsmann-Studie kommen – ähnlich wie die Strategiegruppe der Europäischen Union – zu dem Ergebnis, dass der Schlüssel in der Steigerung der Arbeitsproduktivität liegt, die durch viele Innovationen mit Spitzenqualität erreicht werden könne. Es geht um Schlüsselindustrien, um die Treiber der „Industrie 4.0", um eine entsprechende Qualifizierung von Arbeitnehmern und den Unterbau eines exzellenten Bildungssystems.[51]

Inklusiv kann dieses Wachstum auch nur werden, wenn es sozialpolitisch abgefedert wird. Denn die mit der Industrie 4.0 verbundenen Produktivitätssteigerungen werden Arbeitsplätze umschichten. „30 bis 50 Prozent der Beschäftigten müssen um ihre Stellen fürchten. Wenn 10 bis 15 Prozent der Arbeitsplätze durch Roboter ersetzt werden, können viele Unternehmen in Deutschland, die einen Kostennachteil hätten, dann zu ähnlichen Kosten wie ihre Konkurrenten aus China produzieren. [...] Die Industrie 4.0 trägt somit maßgeblich zur Beschäftigungssicherung bei.“[52]

China hat verstanden, dass durch die „rapide Überalterung" die Zahl der Arbeiter zu schwinden droht. Deshalb will das Land an dieser Stelle Roboter einsetzen. „Noch stehen in den Fabriken Südkoreas dreimal so viele Roboter pro 10.000 Arbeiter wie in China. Doch bereits jetzt liegt die Werkbank der Welt in der Automatisierungsrangliste auf Platz 5 hinter dem Zwergenstaat Singapur, Japan und Deutschland.“[53]

Positiv ist auch, wenn erfahrenere Produktionsmitarbeiter bei diffizilen Aufgaben nicht durch Roboter ersetzt werden. „Dabei werden die Mitarbeiter nicht zu Hilfsarbeitern und Anhängsel von Robotern. Es kommt darauf an, das Wissen und die Ideen der Mitarbeiter zu koordinieren. Digitale Technologien sind der Schlüssel zur transparenten und offenen Gestaltung der erforderlichen Kommunikation. Die Einsatzmöglichkeiten und Handlungsspielräume der Mitarbeiter vergrößern sich.“[54]

Der Einsatz von digitalen Technologien schafft neue Möglichkeiten der Produktion, der Rationalisierung durch Produktivitätssteigerung und damit Wachstumsmodelle durch die Industrie 4.0. Dabei sind die Anwendungen für Big Data von besonderer Bedeutung. Der Einsatz von Computern, Smartphones oder Tablets lässt in der Produktion die Verarbeitung großer Datenmengen zu.

Die Präsidentin der Europäischen Kommission, Ursula von der Leyen, hat eingeräumt, dass es für die EU schwer werde, im Wettbewerb mit den USA, China und anderen digital ehrgeizig ausgestatteten Produktionsstandorten vor allem in Asien zu bestehen. Die Wege, auf denen die europäische Industrie im globalen Wettbewerb wieder zu den Spitzenplätzen vorstoßen kann, haben mit ihren Daten zu tun, die etwa in der Sensorik von Industrieanlagen oder in der Vernetzung von Industriegütern zu Milliarden anfallen. Das kann sich vorteilhaft auf Produktionen auswirken – „zu diesen gehören roboterunterstützte Fertigung, telemetriebasierte Fernwartung, vernetzte Produkte, die automatisches Rüsten sowie digitalisierte und vernetzte Materialflusssteuerung ermöglichen, digitale Service- und Vertriebsplattformen und Big-Data-basierte Absatzplanung". Und so, schätzt Horst Wildemann, „können die Marktpotenziale für viele Unternehmen um zehn bis 15 Prozent gesteigert werden. [...] Der Einsatz der Digitalisierung ermöglicht eine Reduzierung von direkten und indirekten Instandhaltungskosten um 20 bis 30 Prozent."[55]

Für den Westen kommt es darauf an, eine eigene Wirtschaftsordnung auf der Basis einer sozialen und ökologischen Marktwirtschaft zu stabilisieren und sie dort, wo sie noch nicht gefestigt ist, zu etablieren. Denn natürlich handelt es sich bei den Umbrüchen, die wir gegenwärtig erleben, um eine neue industrielle Revolution, die sich stets dadurch auszeichnet, „dass neben einem technisch-betriebsorganisatorischen Umbruch in der Güterproduktion und -verteilung auch die Arbeits- und Lebensverhältnisse, die wirtschaftlichen, sozialen und politischen Beziehungsformen sowie die Qualität des Lebens stärkeren Veränderungen unterworfen werden".[56]

Im vereinten Europa wurden durch den Vertrag von Lissabon mit Art. 2 EUV die sozialen Grundwerte Gerechtigkeit, Solidarität und Nichtdiskriminierung aufgeführt. In Art. 3 (3) EUV wird die Union auf die soziale Marktwirtschaft verpflichtet. Dort heißt es: „Die Union errichtet einen Binnenmarkt. Sie wirkt auf die nachhaltige Entwicklung Europas auf der Grundlage eines ausgewogenen Wirtschaftswachstums und von Preisstabilität, eine in hohem Maße wettbewerbsfähige soziale Marktwirtschaft, die auf Vollbeschäftigung und sozialen Fortschritt abzielt, sowie ein hohes Maß an Umweltschutz und Verbesserung der Umweltqualität hin. Sie fördert den wissenschaftlichen und technischen Fortschritt."[57] Dieses Versprechen auch in einer sich mit hoher Geschwindigkeit wandelnden, digital transformierten Zukunft einzulösen, ist eine große politische Herausforderung.

Die Wiederentdeckung der sozialen Marktwirtschaft

Den ungezügelten Kapitalismus, der in mancher Literatur als zu überwindendes Schreckgespenst herhalten muss, hat es in der Bundesrepublik nie gegeben. Denn das Konzept der sozialen Marktwirtschaft, das Ludwig Erhard dem Nachkriegsdeutschland verordnete, hat sich als erfolgreiches, anpassungsfähiges und deshalb zukunftsfähiges Rezept erwiesen. Denn die wirtschaftspolitische Ordnung der Marktwirtschaft wurde immer neuen Erfordernissen angepasst und im sozialen Geist erneuert, wie Alfred Müller-Armack das auch stets gefordert hat.

Dieses Ordnungsmodell hat seither sein besonderes Verdienst darin, dass es Einkommensungleichheiten mildern kann und soziale Not nicht zulässt. Auch unter den dramatischeren Bedingungen der Gegenwart, in der „Zeitenwende", kann es sich bewähren, denn auch bei langem Suchen kommt man zu dem Ergebnis: Ein besseres Wirtschaftssystem, das zugleich demokratisch ist, gibt es nirgends in der Welt. Also geht es darum, mit den ordnungspolitischen Ideen der sozialen Marktwirtschaft wirtschaftliche Vernunft und soziale Gerechtigkeit auch heute zu verteidigen.

Jens Beckert, Professor für Soziologie und Direktor am Max-Planck-Institut für Gesellschaftsforschung in Köln, nennt den Kapitalismus „ein auf die Zukunft ausgerichtetes sozioökonomisches System. Mit der Expansion von Wettbewerbsmärkten und der Ausweitung des Kreditsystems müssen die wirtschaftlichen Akteure ihre

Aufmerksamkeit auf die Zukunft richten, die nicht als Wiederholung der Vergangenheit betrachtet werden kann. Um in der umkämpften Welt der kapitalistischen Wirtschaft überleben zu können, müssen Produzenten und Investoren neue Produkte anstreben; sie müssen sich um eine höhere Produktivität, um Kostensenkungen und neue Produktionsmethoden bemühen und neue Investionsbereiche finden, um immer mehr Werte zu schaffen."[58]

Wenn also die Zukunft zählt, dann hat die Investitionsrate „enorme Auswirkungen auf die wirtschaftliche Leistungsfähigkeit von Unternehmen, Regionen und Ländern. Würde sie sich signifikant verlangsamen, so würde die Wirtschaft stagnieren."[59]

Also muss man die Hürden für Innovationen absenken. Doch immer wieder haben beispielsweise Forscher und Forscherinnen darunter gelitten, dass sie in Deutschland durch überbürokratische Verfahren ihre Ideen nicht verwirklichen konnten. Ein Beispiel sind die Themen „Gentechnik" und „Biotechnologie", in denen aus politisch-ideologischen Gründen noch heute Hindernisse für die Forschung aufgebaut werden mit dem Ergebnis, dass wir fähige Forscher und zukunftswichtige Forschungsbereiche ans Ausland verlieren.

Erinnerlich ist mir, mit welcher Verve sich der damalige hessische Umweltminister Joschka Fischer geweigert hatte, eine neue gentechnische Produktion zu ermöglichen. Die alte Insulinproduktion fand durch die Entnahme von Tierorganen statt. Die gentechnische Produktion wurde nicht genehmigt. Ich habe als Bundesminister für Bildung, Wissenschaft, Forschung und Technologie nach vielen Gesprächen mit Wissenschaftlern entschieden, die gentechnische Insulinproduktion zu unterstützen. Viele Wissenschaftler, die ihre Forschungsarbeiten in Deutschland nicht genehmigt bekamen, waren schon ins Ausland gegangen.

Wir haben dann einen „BioRegio-Wettbewerb" ausgeschrieben. Wissenschaftler sollten ihre Ideen in Zusammenarbeit mit Hochschulen und Produktionsfirmen verwirklichen können; Genehmi-

gungen sollten in spätestens sechs Monaten vorliegen; und Patent-
anwälte und Investoren sollten die Arbeiten unterstützen. Insgesamt
bewarben sich für die Teilnahme Wissenschaftler in 17 Regionen.
Von neutralen, politisch unbeeinflussten Fachleuten wurden die
BioRegion Rheinland (später BioRiver), die BioRegion Heidelberg
(später BioRegion Rhein-Neckar-Dreieck) sowie die BioRegion
München ausgewählt. Zudem erhielt auch die ostdeutsche BioRegion Jena aufgrund eines Sondervotums eine Auszeichnung. Die
anderen 13 Mitbewerber konnten sich an anderen Forschungspro-
grammen beteiligen. Die Gewinner wurden mit 20 Millionen Euro
unterstützt. Ich selbst wurde erst wenige Minuten vor der Bekanntgabe unterrichtet und habe meine Erwartung zum Ausdruck gebracht, dass wir in vier Jahren bis zum Jahre 1998 wieder den europäischen Spitzenplatz erreichen sollten. Der BioRegio-Wettbewerb
hat dieses Ziel erreicht. Die Innovationsrate in der Biotechnologie
stieg massiv an – ein Beispiel dafür, dass staatlicher Anreiz und freies
Forscherdenken gut zusammenpassen können.

Aber: Dieses Beispiel stammt aus dem Jahr 1994. Dreißig Jahre
sind seither vergangen, die in der Bundesrepublik und in der Europäischen Union – was die Chancen moderner naturwissenschaft-
licher Forschung und der daraus erwachsenden Innovationen angeht – nicht optimal genutzt worden sind. Deshalb brauchen wir
dringend einen neuen Aufbruch in der Forschungspolitik.

3. Ohne schädliche Klimagase – geht das?

„Als an einem kalten Februartag in Italien das Licht ausgeht, wird im eng verzahnten europäischen Stromnetz eine verheerende Kettenreaktion ausgelöst: Auf dem ganzen Kontinent schalten sich Kraftwerke ab, Fahrstühle bleiben stehen, U-Bahnen stecken fest. Und der Strom geht nicht mehr an […] Bald steht eins fest: Die Stromnetze Europas werden angegriffen. Obwohl die Öffentlichkeit über die wahre Ursache noch nicht informiert werden soll, sickern die ersten Meldungen durch. Die Folge: Hamsterkäufe, Plünderungen und Massenunruhen. Als in Manzanos Laptop dubiose E-Mails entdeckt werden, die ihn mit den Angreifern in Verbindung bringen, wird er selbst zum Gejagten. Inzwischen stehen mehrere europäische Kernkraftwerke vor der Havarie, Millionen von Menschen sind in Gefahr. Für alle beginnt ein Wettlauf mit der Zeit."

(Marc Elsberg)[1]

Klimawandel oder Klimakatastrophe – wo bleibt ein Gesamtkonzept?

Haben wir eine Chance, die Folgen des Klimawandels zu beherrschen? Immer wieder haben wir in der Vergangenheit ökologische Krisen erlebt, und oft ist es gelungen, sie zu lösen. Als die Wissenschaft festgestellt hatte, dass sich die lebensschützende Ozonschicht über der Erde aufzulösen begann, reagierte die Weltgemeinschaft am 16. September 1987 mit dem „Montrealer Protokoll": Die Vertragsstaaten verpflichteten sich, Produktion und Verbrauch von acht wichtigen FCKW und Halonen zu verringern, die seinerzeit weltweit als Treibgase, Kältemittel und Lösungsmittel im Einsatz waren. FCKW ist seitdem so gut wie komplett aus Kühlschränken, Spraydosen und Schaumstoffen verschwunden, weshalb der Physiker und Ozonforscher Dr. Rolf Müller vom Forschungszentrum Jülich feststellen konnte: „Wir gehen davon aus, dass sich das Ozonloch schließen wird."[2] Ein Erfolg!

Ein anderer Erfolg: Im Frühjahr 1988 machte ein Mikroorganismus Schlagzeilen. Die „Killeralge" vermehrte sich explosionsartig in der Nordsee. Die todbringende Algenpest vernichtete bis in einige Meter Tiefe praktisch alles Leben. Diese Pest ist mittlerweile verschwunden, und das Ansehen der Algen hat sich gewandelt, denn Forscher haben Projekte entwickelt, sie zu Helfern des Umweltschutzes umzufunktionieren. „Pro Jahr absorbieren Algen dabei bereits 200 Millionen Tonnen CO_2. Mit dem neuen Ansatz der Forschenden seien weitere 100 Millionen bis eine Milliarde Tonnen möglich."[3]

Die Liste von bewältigten Umweltproblemen ließe sich fortsetzen. Lang aber ist auch die Liste der Probleme, die erkennbar und ungelöst noch vor uns stehen. So geht etwa das Waldsterben weiter. Von Januar 2018 bis April 2021 handelt es sich bei den Verlusten in Deutschland um Bäume auf etwa 501 000 Hektar Fläche, wie das DLR festgestellt hat.[4] Satellitenbilder zeigen die Zerstörung.[5] Der Klimawandel verändert die Zusammensetzung und die Lebensbedingungen von Flora und Fauna – auch hier bleibt die Wissenschaft gefragt.

Die Frage also ist: Ist die Katastrophe unausweichlich? Oder schaffen wir es mit unserem Forschergeist, die befürchteten Konsequenzen wissenschaftlich zu lösen? Diesen zweiten Weg sollten wir gehen. Angst ist ein schlechter Ratgeber, und die aktuelle Lage erlaubt es auch nicht, einfach den Kopf in den Sand zu stecken. Realismus und Zukunftsmut hingegen werden auch die Folgen der Klimaerwärmung lebbar machen, wenn alle Kräfte zusammenspielen.

Woran es allerdings fehlt, ist ein Gesamtkonzept. Die Grünen kamen 2021 mit der Vorstellung in die Regierung, sie könnten nun rasch alles anordnen, was den Temperaturanstieg begrenzen könnte – wenigstens den (relativ geringen) deutschen Beitrag dazu. Tatsächlich aber mussten sie ihre Träume, ihre Wünsche an eine unerwartete Realität anpassen. Das war schon während der Koalitionsverhandlungen nach der Bundestagswahl 2021 sichtbar. Vier Bundesministerien (Bundesministerium für Wirtschaft und Klimaschutz, Auswärtiges Amt, Bundesministerium für Umwelt, Naturschutz, nukleare Sicherheit und Verbraucherschutz und Bundesministerium für wirtschaftliche Zusammenarbeit und Entwicklung) waren mit diesen Fragen befasst. Hinzu kam eine Abteilung im Bundeskanzleramt unter Leitung einer Staatssekretärin, die eine größere Koordinierungskompetenz beanspruchte. Darüber hinaus wurden in vier weiteren Bundesministerien neue Fachzuständigkeiten eingeführt. Zudem wurden 42 Beauftragte mit Staatssekretärgehalt berufen. Wer Bürokratien kennt, der weiß: Vor einem solchen Hintergrund kann kaum etwas gelingen, musste es zu Verwerfungen bei der Energieversorgung (Gas, Öl, regenerative Energien, Wind, Photovoltaik, Biomasse, Importe) kommen.

Robert Habeck, nun Bundesminister für Wirtschaft und Klimaschutz, der mit großem Engagement sein neues Amt begonnen hatte, musste bald festellen, dass die Addition unterschiedlicher Maßnahmen nicht zu einer Gesamtkonzeption für die Erreichung der Klimaschutzvorhaben führt. Zwar sollen in Deutschland – das nur einen kleinen Teil der weltweiten Emissionen verantwortet – bis 2030 die Emissionen um 65 Prozent gegenüber 1990 sinken, aber das Ziel, den Temperaturanstieg durch die Treibhauseffekte auf

1,5 Grad Celsius zu begrenzen, kann nach der aktuellen Einschätzung des Übereinkommens von Paris nicht mehr erreicht werden.

Wer Robert Habeck Anfang des Jahres 2023 von Gespräch zu Gespräch, von Verhandlung zu Verhandlung, von Kongress zu Kongress eilen sah, der konnte erahnen, warum er das tat. Die Bundespolitik hatte in den vergangenen Jahren versäumt, sich auf die Klimakatastrophe vorzubereiten. Selbst die mit großem Aufwand präsentierte „Nationale Wasserstoffstrategie" war nur ein Wunschpaket und keine Strategie.

Auch musste Robert Habeck nach dem Beginn des Ukrainekrieges die Gasversorgung der Deutschen sicherstellen. Zwar hatten die Mitglieder der EU und der NATO wirksame Sanktionen gegen Russland beschlossen. Die Zerstörung der neuen Gaspipeline Nord Stream 2 in der Ostsee sowie die immer geringeren Gaslieferungen aus Russland wegen des Krieges in der Ukraine und des Wirtschaftskrieges in Deutschland und Europa lösten Angst und Führungslosigkeit bei allen Schichten aus. Auch die Subventionen und Steuersenkungen führten nicht zu einer nachhaltigen Beruhigung. Robert Habeck und die Mitglieder der grünen Ministerien und Abgeordneten erkannten das, verharmlosten aber die reale Lage.

Die Energiewende, die Wasserstoffstrategie, der Ausbau der erneuerbaren Energien sowie Beschlüsse zur Steigerung der Energieeffizienz sollten zur Beruhigung der Bevölkerung führen. Der *Spiegel* fand, wer „an der deutschen Debatte verzweifelt, die häufig so klingt, als könnte Deutschland im Alleingang das 1,5-Grad-Ziel erreichen oder das Weltklima mit seinen Windrädern retten, steht schnell im Abseits".[6]

Gleichzeitig gab das UNO-Umweltprogramm UNEP bekannt, „dass es ‚keinen plausiblen Weg' zu seiner Erreichung mehr gibt".[7] Alles hängt, wie man sieht, mit allem zusammen. Allerdings gilt auch: Jeder ist für jeden verantwortlich, Deutschland produziert „633 Millionen Tonnen Treibhausgase im Jahre 2030, also 195 Millionen Tonnen zu viel. Und weil nun wegen des von Russland angezettelten Ukrainekriegs auch noch Braunkohlekraftwerke wieder ans Netz gehen und weil die Atomkraft für die amtierende Regierung nicht als Brückentechnologie für ein paar Jahre infrage kommt, wird diese ‚Ziellücke‘ noch größer.“[8]

Auch Außenministerin Baerbock fuhr mit großem Engagement um die Welt. Der Versuch, bei allen Gesprächen auch über die Menschenrechte zu reden und vielleicht sogar zu verhandeln, half energiepolitisch gar nicht weiter. Einerseits mussten die Grünen und ihre Kabinettsmitglieder die alten Positionen der grünen Politik verteidigen. Andererseits mussten sie die Stromversorgung sichern. Also durften Kohlekraftwerke weiter arbeiten und wenigstens im Winter 22/23 noch drei Kernkraftwerke helfen, den Winterstrom zu produzieren. Das war keine zielgerichtete Klimapolitik, sondern das Ergebnis pragmatischer Kompromisse. Sie führten und führen zu schweren Konflikten mit der Friedensbewegung, der Antiatomkraftbewegung, der Antikohlebewegung, den Gründungs-NGOs der Grünen.

Die traditionellen Unterstützer der Grünen gingen auf Abstand. Immer stärker wird die Auffassung, dass ein Neuanfang im Kampf für den Klimawandel erforderlich ist. Greta Thunberg alleine tut es nicht mehr, sie selbst sagt, Politikerin wolle sie nicht werden, sie wolle „immer Klimaaktivistin bleiben, ihr Leben lang“.[9]

Proteste aber ersetzen kein konstruktives Gesamtkonzept. Seitdem es Menschen gibt, gibt es Emissionen. „Nach den fünf Massensterben im Verlauf der erdgeschichtlichen Jahrmillionen will der Mensch das sechste ausgelöst haben. Die Wissenschaft diskutiert noch über die Größe des Vorgangs, aber er gehört bereits zu den großen Erzählungen dieser Zeit, die das Anthropozän genannt wird.“[10]

Nun ist es freilich nicht so, dass der Klimawandel in den vergangenen Jahrzehnten nicht besorgt ernst genommen worden wäre. Schon in den letzten Jahrzehnten und auch in meiner Zeit als „Zukunftsminister“ in der Regierung Kohl waren wir uns der Probleme bewusst, hatten aber nicht ausreichend Kenntnis von den Faktoren, die hier auslösend sind. Deshalb wollten wir mehr wissen. Als am 17. April 1996 das Bundeskabinett das neue Polarforschungsprogramm verabschiedete, ging es deshalb vor allem um Grundlagenforschung. Es wäre damals falsch gewesen, solche erkenntnisorientierten Forschungsaktivitäten in Richtung von Anwendungsbereichen umzudirigieren.[11] Ich habe daher zusammen mit Wissenschaftlern entschieden, dass das Programm sich überwiegend mit den Steuerungsmechanismen für das globale Klima befassen sollte, es umfasste erstmals beide Polarregionen, die für das Verständnis des weltweiten Klimawandels eine entscheidende Rolle spielen.

Das war notwendig, und entsprechend war die Berichterstattung. Ich hatte die Bedeutung der Grundlagenforschung hervorgehoben. Nur wenn man jetzt das erforderliche Wissen beschaffe, könne man künftig konkrete Schritte in der Klimapolitik unternehmen: „Je länger wir auf Forschungsergebnisse warten, umso schwieriger wird das Umsteuern."

Die Umwelt-NGOs kämpften und kämpfen gegen die Institutionen von Politik und Zivilgesellschaft. Ullrich Fichtner meint, Demokratien könnten die in sie gesetzten Erwartungen nicht mehr erfüllen. Er meint, dass „die Katastrophe nicht mehr abzuwenden" ist. Er fragt: „Hat sich der Mensch seit Mitte des 19. Jahrhunderts das eigene Grab geschaufelt? Wird der Planet für die Menschheit unbewohnbar in den kommenden Jahrzehnten? […] Die Welt wird sich verändern, so viel steht fest, vielerorts krisenhaft, mancherorts katastrophal, zum Apfelbäumchen-Pflanzen ist es allerdings zu früh. In unseren Breiten stellen sich schwerwiegende Systemfragen in den kommenden, wichtigen Jahren bis 2050." Nach seiner Auffassung müssen aber „große, unbehagliche Fragen" beantwortet werden: „Ist das Internet eine Technologie der Aufklärung oder der totalen Verwirrung? Sind die Medien in ihrem Tun immer auf der Höhe? Wie lassen sich Demokratie, Mitbestimmung, Freiheit gestalten im Angesicht existenzieller Gefahren? Welche Zukunft hat die gute alte, parteipolitisch organisierte Demokratie, welche Rolle spielen Nationalstaaten, wenn es darum geht, Schaden nicht nur vom eigenen Volk, sondern von der ganzen Welt abzuwenden? Die Antworten werden in naher Zukunft dringend gebraucht."[12]

Wir wissen bereits, dass die Institutionen unserer Demokratie und unserer Zivilgesellschaft noch keine Antworten geben können. Auch die NGOs wie Fridays for Future, BUND, Greenpeace, Deutsche Umwelthilfe, Last Generation oder Ende Gelände – sie alle vertreten oft nur ihre eigenen Interessen und nicht die der Bürger. Das muss uns besorgen – aber nicht lähmen.

Wenn Ullrich Fichtner in seinem klugen Essay fragt: „Ist der Weltuntergang also nur ein Stück aus dem ewigen und ewig wiederkehrenden Zutatenkino der Menschheit? […] Hat sich der Mensch seit Mitte des 19. Jahrhunderts das eigene Grab geschaufelt? Wird der Planet für die Menschheit unbewohnbar in den kommenden Jahrzehnten?", so folgert er doch: „Nach heutigem Wissensstand ist das sehr unwahrscheinlich."[13]

Diese Wahrnehmung der Wirklichkeit kann uns veranlassen, unsere Freiheit nicht aufzugeben. Wir müssen die Wirklichkeit wieder so zur Kenntnis nehmen, wie sie ist. Wir müssen aufhören, mit ungedeckten Schecks zu bezahlen. Das Regelungsdickicht hat unsere Freiheit und vor allem unsere Wissenschaft eingeschränkt, es hat Selbstbestimmung und Selbstverantwortung behindert und tut es auch heutzutage. Immer dichter werden in der Umweltpolitik Regelungen, Vorschriften, Ge- und Verbote, und oft genug sind sie nicht wissensbasiert, sondern ideologisch motiviert. Unsere Gesellschaft ist dadurch unsolidarischer geworden. Die Opportunitätskosten sind gewaltig: Entgangener Forschungsfortschritt, der zur Rettung der Welt viel zusätzlich hätte beitragen können.

Die Menschen wollen keine leeren Versprechungen und keine ideologiegetriebene Politik. Sie wollen eine Politik, die sich der Wirklichkeit stellt, statt Probleme zu verschleiern und ihre Lösungen auf kommende Generationen zu verschieben. Und wenn wir Prioritäten setzen müssen, dann steht die Rettung unserer Umwelt vornan. Wenn man ihnen nur verbietet, vorschreibt, Kosten auflädt – dann werden die Bürger der Politik abtrünnig. Sie empfinden solche Politik als beliebig. Beliebigkeit entsteht, wenn immer mehr staatliche Regelungen, Gesetze, Verordnungen, Programme und immer neue Initiativen folgen sollen.

Deshalb ist der Ruf nach der Wiederentdeckung einer besonnenen Ordnungspolitik nicht verkehrt, sondern geboten. Sie beschränkt sich darauf, einen Rahmen vorzugeben, in dem die Menschen ihre Aufgaben selbst regeln, als Subjekte ihres Lebens und nicht als Objekte staatlicher Bevormundung. Freiheit und Gerechtigkeit führen zudem zu Solidarität. Solidarisch ist gegenseitige Verantwortung der Starken, um den Schwächeren zu helfen – auch einem schwächer werdenden Erdball.

Der größte Klimaerfolg: der Ausstieg aus der Steinkohle

Die wohl wichtigste politische Entscheidung zum Klimaschutz – soweit es Deutschland betrifft – liegt nun 20 Jahre zurück: der Ausstieg aus der Kohleförderung. Für ein Industrieland wie die Bundesrepublik war das ein gewaltiger Schritt, auf der Kohle des Ruhrgebiets war der Nachkriegswohlstand aufgebaut. Die Kohleförderung – organisiert von der Ruhrkohle-Aktiengesellschaft (RAG) – war lange ein Segen für das Ruhrgebiet, zugleich aber brachte sie die immer ungesunde Last einer Monostruktur mit sich. Die Förderung geschah zu Kosten, die weit über den Weltmarktpreisen lagen. Das bedeutete: Diese Arbeitsplätze mussten mit immer neuen Milliardensubventionen erkauft werden. Von 2003 an war den verantwortlichen Unternehmen und Gewerkschaftsvorsitzenden klar, dass die RAG einen neuen Weg gehen musste.

„Das Ruhrgebiet bewegte sich langsam und vorsichtig wie eine uralte Schildkröte. Ökonomisch und politisch hatte sich wenig verändert. Die Zechen schlossen. Der Sozialplan umsorgte die Arbeitslosen. Die Bundesregierung gab, zunehmend unwillig, Milliarden Euro an Subventionen aus. Bloß nicht daran rühren, an diesem wohligen Abhängigkeitsverhältnis: Das war die Grundhaltung in den Konzernen, in der Landesregierung, in den Gewerkschaften. Zugleich erwarteten sie Veränderungen, in irgendeiner Form. Es konnte ja nicht ewig so weitergehen wie bisher.“[14]

Und dann kam Werner Müller von Berlin nach Essen. Werner Müller war nicht mehr Wirtschaftsminister. Aber er sollte nach Auffassung von Bundeskanzler Gerhard Schröder, des IG BCE-Vorsitzenden Hubertus Schmoldt und von Ulrich Hartmann, dem Vorstandsvorsitzenden der VEBA, nun Vorstandsvorsitzender der RAG werden. „Müller war jetzt, was er sein wollte.“[15]

Die RAG, die er übernahm, hatte noch 80 000 Mitarbeiter – ein Großunternehmen. Der Umsatz belief sich auf 20 Milliarden Euro. Müllers Job war es, die Montanindustrie abzuwickeln. Dafür gab der Bund 3,3 Milliarden jährlich – bis 2005.[16] Und Werner Müller wollte alternative Lösungen für die Zukunft finden. Aber wie? Am 22. Mai 2005 gewann die CDU mit 44,8 Prozent die Landtagswahl mit einem grandiosen Ergebnis. Schon bei der vorher stattgefundenen Kommunalwahl erzielte die CDU mit absoluter Mehrheit von 50,3 Prozent ein überraschendes Ergebnis. Zusammen mit der FDP (6,2 Prozent) gab es eine stabile neue Landesregierung in Nordrhein-Westfalen mit 51,0 Prozent.[17] Im Bundesrat entstand daraufhin eine Zweidrittelmehrheit für die unionsgeführten Regierungen.

Schon während des Landtagswahlkampfes hatte die CDU erklärt, dass sie beabsichtige, die Kohlesubventionen nicht mehr fortzuführen. Auch nach den Koalitionsverhandlungen wurde in der Regierungserklärung am 13. Juli 2005 erklärt: „Unser Ziel ist der Auslauf des subventionierten Steinkohlebergbaus. Das ist möglich, ohne den Weg der sozialverträglichen Anpassung zu verlassen. Wir werden gemeinsam mit der neuen Bundesregierung, mit dem Unternehmen, seinen Gesellschaftern und der Gewerkschaft Gespräche aufnehmen, um die angestrebten Ziele zu erreichen."[18]

Die Verantwortlichen der RAG hatten freilich schon früher Hinweise erhalten. Bereits Wochen vor der Landtagswahl dachte der Vorstandsvorsitzende Werner Müller an das Ende des Bergbaus. Der *Stern* schrieb am 19. Juni 2005: „Bereits im März roch die politische Spürnase [gemeint ist Werner Müller] den Machtwechsel am Rhein und traf sich, wie er auf Anfrage bestätigte, mit dem CDU-Spitzenkandidaten und Bergbaukritiker Jürgen Rüttgers. Müller erläuterte ihm seine Börsenpläne für die RAG und ließ durchblicken, dass er im Falle der Regierungsübernahme durch Schwarz-Gelb dem Stopp der Steinkohlesubventionen keinen Widerstand entgegensetzen werde. Bedingung: Unterstützung beim Kurs der RAG Richtung Börse. Womöglich könne NRW vom Emissionserlös profitieren, deutete Müller an. Rüttgers war angesichts leerer Kassen erregt. ‚Was für die RAG gut ist, ist auch gut für NRW', sagte er kurz darauf. Folgerichtig zog Müller acht Tage nach der Wahl die Zusage zum bereits geplanten Ausbau einer Kokerei wieder zurück und gestand mit inszeniertem Kleinmut ein, es sei ‚das Recht der Politik, den deutschen Steinkohlebergbau zu schließen'." Kurz danach hieß es: „Börse statt Bergbau – es geht nicht mehr nur um die Kumpel. Es geht längst auch um Müllers Job."[19]

In Berlin trat folglich eine „Kohlerunde" im Bundeswirtschaftsministerium achtmal zusammen. Den Vorsitz führte Bundeswirtschaftsminister Michael Glos. Vonseiten der Bundesregierung kamen Bundesfinanzminister Peer Steinbrück und Kanzleramtschef Thomas de Maizière. Vonseiten der betroffenen Länder saßen der nordrhein-westfälische Ministerpräsident Jürgen Rüttgers und der saarländische Ministerpräsident Peter Müller am Tisch. Die IG Bergbau, Chemie und Energie wurde von ihrem Vorsitzenden Hubertus Schmoldt und die RAG von deren Vorstandsvorsitzendem Werner Müller vertreten. Es gelang, eine Vielzahl von Problemen zu lösen. Am Ende blieb die Frage, wann die Steinkohleproduktion sozial verträglich aufhört.

Die Differenz lag bei der Laufzeit der Kohleproduktion. Gleichsam hinter dem Rücken der NRW-Landesregierung einigten sich der Bund, der saarländische Ministerpräsident, IGBCE-Chef Schmoldt und RAG-Chef Werner Müller auf ein Datum: das Jahr 2018. Nordrhein-Westfalen hatte sich demgegenüber früh darauf festgelegt, bereits ab 2014 aus der Subventionierung auszusteigen. Die SPD-Teilnehmer versuchten deshalb seit dem Ende der Gespräche, Nordrhein-Westfalen durch massive Angriffe und eine Pressekampagne zu einem Einlenken zu zwingen. NRW-Regierungssprecher Andreas Krautscheid sagte, den Kompromiss vom Montagabend hätten „andere Leute geschlossen", der sei „aber nicht unsrer". Da die nordrhein-westfälische Bastion schon früher bekannt war, organisierte die IGBCE eine Demonstration vor dem Düsseldorfer Landtag.

Trotz allem blieb NRW bei seiner Position, auch weil eine Reihe Fragen wie die Kohle-Stiftung, die „Ewigkeitslasten" und das Ende der Subventionen nicht konkret verabredet waren.[20] Trotz aller Schwierigkeiten konnte sich die neue NRW-Landesregierung durchsetzen. Der WDR berichtete am 7. Februar 2007, 22.45 Uhr: „Einigung im Streit um den Kohle-Ausstieg". Dort heißt es: „NRW-Ministerpräsident Jürgen Rüttgers (CDU) konnte sich mit seiner Forderung durchsetzen: Nordrhein-Westfalen beteilige sich an den Absatzhilfen nach dem Jahr 2014 nicht mehr, sagte er nach dem Kohle-Gipfel."[21]

Am folgenden Tag, dem 8. Februar 2007, unterrichtete der Ministerpräsident den Landtag von Nordrhein-Westfalen in einer Regierungserklärung. Zusammengefasst lautete das Ergebnis:

„Ich nehme das zum Anlass, Sie heute darüber zu informieren, wie die Landesregierung diesen Wandel gestalten will. Ich bin überzeugt davon, dass es uns gelingt, durch diese Entscheidung unserem Land Nordrhein-Westfalen und insbesondere der Metropole Ruhr eine neue, eine gute Zukunft zu eröffnen.

Werte Kolleginnen und Kollegen, die Landesregierung und die Koalitionsfraktionen von CDU und FDP und, wie ich hoffe, auch die Fraktion von Bündnis 90/Die Grünen haben ihre wichtigsten Ziele erreicht:

Erstens: Nordrhein-Westfalen wird Ende 2014 sozialverträglich aus der subventionierten Steinkohleförderung aussteigen. Der Bund folgt 2018. In den Jahren 2015 bis 2018 beteiligt sich das Land Nordrhein-Westfalen nicht mehr an den Absatz- und Produktionshilfen. Darüber hinaus wurde eine neue Regelung für die Ewigkeitslasten gefunden. Dadurch spart Nordrhein-Westfalen bis zum Ausstieg insgesamt 468 Millionen € und darüber hinaus weitere 272 Millionen €, also insgesamt 740 Millionen €.

(Beifall von CDU und FDP)

Zweitens: Der Ausstieg erfolgt sozialverträglich. Das geschieht, obwohl Nordrhein-Westfalen nach 2014 keine Produktionshilfen mehr bezahlt. Meine Damen und Herren, alle, die behauptet haben, das sei nicht möglich, haben Unrecht gehabt.

(Beifall von CDU und FDP)

Das Land wird wie bisher, um das auch sicherzustellen, ein Drittel der jährlichen Anpassungszahlungen von durchschnittlich 150 Millionen € übernehmen. Dadurch gibt es keine betriebsbedingten Kündigungen. Kein Bergmann wird ins Bergfreie fallen.

Drittens: Dem Börsengang der RAG steht nichts mehr im Weg. Die rund 70 000 Mitarbeiter im weißen Bereich der RAG haben damit eine klare Zukunftsperspektive. Eine börsennotierte RAG ist im Interesse der Arbeitnehmer der RAG wie der Menschen im Ruhrgebiet und in ganz Nordrhein-Westfalen."[22]

Trotz Kohleausstieg: Wo bleibt die Strategie?

Trotz klaren Fortschritts beim Abbau der CO_2-Belastungen durch den Ausstieg aus der Steinkohle und Braunkohle gibt es bis heute noch keine klare Strategie zur Begrenzung des CO_2-Ausstoßes. Alles bleibt Stückwerk. Weder der Bundesregierung unter Bundeskanzlerin Angela Merkel noch der Politik der Ampelkommission unter Bundeskanzler Olaf Scholz ist es bisher gelungen, eine konsistente Strategie vorzulegen oder gar umzusetzen. Das ist in der Sache eine ziemliche Katastrophe, und auch die fachkundigen Beobachter der Szene wie etwa Forschungsinstitute sind zunehmend frustriert. Entgegen allen Versprechen der letzten Jahre, so sagt etwa die Mercator-Stiftung in Essen, seien die politischen Antworten – der Bundesregierung wie der internationalen Staatengemeinschaft – bisher „unzureichend: Zwischen den Ankündigungen von Maßnahmen, um die Ziele des Pariser Klimaabkommens zu erreichen, und ihrer Umsetzung klafft eine große Lücke. Effektiver Klimaschutz ist daher dringender denn je."[23]

Die Einsicht mag noch Konsens sein – aber die Interessen der verschiedenen Akteure in Politik, Wirtschaft und Zivilgesellschaft auf diesem Feld sind ganz unterschiedlich. Handeln ist deshalb hindernisreich, zumal auch wichtige soziale Aspekte zu berücksichtigen sind. Denn Klimawandel wie auch Klimaschutz sind teuer und können bestehende soziale Ungerechtigkeiten verschärfen. Die Mercator-Stiftung bilanziert: „Hier sind Lösungen gefragt, die Klimaschutz ermöglichen und zugleich Ungerechtigkeiten verringern", aber zu sehen sei auch: „Zum anderen bietet der Wandel Innovations- und Wachstumschancen. Er kann die Widerstandskraft und Wettbewerbsfähigkeit der europäischen Wirtschaft stärken – gerade beim wirtschaftlichen Wiederaufbau nach der Covid-Pandemie. Dies schlägt sich auch im ,European Green Deal' der Europäischen Kommission nieder."[24]

Pandemie, Putins Ukrainekrieg, demografischer Wandel und Klimakatastrophe – all das sind Herausforderungen der westlichen Gesellschaften. Die meisten Demokraten fühlen sich überfordert, die westlichen Demokratien sind ratlos.

Da neigt man schon mal zu Irrwegen, zu radikalen Ideen. Folgt man dem slowenischen Philosophen Slavoj Žižek, so ist die liberale

Idee, die Menschen zu individuellem Handeln gegen den Klimawandel zu veranlassen, gescheitert. „Selbstverantwortung bringt uns bei globalen Problemen nicht weiter", sagt Žižek, „bei der Bekämpfung des wahren, systematischen Problems werden individuelle Handlungen nicht helfen."

Und deshalb findet Žižek „die Ideen des schwedischen Umweltwissenschaftlers Andreas Malm sehr interessant. Er propagiert eine ziemlich kühne Vorstellung von Gewalt und sagt, dass es ein Mythos sei, dass jeder Fortschritt in der Geschichte in einem friedlichen Prozess vollzogen wurde. Er bezieht sich etwa auf die Geschichte des Feminismus oder Antirassismus. Nein! Progressive Entwicklungen in der Sphäre des Antirassismus konnten nur erzielt werden, weil die Mächtigen dachten, dass es zu Gewalt oder noch mehr Gewalt kommen wird, wenn man keinen Kompromiss erzielt mit den Schwarzen und Unterdrückten. Malm sagt, dass man vielleicht – und ich weiß, das ist eine sehr gefährliche Strategie – jetzt den Schritt wagen sollte in Richtung limitierter Gewalt."[25] Denn Žižek ist überzeugt: „Es gibt keine demokratische Lösung. Um der Erderwärmung entgegenzuwirken, braucht es mehr Globalisierung, nicht weniger. ‚So, what is to be done?'"[26]

„To be done" ist, mit allen in einer Demokratie zur Verfügung stehenden Mitteln die Menschen zu überzeugen, den Weg der Transformationen freiwillig mitzugehen. Dann gibt es eine demokratische und marktwirtschaftliche Lösung, denn auch wenn es schwierig wird, müssen Entscheidungen demokratisch bleiben. Gewalt, wie Žižek sie sympathisierend schildert, kann nur zerstören – Neues lässt sich darauf nicht aufbauen. Žižek hat – davon bin ich überzeugt – unrecht.

Realpolitik schützt vor Ökodiktatur

Die Energiewende in ihrer jetzigen Form gefährdet die deutsche Industrie. Das ist keine neue Erkenntnis, alle wichtigen Branchen leiden unter den horrend gestiegenen Energiepreisen und haben das auch öffentlich artikuliert. Der Chef des Energiekonzerns RWE, Markus Krebber, warnte neulich: „Deutschlands Wohlstand fußt auf einer starken Industrie [...] ein knappes Energieangebot führt zu hohen Preisen – dies gefährdet die Wettbewerbsfähigkeit des Indutriestandortes Deutschland. Wir sehen erste Anzeichen einer Deindustrialisierung." Und Christian Kullmann, Chef des Chemiekonzerns Evonik, fürchtet ein „energiepolitisches Desaster", denn in Deutschland würden „die weltweit höchsten Preise für Strom und Energie fällig".[27]

Um es klar zu sagen: Eine solche Deindustrialisierung wäre eine politisch hausgemachte Katastrophe. Wir schädigen unsere Wirtschaft in einem Moment, in dem verstärkt – etwa im wichtigen Automobilsektor – neue Konkurrenten auf den Plan treten. Das klingt alles theoretisch, meint aber schlicht: Arbeitsplätze in Deutschland werden zu Zehntausenden verloren gehen, Unternehmen werden schließen oder auswandern, Steuerausfälle werden zunehmen, das Sozialsystem wird in seinem jetzigen Umfang nicht aufrechterhalten werden können.

Wollen wir das? Warum produzieren wir selbst nicht mehr genug Energie zur Eigenversorgung? Wieso dauert der Aufbau regenerativer Energien so lange? Wieso machen wir uns von anderen abhängig? Überall zeigen die Statistiken, dass die Industrieproduktion und die deutschen Außenhandelsbilanzüberschüsse abschmelzen wegen der hohen Energieeinfuhren. Der Internationale Währungsfonds prognostiziert, dass Deutschland (und Italien) 2023 als einzige Staaten der Eurozone ein negatives Wirtschaftswachstum vorweisen werden.[28] Es lässt sich sagen: „Auf dem Prüfstand steht das Geschäftsmodell der deutschen Volkswirtschaft."[29]

Axel Ockenfels und Ottmar Edenhofer versuchen, der Bundesregierung gemeinsame Ideen zu vermitteln. Die „Ampel" sollte nicht nur eine CO_2-Bepreisung vornehmen. Diese soll auch „sozial ausgewogen (rot), marktwirtschaftlich gesteuert (gelb) und ehrgeizig (grün) sein".[30] Die Verfasser weisen aber darauf hin, dass „nationale Klimapolitik [...] nicht unabhängig von dem sein [darf], was der Rest der Welt macht. Denn was genau bedeutet es eigentlich, wenn die Ampelkoalition Deutschlands CO_2-Reduktion ‚auf den 1,5-Grad-Pfad ausrichten' möchte, solange die globalen Emissionen recht unbeeindruckt weiterhin ansteigen? Wer einen 1,5-Grad-Pfad anstrebt, muss vor allen Dingen eines tun: die anderen Länder mitnehmen."[31]

Andere Gruppen wollen eine „radikale Realpolitik" durchsetzen. „Der UN-Generalsekretär sagt: ‚Wir graben unser eigenes Grab.' Nicht wenige Klimamodelle geben uns nur wenige Jahre, noch etwas gegen die Katastrophe zu tun, und zwar mit entsprechend radikalen Maßnahmen."[32] Zur Realpolitik sagt Greta Thunberg: „Wenn das Überleben meiner Generation, ja der gesamten Menscheit akut gefährdet ist – dann habe ich das moralische Recht, alles zu unternehmen, um dies zu verhindern. Widerstand sei angesichts der immanenten Katastrophe notwendig und gerechtfertigt. Wenn wir über Widerstand sprechen – wie weit sind wir von einer radikalen Ökodiktatur entfernt?"[33]

Die aber darf es nicht geben, „denn eine Ökodiktatur würde unsere Gesellschaft zerreißen, sie würde Generationen gegeneinander ausspielen und sie würde, wie Gewalt dies immer tut, viele unschuldige Opfer fordern. Die Chance, dass sie zur Umkehr in der Klimapolitik führen würde, wäre zudem verschwindend gering. Entschlossene Realpolitik ist mithin die Alternative zur Radikalisierung."[34]

Zur Realpolitik gehört deshalb auch, die erheblichen Finanzmittel anzusparen, die der Staat zur Linderung der Klimafolgen benötigen wird. Man kann sagen: Nur eine stabile Finanzpolitik wird auch eine erfolgreiche Klimapolitik möglich machen. Noch ist sie nicht zu erkennen. Der Präsident des Bundesrechnungshofes, Kay Scheller, hat Ende des Jahres 2022 festgestellt, dass die Hoffnung, man werde „aus den Schulden herauswachsen", durch die immer neuen Schuldenaufnahmen seit der Wirtschafts- und Finanzkrise 2008/2009 nicht mehr möglich ist. „In den guten Jahren danach mit Überschüssen boomte die Wirtschaft, es wurden jede Menge neue Jobs geschaffen. Doch obwohl die Steuereinnahmen sprudelten, wurde nicht konsolidiert, Investitionen wurden vernachlässigt und Reformen der Sozialsysteme verschleppt. Das fällt uns heute auf die Füße. Damals sind auch die Zinsen erheblich gefallen. Heute aber steigen sie: In 2021 zahlte der Bund knapp 4 Milliarden Euro Zinsen, für 2023 werden es über 40 Milliarden sein – eine Verzehnfachung mit weiter steigender Tendenz."

Immerhin gebe es die „Schuldenbremse", also die 2009 beschlossene Regelung, nach der sich Deutschland ab 2016 jedes Jahr nur bis zu einer Höhe von 0,35 Prozent des Bruttoinlandsproduktes neu verschulden darf. Scheller baut auf sie, findet sie einen „klugen Weg": „Sie zwingt die Politik zu klaren Entscheidungen, passt sich aber auch der wirtschaftlichen Lage an, ist also hinreichend flexibel. Die Gründe für zu wenig Investitionen sind in Politik und Verwaltung zu suchen. Es wurden andere Prioritäten gesetzt mit immer mehr Leistungen […]. Klimaschädliche Subventionen sind endlich zu streichen und der Bund darf nicht weiter Steueranteile an die Länder abgeben. Allein in den Jahren 2022 bis 2026 fehlen ihm dadurch 100 Milliarden Euro."[35]

Der Vorsitzende des Zentrums Liberale Moderne, Ralf Fücks, weist darauf hin: „Fraglos braucht die ökologische Transformation einen aktiven, regulierenden und investierenden Staat, der die Weichen für privatwirtschaftliche Initiativen stellt. Milliardenschwere Investitionen in klimafreundliche Chemieanlagen und Stahlwerke werden nur erfolgen, wenn die Unternehmen damit rechnen können, dass grüner Strom und Wasserstoff in großen Mengen verfügbar sind. Die betrieblichen Mehrkosten gegenüber konventionellen Verfahren müssen sich entweder am Markt amortisieren oder kompensiert werden. [...] Zu glauben, wir wüssten schon, wie Energiesystem, Mobilität und Landwirtschaft im Jahr 2045 aussehen werden, schreibt die Gegenwart in die Zukunft fort. [...] Eine erfolgreiche Klimastrategie muss darauf abzielen, eine selbsttragende Dynamik ökologischer Innovationen und Investitionen in Gang zu setzen. Sie muss ambitionierte Ziele mit dem Wettbewerb um die besten Lösungen verbinden. Und sie muss Reserven für ökonomische Engpässe und geopolitische Konflikte einkalkulieren."[36]

Ähnlich argumentiert auch der US-Ökonom Herman Daly, einer der Väter des Berichts über „Die Grenzen des Wachstums". Er glaubt an ein System des Emissionshandels, bei dem nicht nur Preisgrenzen, sondern auch Mengengrenzen festgelegt werden. Wer nur Preisgrenzen festlege, erhöhe zwar die Effizienz der Ressource, zugleich aber zeige die Beobachtung, dass dann mehr von ihr verbraucht wird. Deshalb will er Preis- und auch Mengengrenzen: „Es ist sinnvoll, sich zunächst auf fossile Energieträger, auf Wasser und einige Grundstoffe zu konzentrieren: Sie werden erhebliche Auswirkungen haben. Aber ich glaube, das Grundproblem ist, dass man immer weiter wachsen kann, wenn man die Dinge effizienter macht. Und ich sage Nein. Man kann eine optimale Allokation erreichen und trotzdem die Wirtschaft ruinieren, wenn sie zu groß ist und man das Ökosystem überschwemmt. Wir müssen über eine Begrenzung des Wachstums nachdenken und die Verteilung dem Markt überlassen."[37]

In einer kurzen Schrift[38] haben Bruno Latour und Nikolaj Schultz versucht, eine Antwort auf die Klimakatastrophe zu finden. Sie sind verwundert darüber, dass sich ökologische Bewegungen so schwertun, den Menschen das notwendige Handeln einsichtig zu machen. Zu lange habe sich „die politische Ökologie [...] auf eine *pädagogische* Version ihres Handelns verlassen: Da man weithin um die Katastrophensituation wusste, würde die Tat zwangsläufig folgen. Doch mittlerweile ist offenbar geworden, dass der Aufruf „zum Schutz der Natur" weder die sozialen Konflikte beendet hat noch die Aufmerksamkeit von ihnen ablenkt. Im Gegenteil: Er befeuert diese noch. Von den Gelbwesten in Frankreich über die Proteste der indischen Bauern bis hin zu den indigenen Bewegungen in Nordamerika, die sich gegen das Fracking wehren, oder die Debatten um die Frage, welche Auswirkungen Elektroautos haben – der Befund ist eindeutig: Die Konflikte nehmen zu. Von der Natur zu sprechen heißt nicht, einen Friedensvertrag zu unterschreiben. Es heißt vielmehr anzuerkennen, dass eine Vielzahl von Auseinandersetzungen zu allen möglichen Themen des alltäglichen Daseins, auf allen Stufen und auf allen Kontinenten, besteht. Die Natur eint nicht, sie trennt."[39]

Mit anderen Worten: Solange das ökologische Projekt eine Erzählung bleibt von Entbehrungen, von Verzicht, von Apokalypse, von negativen Empfindungen und es die ökologische Politik nicht schafft, das ins Positive zu übersetzen, in ein Narrativ von Chancen, wird ein gesellschaftlicher Konflikt den nächsten jagen. Umdenken ist erforderlich, es geht darum, die politischen Affekte neu auszurichten. Denn, so resümiert die *Süddeutsche Zeitung* Latours und Schultz' Buch: „Die politische Ökologie hat den Bürgerinnen und Bürgern noch keine Ideologie präsentiert, die erfolgreich mit dem Ozean an Ideen und Affekten weitereifern könnte, die zum Beispiel der Konservatismus, der Sozialismus oder der Liberalismus zu bieten haben. Die bittere Pointe dabei ist, dass die ökologische Bewegung genau die Grundwerte anderer politischer Richtungen vereint – Bewahrung, Gerechtigkeit, Freiheit – und diese leicht beschwören können müsste", und folgert: „In diesem Sinne ist der Kern des ökologischen Bewusstseins die Idee, dass die Welt, in der wir leben, und die Welt, von der wir leben, in Einklang gebracht werden müssen. Alles, was dieser Sache diene, ist in Latours und Schultz' Logik fortschrittlich und emanzipatorisch."[40]

Jedenfalls aber gehört zur Realpolitik auch, endlich die zuständigen Forschungsbereiche in einen konzeptionellen und materiellen Zustand zu versetzen, der den Anforderungen entspricht. Das gilt beispielsweise für die Geowissenschaften, die – so sieht es die Wissenschaftsorganisation Leopoldina in ihrem „Zukunftsreport Wissenschaft" [41] – in einem nicht zukunftsfähigen Stand sind. Sie fordert einen Umbau der Geowissenschaften hin zu einer „Erdsystemwissenschaft", man müsse sie so „modernisieren, dass sie dazu beitragen könnten, die Folgen des Klimawandels zu bewältigen und Antworten zur Sicherung unserer künftigen Lebensgrundlagen im Anthropozän zu entwickeln. Ein Beispiel: Es fehlten die gigantischen Rechenkapazitäten, die man brauchte, um etwa an ‚digitalen Zwillingen' der Erde die künftigen Zustände und Veränderungen des Erdsystems durch den Klimawandel zu berechnen und daran die Risiken vorgeschlagener Maßnahmen zu testen. Weiter bestünden große Wissenslücken: Es sei etwa noch nicht ausreichend verstanden, wie viel CO_2 zukünftig von den Ozeanen noch aufgenommen werden könne. Außerdem fehle es an sicheren Prognosen zum lokalen Anstieg des Meeresspiegels. Rückzugs- und Umsiedlungsmöglichkeiten für bisher bewohnte Regionen seien bisher nicht planbar", fasst die FAZ zusammen und findet: „Der Forschungsbedarf ist also gewaltig." [42]

Dieser „Zukunftsreport Wissenschaft" hat der Leopoldina zu Recht Lob eingebracht. Er ist gründlich, benennt die Herausforderungen, formuliert Lösungen für Forschung und Lehre in Hochschulen und Schulen, gibt Handlungsempfehlungen. Er steht beispielhaft dafür, dass wir uns daranmachen müssen, die großen Zusammenhänge zu sehen, zu beforschen und zu lehren. Transformationen gibt es ja nicht mehr nur in einem Feld, vielmehr sind alle wissenschaftlichen Sektoren gleichzeitig vom Klimawandel herausgefordert. Transformationen müssen einander ergänzen und nicht bekämpfen.

Nur Verzicht sichert Überleben?

Andere wie Gerald Wagner sehen nur noch postkapitalistisches grünes Schrumpfen. Woran es fehle, sei „die Brücke aus der dynamischen Gegenwart in eine statische Zukunft [...]. Nur Verzicht sichert das Überleben – wie im Krieg. [...] Dinge wie Windräder, Batteriespeicher und grüner Wasserstoff [...] kann es nur geben, wenn der Staat lenkt, forscht, finanziert und subventioniert.“[43] Auch Ulrike Herrmann schreibt: „Denn gute Ideen für eine freiheitliche Ordnung, die Innovationskraft, sozialen Ausgleich und die Beachtung ökologischer Grenzen gleichermaßen ermöglicht, werden sehr dringend gebraucht.“[44]

Die Europäische Kommission will im Rahmen ihres Masterplans für ein nachhaltiges Europa (Green Deal) das Spektrum der Bekämpfung von Umweltkriminalität erheblich ausweiten. Dazu gehören „schwere Verstöße gegen das EU-Chemikalienrecht, illegale Wasserentnahme, illegaler Handel mit Holz sowie illegales Recycling umweltschädlicher Schiffe. [...] Massive Schäden richte zum Beispiel der illegale Holzeinschlag durch Kartelle an, die etwa in Südamerika ganze Regionen kontrollierten. [...] ‚Zehn bis 30 Prozent des global gehandelten Holzes sind illegal geschlagen‘ [...] Bei Straftaten, die zum Tod oder zu einer schweren Verletzung einer Person führen oder führen können, müssen die Mitgliedstaaten nach dem Entwurf aus Brüssel mindestens eine Freiheitsstrafe von bis zu zehn Jahre vorsehen.“[45]

Inzwischen hat auch die Europäische Weltraumorganisation ESA die Erforschung der Auswirkungen des weltweiten Klimawandels zu ihrer Aufgabe gemacht. Der Generaldirektor der ESA, Josef Aschbacher, und der ESA-Astronaut Alexander Gerst schlagen vor, „die Raumfahrt für eine grüne Zukunft zu nutzen, um einen Beitrag zu den politischen Zielen der Klimaneutralität und der Dekarbonisierung Europas und weltweit zu leisten“.[46] Damit legen sie den Finger in die Wunde. Es ist Zeit, die weltraumgestützte Umweltbeobachtung, die Internationalisierung der Umweltpolitik, die Umsetzung von internationalen Umweltabkommen und entsprechenden Vereinbarungen sowie die Umweltüberwachung auszubauen.

Das Geschäftsmodell Deutschland im europäischen Energiemarkt

Inmitten dieser globalen Herausforderungen wird hierzulande über die Frage debattiert: Kann das Geschäftsmodell der deutschen Volkswirtschaft überleben? Man müsse es, findet Ifo-Präsident Clemens Fuest, fundamental überarbeiten.

„Veränderungsbedarf gibt es vor allem in der Energiepolitik, bei der Handhabung von Risiken durch außenwirtschaftliche Abhängigkeiten und bei den Verteidigungsausgaben. Deutschland braucht künftig eine diversifiziertere Energieversorgung und ein gezielteres Management von außenwirtschaftlichen Risiken. Höhere Ausgaben für Rüstung und andere Transformationen werden die öffentlichen Finanzen stark beanspruchen und erfordern Reformen des öffentlichen Sektors. Um all diese Herausforderungen zu bewältigen, ist eine stärkere Zusammenarbeit auf europäischer Ebene erforderlich.“[47]

Diese Transformation der Energiepolitik ist nicht nur notwendig, sondern auch hoch dringlich. 2020 noch erhielt Deutschland 58 Prozent der Gasimporte aus Russland – und wer vor den Folgen dieser Abhängigkeit warnte, wurde in die Ecke der militaristischen Störer eines Zeitgeistes gestellt, der fest davon ausging, dass Handel und Wandel jede Kriegsgefahr ausschließen würden. Zugleich wurde darauf hingewiesen, dass russisches Gas für die deutsche Wirtschaft so preiswert sei, dass sie daraus Wettbewerbsvorteile ziehen könne in der Konkurrenz zu anderen Staaten.

Beides lässt sich bestreiten. So argumentieren Untersuchungen, dass der Gaspreis vor der Krise in Deutschland kaum niedriger gewesen sei als in anderen europäischen Ländern, die ihr Gas nicht aus Russland bezogen. Auch sei das Verhältnis von Gasverbrauch und Wirtschaftsleistung hier nicht höher gewesen als anderswo.[48] Deshalb kann man hoffen, dass die Umstellung auf Flüssiggas nicht zu dauerhaften Wettbewerbsnachteilen führen muss. Teuer wird es jedenfalls, folgert Clemens Fuest, denn es sei damit zu rechnen, „dass die Energiekosten in Deutschland zumindest für eine längere Übergangszeit stärker steigen als an vielen anderen Industriestandorten. Außerdem hat die Unsicherheit über die langfristige Energieversorgung, die wegen vieler offener Fragen bei der deutschen Energiewende ohnehin seit langer Zeit erheblich war, noch einmal zugenommen. Insofern ist das Geschäftsmodell Deutschland, zumindest was die Ansiedlung energieintensiver Industrien angeht, zweifellos beeinträchtigt."[49]

Da ist es verwunderlich, dass die deutsche Energiewende so langsam voranschreitet, nachdem die Bundesrepublik die Fehleinschätzung russischen Friedenswillens, wie wir inzwischen wissen, mit einer Gasmangellage doch teuer bezahlt hat. Nun ist es notwendig, alte Abhängigkeiten nicht durch neue zu kompensieren. Deshalb brauchen wir europäische Strategien zur Energiesicherung. Bisher haben viele Politiker sich geweigert, diesen großen Schritt in die Zukunft zu gehen. In der europäischen Energiepolitik bleibt die immer wieder proklamierte „Zeitenwende" aus.

Ursprünglich wollte die Ampelkoalition eine „Klimakoalition" sein. 200 Mal wurde dieses Wort im Koalitionsvertrag erwähnt. Die Gas-, Öl-, Heiz-, Strom- und Benzinpreise explodierten. Aus Angst vor den Wählerinnen und Wählern versuchte die Bundesregierung mit 200 Milliarden Steuergeld die Preise zu senken. Stattdessen wurden alle Preise kontinuierlich immer teurer. Die Geldentwertung treibt die Kosten zudem immer höher und heizt die Inflation unkontrolliert an. Die Tarifverträge folgen. Die Bürger in Deutschland wissen, dass damit der Umbau der deutschen Wirtschaft teuer wird. „Hohe Preise für Öl, Gas und Strom bieten den wirksamsten

marktwirtschaftlichen Anreiz zum Energiesparen in den Industrieländern und zum Abrücken von fossiler Energie, auch wenn sie är-
gerlich sein mögen und einen Verlust an Wohlstand bedeuten."[50]

In den Vorstandsetagen ist die Erkenntnis längst angekommen,
dass auch unternehmerisches Denken in einem Epochenwechsel
steht: „Die große neue Aufgabe heißt Nachhaltigkeit und steht für
die massive Forderung der Politik, künftig klimaschonend und sozial zu wirtschaften."[51] So hat sich die Europäische Union darauf
geeinigt, baldmöglichst regelmäßig über die Lage der „umweltge-
rechten und fairen Unternehmensführung" zu berichten. Die Vorschriften gelten ab 2023 für große und vom Geschäftsjahr 2025 an
für kleine und mittelgroße Unternehmen. „Die betroffenen Firmen
müssen nicht nur über ihre Finanzen [berichten], sondern auch über
bis zu mehr als 130 Aspekte ihres Umwelt- und Sozialgebarens."[52]
Unternehmen, denen man ständig einen Abbau von Bürokratie verspricht, sind über diese neue und zusätzliche Berichtspflicht naturgemäß nicht begeistert. Horst Wildemann weist freilich darauf hin,
dass die Rechenschaftspflicht über die Einhaltung von Menschen-
rechten in der Lieferkette oder die Schädigung des Klimas durch
den CO_2-Ausstoß nicht nur eine Last bedeutet. Sie kann sich auch
positiv auswirken. Viele Unternehmen mit Tradition arbeiten heute
bereits daran, mit grünen und fair hergestellten Produkten höhere Preise, mithin höhere Umsätze zu erzielen und neue Kunden zu
gewinnen. Nachhaltigkeit spart auch Kosten, senkt den CO_2-Aus-
stoß und hilft, hoch qualifizierte Unternehmen und Mitarbeiter zu
gewinnen. Viele Traditionsunternehmen richten bereits heute ihre
Strategie auf die kommenden Jobs aus.

Der Düsseldorfer Maschinenbauer GEA und der Sportwagen-
hersteller Porsche wollen bis 2040 ihre Produktion vollständig klimaneutral umstellen. Zum Jahr 2030 soll die CO_2-Bilanz der beiden
Unternehmen über die gesamte Wertschöpfungskette klimaneutral
sein. Die Unternehmen wollen das in fünf Schritten erreichen: Zunächst geht es darum, wirtschaftliche Potenziale der Nachhaltigkeit

zu identifizieren, also Kosten- oder Imagevorteile. Zweitens will man die Kreativität der Mitarbeiter – ein oft unterschätzter Faktor – nutzen und heben. Drittens müssen die Nachhaltigkeitsziele klar formuliert und in nachvollziehbare Wegmarken eingeteilt werden. Viertens müssen Lieferanten und Kunden in die Nachhaltigkeitsstrategie eingebunden werden. Und schließlich geht es darum, für alle diese Schritte eigene, dem Unternehmen angepasste Bewertungsmaßstäbe zu entwickeln. Wenn das gelingt, dann sind „die Nachhaltigkeitsanstrengungen […] ohne Zweifel die Mühe wert".[53]

Dringend nötig: die wasserstoffbasierte Energieunion

Wenn es gelingen soll, die Produktivität der deutschen Wirtschaft zu steigern, muss auch eine neue Wasserstoffwirtschaft in Europa aufgebaut werden.

Wie schnell das gehen kann, hat Teresa Ribera, die spanische „Ministerin für ökologischen Wandel", Ende 2022 erklärt. Spanien, Frankreich, Portugal und die EU wollen bis 2030 durch eine Unterseepipeline zum ersten Mal grünen Wasserstoff von Barcelona nach Marseille strömen lassen. Damit kann Spanien voraussichtlich in der Lage sein, Wasserstoff zu exportieren, auch nach Deutschland. Das bedeute, sagt Ribera, einen Schritt vorwärts bei der europäischen Energiewende, es bringe mehr Zusammenarbeit und eine bessere Vernetzung zur Stärkung eines entkarbonisierten Europas sowie mehr Autonomie.[54]

Auch Norwegen will bis zum Jahr 2030 eine neue Rohrleitung von Norwegen nach Deutschland legen. Deutschland will vor allem grünen Wasserstoff importieren, der mithilfe von Ökostrom produziert wird. Nur in einer kurzen Übergangszeit will man auch auf andere Farben setzen. Damit ist „blauer" Wasserstoff gemeint, der aus Erdgas gewonnen wird, dessen Kohlendioxid abgeschieden und unterirdisch gelagert wird (CCS-Technik), damit es nicht in die Atmosphäre gelangt. Nach Angaben der European Hydrogen Backbone Initiative, der mehr als 30 europäische Energie-Infrastruktur-Betriebe angehören, kann Norwegen bis 2030 ein Erzeugungspotenzial von 50 Terrawattstunden (TWh) grünen Wasserstoffs aufbauen, bis 2040 sogar 150 TWh.[55]

Deutschland will zusammen mit Norwegen später Negativemissionen erreichen, der Luft also CO_2 entziehen. Aber „da die Deutschen die Technik – wieder einmal – verschlafen haben, sollen die Skandinavier für sie einspringen. Das CO_2 wird draußen im Meeresboden gelagert – weit weg von der Bundesrepublik, man kann ja nie wissen. Dass Berlin eigene Lagerstätten erschließt, ist nicht bekannt."[56]

Die fünf Flüssiggasterminals in Norddeutschland seien nur eine Übergangslösung, weil die LNG-Gase (Floating Storage and Regasification Units) zu 98 Prozent aus Methan bestehen. Außerdem müssen die verbauten Stähle mit dem Wasserstoff kompatibel sein, denn während verflüssigtes Erdgas minus 163 Grad Celsius kalt ist, erreicht Flüssiggaswasserstoff minus 253 Grad.[57]

Zuvor wurde zugesagt, an den Terminals klimaneutralen Wasserstoff einzuladen. Einfach ist das nicht. Möglich wäre, in die vorhandenen Gasrohre grünen Wasserstoff bis zu 20 Prozent beizumischen.[58] Durch ein von den Wissenschaftlern des Fraunhofer Instituts entwickeltes Verfahren könnte so Wasserstoff zu neuen Produktionswegen eingesetzt werden. Der Präsident des Deutschen Wasserstoff- und Brennstoffzellenverbands will „den Turbo einschalten für den Markthochlauf von klimaneutralem Wasserstoff […] Große Produktions- und Industriezweige stehen bereit, ihre Milliardensummen in den Aufbau einer Wasserstoffinfrastruktur zu investieren."[59]

Der Wettlauf um den grünen Wasserstoff hat begonnen. In Kasachstan soll eine der größten Anlagen zur Produktion von grünem Wasserstoff errichtet werden – Kapazität: ein Fünftel des geschätzten künftigen Wasserstoffbedarfs in der EU. Noch schneller dürfte es in Saudi-Arabien gehen, das Milliarden in das Mega-Industrieprojekt „Neom" am Roten Meer mit Wind- und Solarparks für die Wasserstoffproduktion investieren wird.[60] Auch Indien will „Wasserstoffgroßmacht" werden und schon 2030 „mindestens ein Zehntel des weltweiten Bedarfs an grünem Wasserstoff decken".[61]

Wenn man alle diese Aktivitäten betrachtet, entsteht die Frage: Was macht Deutschland? Immerhin hat Bundeswirtschaftsminister Habeck im Frühjahr 2023 entschieden, alle Voraussetzungen für den raschen Aufbau einer Wasserstoffinfrastruktur zu schaffen und von privaten Gasleitungsbetreibern ein „Wasserstoff-Startnetz" installieren zu lassen. Es soll eine Länge von 1700 Kilometern haben und damit erstmals eine Netzinfrastruktur für Wasserstoff ermöglichen.

Was so selbstverständlich klingt, ist tatsächlich ein großer Schritt, der ordnungspolitisch in die richtige Richtung geht. Denn die Alternative wäre eine staatliche Netzgesellschaft gewesen mit aller überbordender Netzregulierung, die wir aus anderen Netzen jetzt schon kennen. Auch die Finanzierung wird jetzt einfacher: Geplant ist ein „Amortisationskonto", das aus Nutzungsentgelten gefüllt wird – aber durch staatliche Garantien stets so viel enthalten wird, dass die Rentabilität des Netzes abgesichert wird.[62]

Europa braucht eine Energieunion!

Wenn man das einbettet in alle europäischen Aktivitäten, wenn daraus ein grenzübergreifendes Wasserstoffgesamtkonzept entsteht – dann wäre das ein wichtiger und letztlich auch friedenssichernder Schitt der Europäischen Union. Denn man erinnert sich noch gut an die Idee, der die EU entsprang, nämlich die Gründung einer Europäischen Gemeinschaft für Kohle und Stahl zwischen Deutschland und Frankreich, die die wirtschaftliche Verflechtung beider

Staaten und folgend der ganzen EU etablierte. Es lohnt sich vor dem Hintergrund der notwendigen europäischen Konzeption einer Energiepolitik, daran zu erinnern. Denn wir brauchen gewissermaßen eine Neugründung dieser Idee.

Die Zusammenarbeit von Frankreich und Deutschland gehörte zu den großen Entscheidungen der Nachkriegszeit. In den Jahrhunderten seit dem Dreißigjährigen Krieg hatten sich Deutschland und Frankreich immer wieder bekriegt. Fünfmal war Frankreich zwischen 1814 und 1940 von Deutschland überfallen und besetzt worden. Als dann ein erneuter Versuch zur dauerhaften Entmilitarisierung und wirtschaftlichen Zerschlagung Deutschlands am Widerstand der Amerikaner nach dem Zweiten Weltkrieg scheiterte, war jedem politisch Denkenden klar, dass Frankreich eine neue Strategie entwickeln musste.[63]

Dazu gehörte die Erkenntnis, dass ohne Kohle und Koks aus Deutschland auch Frankreich nicht wiederaufgebaut werden konnte. Also musste Frankreich das Problem lösen, wie man sich den Zugang zu den deutschen Rohstoffquellen sichern konnte, ohne Deutschland erneut militaristisch erstarken zu lassen. George Bidault, der damalige französische Außenminister, erklärte im Januar 1948: „Als Ziel sollte man den Alliierten wie den Deutschen die wirtschaftliche und politische Integration vorschlagen […]. Nur auf diesem Wege kann es ein politisch dezentralisiertes, aber wirtschaftlich blühendes Deutschland geben."[64] Es war schwer, in der französischen Nationalversammlung eine Mehrheit für eine „europäische Lösung" zu gewinnen. Mit knapper Mehrheit von 297 gegen 289 Stimmen konnte die französische Regierung eine klare europäische Strategie statt einer nationalen Lösung durchsetzen. „Diese Entscheidung war genauso historisch, wie es Adenauers Westbindung war."[65]

Am 1. Juni 1948 gaben die Westmächte in London bekannt, sie beabsichtigten, einen eigenen westdeutschen Staat zu errichten. Am 21. Juni 1948 wurde die D-Mark in Westdeutschland eingeführt. Im Gegensatz zu den anderen europäischen Ländern brauch-te Frankreich nicht nur anerkannte Hilfe, sondern einen deutschen Wiederaufbau.

Robert Schuman – zu diesem Zeitpunkt Außenminister – war einer der führenden Politiker der Französischen Republik. Er hatte wie Konrad Adenauer die Jahre von Krieg und Diktatur als politisch Verfolgter überlebt. Auch er war nach dem Krieg für eine franzö-sisch-deutsche „Union".

In dieser Lage schlug Jean Monnet dem französischen Außenmi-nister Schuman ein Konzept vor, mit einer supranationalen Lösung die Kohle- und Stahlproduktion Frankreichs und Deutschlands zu vergemeinschaften. Diese als „Schuman-Plan" in die Geschichte eingegangene Idee sollte die Produktion von Kohle und Stahl durch eine gemeinsame Behörde kontrollieren und verflechten. Der Plan war der Anfang der europäischen Integration. Am 9. Mai 1950 schrieb Schuman Geschichte: Der französische Außenminister stell-te im Uhrensaal des Quai d'Orsay einen Plan vor, die Gesamtheit der französischen Stahl- und Kohleproduktion unter eine gemein-same Hohe Behörde mittels einer Organisation zu stellen, die für die Beteiligung anderer Länder Europas offen ist. Adenauer wurde am Vortag informiert und stimmte sofort für die Bundesrepublik Deutschland dem Vorhaben zu." [66] Die Bundesrepublik wurde da-mit erstmals gleichberechtigt mit anderen unabhängigen Staaten in eine internationale Organisation aufgenommen. Monnet, der spä-ter der erste Präsident der Hohen Behörde der EGKS (Europäische Gemeinschaft für Kohle und Stahl) wurde, ist der Namensgeber der „Methode Monnet", mit der auf der Basis möglichst konkreter Projekte die Integration Europas vorangetrieben werden soll. Die Mitgliedstaaten sollen nicht nur zusammenarbeiten, sondern einen realen Souveränitätstransfer vornehmen.[67]

So wie die Gründung der Europäischen Gemeinschaft für Kohle und Stahl (EGKS) eine historische Großtat war, gilt dies auch für die Europäische Atomgemeinschaft (Euratom), gegründet 1957.

Die Gründerväter wollten so eine gemeinsame Energiepolitik schaffen. Diese Idee blieb aber leider ein Traum; eine historische Chance wurde vertan.

Thierry Lepercq ist der Gründer und Präsident von HyDeal Ambition, einer Branchenplattform, die zusammen mit 30 Unternehmen die gesamte Wertschöpfungskette für grünen Wasserstoff abbildet, von Upstream bis Midstream, Downstream und Finanzen: Solarstromerzeugung, Elektrolyseanlagenherstellung, Projektierung, Gastransport und -speicherung, industrielle Anwendungen in den Bereichen Stahl, Chemie und Energie, Fremd- und Eigenkapitalfinanzierung. Thierry Lepercq ist auch Gründer von Soladvent, einem Unternehmen, das wettbewerbsfähigen grünen Wasserstoff produzieren will, um mit fossilen Brennstoffen zu konkurrieren. Lepercq ist ein weltweit anerkannter Vordenker und leitet die öffentlichen Bemühungen von Soladvent, massentaugliche Angebote für grünen Wasserstoff in Europa, den USA und Indien wettbewerbsfähig zu machen.[68] Er hat ein Policy Paper für die Robert Schuman Foundation verfasst, um eine Strategie für die europäische Energieunion darzustellen und umzusetzen. Die Überschrift der Studie lautet: „Nach 70 Jahren ist es an der Zeit, die EGKS neu zu erfinden."[69]

Die Studie beginnt damit, auf einen leeren Stuhl im Konferenzzentrum in Berlin hinzuweisen. Die deutsche Forschungsministerin Bettina Stark-Watzinger und die damalige italienische Amtskollegin Cristina Messa sowie die EU-Kommissarin Mariya Gabriel (zuständig für Innovation, Forschung, Kultur, Bildung und Jugend) erläuterten am 16. Mai 2022 ihre Vorstellungen vom „grünen Wasserstoff für eine nachhaltige europäische Zukunft" auf der gleichnamigen internationalen Konferenz in Berlin. Der leere Stuhl war der der französischen Ratspräsidentschaft der Europäischen Union, die keinen Vertreter entsenden wollte.

Einige Monate später, am 5. Oktober 2022 in La Coruña, empfing der spanische Premierminister Pedro Sanchez Bundeskanzler

Olaf Scholz mit 15 Ministern. Auf der Tagesordnung des Gipfels standen die europäische Energiekrise und Maßnahmen zur Versorgungssicherheit des Kontinents, um die europäische Solidarität zu stärken. Kaum war der deutsch-spanische Gipfel beendet, kam aus Paris eine Absage für die Pläne einer Gasleitung von Spanien durch die Pyrenäen. Frankreich wollte weiter auf das Atomstrommodell setzen. Der geplante deutsch-französische Ministerrat vom 26. Oktober 2022 wurde verschoben.

„Am nächsten Tag war die Angelegenheit geklärt: Der französische Präsident stimmte zusammen mit dem spanischen und portugiesischen Premierminister dem Bau einer unterseeischen grünen Wasserstoffpipeline von Barcelona nach Marseille (BarMar) und über das Rhonetal hinauf in die Benelux-Länder und nach Deutschland zu. […] Dieses politische Aufflackern in Europa hatte langjährige Wurzeln; denn es hatte nie eine europäische Energiepolitik gegeben."[70]

Thierry Lepercq weist auf eine Vielzahl von Krisen, Divergenzen, Machtverschiebungen in der Zeit von 1952 bis zum neuen Jahrtausend hin. Gleich, ob es sich um die „Verknappung und die Energieversorgung eines boomenden Kontinents" handelt oder das „Goldene Zeitalter" des Energieüberflusses begann, ob es der Club of Rome und seine Warnung vor den Grenzen des Wachstums, die Souveränität von Staaten und die Legitimität ihrer Macht waren, es gab keine gemeinsame europäische Energiepolitik, die eine friedliche, fortschrittliche, soziale und wirtschaftliche Politik ermöglichte. Die Folge war bis heute ein „Scheitern der europäischen Energiepolitik und als Folge der Einbruch der Investitionen".[71]

Zwar sind strategische Entscheidungen über die Energieversorgung als Vorrecht der Staaten betrachtet worden. Die europäischen Behörden reklamieren aber trotzdem ihre Zuständigkeit für den Binnenmarkt und den Kampf gegen den Klimawandel, konkret für die Öffnung und Liberalisierung der Märkte einerseits und die Förderung erneuerbarer Energien andererseits.

Die Folge sind die Öffnung der Märkte, die Auflösung der Energiemonopole, die Entflechtung (Unbundling) der Geschäftstätigkeiten in Erzeugung und Versorgung sowie Transport und Distribution von Gas und Strom. Mit einem „Energie-Klima-Paket" müssen die Mitgliedstaaten einen „Anteil von 20 % erneuerbarer Energien an ihrem Energiemix [...] erreichen, ihre CO_2-Emissionen um 20 % [...] reduzieren und ihre Energieeffizienz um 20 % [...] steigern: das ist das berühmte 3 x 20".[72]

Zugleich öffneten die Mitgliedstaaten ihre Energiemärkte für Importe, insbesondere von Erdgas. Langfristige Gaslieferverträge führten hauptsächlich mit Russland zu politischen Abhängigkeiten, ja Krieg zwischen Ukraine und Russland. Die Produktion von Strom auf der Basis von Kernenergie, Abfalllagerung, neue Kapazitäten, regulierte Tarife führten dazu, dass eine gähnende Kluft zwischen Frankreich und Deutschland entstand, was einen allgemeinen Rückgang der Investitionen in die Energieerzeugung in Europa zur Folge hatte.

Vor allem die immer komplizierteren Regulierungen erwiesen sich als Hemmschuh für eine rasche Reparatur des beschädigten Energiemarktes in Europa. Immer neue Vorschriften, massive Beschränkungen neuer Genehmigungen für Anlagen der Energieerzeugung, ständig weitere Ideen für Einspeisevorschriften oder Subventionstatsbestände haben diejenigen entmachtet, auf die es wirklich ankommt: die Stromproduzenten. Deshalb sind die Investitionen in diese Strukturen auch deutlich zurückgegangen: um etwa ein Drittel in zehn Jahren, wodurch die Europäische Union weit hinter China und die Vereinigten Staaten zurückfiel.

„In der Zwischenzeit hat sich in den globalen Energiemärkten ein grundlegender Wandel vollzogen. Die sinkenden Ölpreise Ende 2014, gefolgt von einem zunehmenden Druck der Finanzmärkte auf die fossilen Brennstoffe nach der Pariser Klimakonferenz (COP 21), führten zu einem Rückgang der vorgelagerten Öl- und Gasinvestitionen um 60 % auf einen Schlag, ohne Sicht auf Erholung, anders als in früheren Zyklen: Fast 5 Billionen Dollar an Investitionen sind seit 2015 verschwunden. […] Europa steht vor einer historischen Energie- und Wirtschaftskrise. […] Eine Lawine von Sofortmaßnahmen wurde angekündigt, zuletzt auf der Tagung des Europäischen Rates […] Bis heute haben die europäischen Regierungen Hilfen in Höhe von 500 Milliarden Euro angekündigt […]. Aus dieser Abfolge von Ereignissen könnte man schließen, dass die energiepolitische, wirtschaftliche und politische Zukunft blockiert wird. Doch das ist nicht der Fall",[73] glaubt Thierry Lepercq, und sein Rezept ist: „die Grüne Wasserstoffrevolution und die dringende Notwendigkeit einer Energieunion".[74] Diese für die Zukunft bedeutsame Idee ist auch ein längeres Zitat wert:

„In mehreren europäischen Ländern werden grüne Wasserstoff-Hubs gebaut, von denen einige eine Leistung von 10 GW erreichen (das Äquivalent von ebenso vielen Kernkraftwerken), und sollen 2025 in Betrieb genommen werden: spezielle wettbewerbsfähige Erzeugung erneuerbarer Energien (Solarenergie auf der Iberischen Halbinsel, Windkraft in der Nordsee), Installation von Elektrolyseuren in großem Maßstab, Wasserstofftransport über Pipelines (European Hydrogen Backbone), Nutzung von Wasserstoff als Ersatz für Kohle, Gas und Öl bei der Herstellung von Stahl, Düngemitteln, Glas, Strom, Wärme […] und Mobilität.

Bei 60 Euro/MWh benötigen die wettbewerbsfähigsten Projekte keine Subventionen mehr: Der Anstieg auf den Gas- und Strommärkten hat sein Ziel bereits erreicht. Wer will schon fossiles Gas kaufen, wenn die dekarbonisierte Alternative billiger ist?

Die europäische Produktion muss durch Importe ergänzt werden, durch Einfuhren angemessener Mengen, hauptsächlich aus dem südlichen Mittelmeerraum, die leicht zugänglich sind durch Pipelines, die vor 2030 gebaut werden könnten, teilweise entlang bestehender Pipelines. Bereits jetzt haben einige große europäische Energieunternehmen Vereinbarungen unterzeichnet in Marokko, Mauretanien und Ägypten für Dutzende von GW an Projekten.

Die Europäische Investitionsbank (EIB) – der Arm der Europäischen Union zur Finanzierung von Infrastrukturen – unterstützt in dieser Hinsicht auch die Regierungen dieser Länder.

Die Idee der europäisch-afrikanischen Solidarität ist also im Entstehen begriffen, in der ein ressourcenreiches Afrika einem krisengeschüttelten Europa zu Hilfe kommt – und seine eigene industrielle, wirtschaftliche und soziale Entwicklung beschleunigen und gleichzeitig das Klima schützen und den Zugang zu Wasser durch Entsalzung entwickeln kann.

Ein solches Projekt kann und muss alle Europäer mobilisieren. Die Wasserstoffrevolution bietet Europa eine historische Chance: nämlich eine Neugründung um eine Energieunion, mit der endlich die Versprechen erfüllt würden, die Robert Schuman vor 70 Jahren gegeben hat."[75]

Die Industrie muss freilich mithalten. Selbst die Gewerkschaften forderten, die Industrie müsse „sich mit Wucht aus der Krise herausinvestieren".[76]

Sie hat sich aber bisher nicht entschieden genug für eine gemeinsame europäische Energiestrategie eingesetzt. Noch sind die Chancen nicht vergeben. Denn ein Vergleich von verschiedenen Industrieunternehmen und Techniken zeigt, dass die deutsche Industrie durchaus noch im Wettbewerb der Industrie weltweit mithalten kann. Noch!

Next Generation Solutions: Ohne die Forschung der Industrie keine Wende

Die Europäische Kommission weiß um die Bedeutung von Schlüsseltechnologien. Die High-Level Strategy Group on Industrial Technologies, deren Vorsitzender ich war, hatte sich Gedanken zu machen über Vorschläge für das 9. EU-Rahmenprogramm für Forschung und Innovation im Bereich neuer Schlüsseltechnologien (KETs). Wir sollten Ideen entwickeln, mit welchen Projekten die Politik integratives Wachstum vorantreiben kann, wie sich so das Produktivitätswachstum sichern lässt und wie man die notwendigen Investitionen finanzieren kann. Die Liste der identifizierten Schlüsseltechnologien war lang: Produktionstechnologien, digitale Technologien und Cybertechnologien, moderne Fertigungstechnologien, Kreislaufwirtschaft, nachhaltige Werk- und Rohstoffe und Nanotechnologien, Biowissenschaften, Micro- und Nanoelektronik sowie Photonik, künstliche Intelligenz, Sicherheit und Konnektivität.

Die von der Expertengruppe vorgeschlagenen Strategien wurden weitgehend umgesetzt.

Das Programm „Horizont Europa" wurde am 10. Mai 2021 angenommen. Für die Laufzeit des Programms stehen von 2021 bis 2027 Mittel in Höhe von bis zu 95,5 Mrd. Euro (in laufenden Preisen) zur Verfügung. Zudem fließen die Gelder über den Europäischen Forschungsrat in die Grundlagenforschung, wie das Europäische Parlament es durchgesetzt hatte.

Eine Bestandsaufnahme zeigt, dass in den letzten Jahren viele neue Projekte auf der Basis der Schlüsseltechnologien zu großen Erfolgen geführt haben. Wichtig war die Erkenntnis, dass die deutsche Wirtschaft bei allen Fragestellungen für eine nachhaltige Zukunft zwischen Wissenschaft, Wirtschaft und Politik große Fortschritte erzielt hat.[77]

Da gibt es großartige Entwicklungen für viele Einzelthemen, ohne die wir die Wende zu einer nachhaltigen Wirtschaft nicht schaffen. Ganz vorne steht da die Chemieindustrie, ohne deren Fähigkeiten und Produkte eine höhere Nachhaltigkeit und auch die gesamte Energiewende mit ihren Windrädern oder E-Batterien sowie den neuen Energiequellen überhaupt nicht möglich wären. Wer die Energiewende will, muss also mit der Chemieindustrie arbeiten und nicht gegen sie. Am Beispiel des nordrhein-westfälischen Chemieunternehmens Evonik lässt sich das illustrieren.

So hat Evonik Innovationen für Wasserstofftechnologien entwickelt und kann maßgeblich dazu beitragen, dass die angestrebte Leitanbieterschaft für Wasserstofftechnologien in Europa Realität wird. Ein Beispiel sind Hochleistungsmembranen für AEM-Elektrolyseure, die je nach Bedarf von kleinen bis hin zu großen Anlagen skaliert werden können. Die AEM-Elektrolyse (AEM für Anion Exchange Membrane) verspricht geringere Investitionskosten, da günstigere Rohstoffe zum Einsatz kommen und hohe Effizienz im Betrieb erreicht werden kann. Strombedarf und -kosten lassen sich damit erheblich minimieren. Mit Einsatz von Spezialmaterialien kann das Gewicht von Wasserstofftreibstofftanks um 70 Prozent verringert werden. Der gewonnene Innenraum sowie das reduzierte Gewicht steigern die Reichweite für LKWs, Busse, Züge und Schiffe. Der Einsatz von Strukturschaumstoff im Flugzeugbau spart Treibstoff und reduziert CO_2. Der Verkehrssektor wird dadurch nachhaltiger. Brücken aus Stahlbeton können gegen Korrosion besser geschützt werden und bleiben damit länger erhalten. Bauwerke aus Beton, Sandstein, Granit haben demgegenüber eine längere Lebensdauer.

Auch bei der Entwicklung von neuen Produktionsprozessen gibt es bei Evonik ein hervorragendes Beispiel, wie künftig Spezialchemikalien unter Nutzung von CO_2 produziert werden können. Im Rheticus-Projekt wird ein CO_2-Elektrolyseur mit einem Fermentationsverfahren verknüpft. Diese künstliche Photosynthese kann als flexible Plattform aufgebaut werden. Die Größe der Anlage ist je nach verfügbarer Rohstoffbasis und Stromverfügbarkeit skalierbar und kann flexibel auf das volatile Stromangebot reagieren, d. h. in Zeiten mit hohem günstigen Stromangebot den Strom zur Produktion nutzen. Das Projekt, das von Evonik und Siemens gemeinsam vorangetrieben wird, ist hoffnungsvoll, entstehen in Deutschland doch durch Industrieprozesse jährlich rund 41 Millionen Tonnen CO_2-Emissionen – sieben Prozent der Gesamtemissionen.

Zu den ehrgeizigen nationalen Zielen gehört, dass die Industrie bis 2045 klimaneutral produzieren muss. Viele Unternehmen haben sich auf den Weg gemacht, Produktionsprozesse für Stahl und Chemikalien zu elektrifizieren, um durch den Einsatz von erneuerbaren

Energien klimaneutral zu werden. Das Stromangebot, basierend auf Wind- und Solarenergie, ist freilich nicht gleichmäßig verfügbar. Wasserstoff ist deshalb ein Schlüsselelement für die Transformation. Mit nachhaltig produziertem Wasserstoff lässt sich durch Rückverstromung zum einen das Stromsystem stabilisieren, zum anderen kann durch den stofflichen Einsatz bei neuen Produktionsverfahren der Industrie der Einsatz von fossilen Rohstoffen reduziert bzw. subsitutiert werden.

Auch das macht klar: Wasserstoff ist zurzeit als Schlüsselelement der Transformation für die Energiewende und die Defossilierung der Industrie unverzichtbar. Deutschland wird neben dem Hochlauf der eigenen Wasserstoffproduktion auf Importe angewiesen sein. Die Bundesregierung hat sich bei der Fortschreibung der nationalen Wasserstoffstrategie zum Leitanbieter für neue Wasserstofftechnologien erklärt. Bis 2030 sollen 10 Gigawatt (GW) Elektrolyseleistung in Deutschland entstehen.

Zu den Herausforderungen zählt auch, die mehr als 350 Millionen Tonnen jährlich weltweit produzierter Kunststoffe zu recyceln. Aus dem in vielen Teilen der Welt stammenden Plastikmüll werden bei Evonik und deren Partnern neue Produkte hergestellt. Es entstehen neue Produkte, zugleich werden bis zu 70 Prozent CO_2 eingespart, aber es verbessern sich auch die sozialen Bedingungen der Sammlerinnen und Sammler dieser Wertstoffe.

Die Liste lässt sich fortsetzen: Wo heute noch Wildfisch als Futter in der Tierernährung eingesetzt wird, ermöglicht das von Evonik und DSM-Firmenich gegründete Unternehmen Veramaris heute die Herstellung von Omega-3-Fettsäuren für die Tierernährung auf Basis von Algen ohne Einsatz von Fischöl aus Wildfisch. Das schont Fischbestände und hilft, das Abkommen zum Schutz der Biodiversität auf der hohen See einzuhalten, das die Mitgliedstaaten der Vereinten Nationen in New York Anfang März 2023 beschlossen haben.

Ein ähnlicher Fortschritt zeigt sich beim Produktkreislauf für ein neues Hydrolyseverfahren für das Recycling von Matratzenschäumen. Jedes Jahr werden heute allein in Deutschland 40 Millionen Matratzen ausrangiert. Die Nutzungsquote liegt bei 17 Prozent, 50 Prozent werden deponiert, 33 Prozent werden verbrannt. Statt die Matratzen wegzuwerfen, soll der Wertstoff genutzt werden.

Eine vergleichbare Aufgabe ist die Nutzung alter Autoreifen für Straßenbelag. 19,3 Millionen Tonnen werden als Ersatzbrennstoff, z. B. in Zementwerken, verheizt. Asphalt ist eine Mischung aus Gesteinsgranulat mit Bitumen als Bindemittel. Die Haltbarkeit von Straßenbelag kann durch Beimischung von Gummi verbessert werden. Auf einen Kilometer Straße können rund 800 Altreifen sinnvoll wiederverwertet werden – ohne das Know-how der Chemieindustrie gelingt das nicht.

Die Chemiebranche zählt zu den energieintensiven Industrien. Die ökologische Transformation erfordert starke Effizienzverbesserungen. Dazu gehören die Thermoisolationsbeschichtungen von bis zu 250 Grad Celsius, der Arbeitsschutz für heiße Oberflächen, Feuchtigkeit und Korrosion. Additive für die Biogasaufbereitung ermöglichen die Aufreinigung von Rohbiogas zu Biomethan. Damit kann die Defossilierung des Verkehrs im Allgemeinen und des Schwerlastverkehrs im Besonderen erfolgen, um die Minderung der deutschen Treibhausgasemissionen bis 2030 um 55 Prozent gegenüber 1990 zu erreichen. Biomethan kann auch als „veredeltes" Biogas direkt in das Erdgasnetz eingespeist werden.

Wasserstoffperoxid kann im Isolationsmaterial in der Bau- und Kühlgeräteindustrie sowie in Armaturen und Polstern von Autos zur Anwendung kommen. Neben der entsprechenden Prozesstechnologie, dem dafür erforderlichen Katalysator sowie dem Ausgangsstoff Wasserstoffperoxid aus einer Hand sind die Abwasser- und Abluftbehandlung wichtig. Darüber hinaus wird hochreines Wasserstoffperoxid in der Chipherstellung als Reinigungsmittel von Silizium-Wafern angewandt.

Auch Windräder gibt es ohne die Chemie nicht. Wenn die EU-Kommission davon ausgeht, dass im Transformationsprozess zur

Klimaneutralität die Windenergie bis 2050 die Hälfte der europäischen Stromerzeugung ausmachen wird, muss die heutige Windkapazität von 204 GW auf bis zu 1300 GW bis zum Jahr 2050 gesteigert werden. Derzeit liegt die jährliche Ausbaurate der Windkraft in der EU bei gerade einmal 16 GW, benötigt werden mindestens 40 GW pro Jahr. In Deutschland beträgt die installierte Gesamtleistung rund 66 GW. Aber hierzulande gibt es ein ähnliches Missverhältnis: Alleine bei der Offshore-Windenergie soll bis 2030 die heutige installierte Leistung von Offshore-Windenergie von 8 GW auf 30 GW, langfristig bis 2035 auf 40 GW und bis 2045 auf 70 GW steigen.[78] Im gegenwärtigen Tempo kann man das kaum schaffen.

Dafür sind gewaltige Materialmengen und Spitzentechnologie erforderlich. Aber es geht nicht nur um Neubau. In die Jahre gekommene Windparks müssen abgebaut, recycelt und, wo möglich, durch neue, deutlich leistungsstärkere Anlagen ersetzt werden. Bei der Herstellung von neuen Windrädern (und auch bei deren Recycling) greifen zahlreiche Industrien ineinander. Neben der Chemieindustrie sind vor allem Produkte der Halbleiterindustrie notwendig, Chips also, für die lange Zeit eine hohe Nachfrage herrschen wird. Bei Infineon beschreibt man das so: „Ein großes, konventionelles Kraftwerk hat eine Leistung von rund einem Gigawatt, also 1000 Megawatt. Zusätzlich braucht es auf See eine Konverterstation, in die der erzeugte Strom aller Windräder fließt und dort gewandelt wird, um ihn möglichst verlustarm über die Distanz an Land zu transportieren, wo er in einer weiteren Konverterstation zurückgewandelt und ins Netz eingespeist wird. Um all diese Prozesse zuverlässig zu steuern, braucht es Halbleiter, also Chips. Das sind in Summe Millionen Euro nur für die Halbleiter", sagt Peter Wawer, der für den Chiphersteller Infineon den Bereich der industriellen Leistungselektronik verantwortet.[79]

Das „Repowering", also der Austausch von Windkraftanlagen von kleineren auf größere Anlagen, stellt enorme Materialanforderungen. So drehen sich beispielsweise die Rotorblätter an der Spitze mit bis zu 400 km/h durch die Luft. Bei diesen Geschwindigkeiten wirkt die Umgebungsluft wie Schmirgelpapier, auf See kommen Salz und Sand als zusätzliche Belastung hinzu. Bei starken Sturm-böen biegen sich die über 100 Meter langen Flügel um mehrere Meter, immer und immer wieder. Um diesen Umwelteinflüssen standzuhalten und den Rotorblättern die notwendige Flexibilität bei gleichzeitig höchster Stabilität zu verleihen, hat Evonik ein Pro-dukt entwickelt, das für die erforderliche mechanische Stabilität der Rotorblätter sorgt und zugleich eine lange Lebensdauer hat, es wird heute in etwa 90 Prozent aller Offshore-Rotorblätter eingesetzt. Auf den riesigen Wachstumsmärkten vor allem in China, den USA und bei beschleunigten Planungs- und Genehmigungsverfahren können so große Potenziale gehoben werden – auch eine Garantie für Ar-beitsplätze in Deutschland.

Alle diese Beispiele zeigen, was Forschergeist vermag. Sie zeigen auch, dass der so dringend erforderliche Umbau hin zu nachhaltigen Technologien und fossilfreier Energieerzeugung nur mit ideologie-freier Neugier, mit ergebnisoffener Forschung und einer leistungsfä-higen Industrie gelingen kann, drei wichtige Faktoren für eine gute Zukunft Deutschlands.

4. Digitalisierung und künstliche Intelligenz

„Mit dem wissenschaftlich-technischen Machtzuwachs über Natur und Zusammenleben wächst freilich auch die Gefahr, dass der Mensch nicht nur lebensdienliche Produkte herstellt, sondern sich selber als Produkt begreift, als Objekt der Gestaltung und Manipulation [...] Der Posthumanismus schafft den Menschen ab. [...] Darum braucht der Fortschritt ein ethisches Leitbild."

(Giuseppe Gracia)[1]

Der Kern der digitalen Revolution ist keine technische, sondern eine soziale Revolution: Noch nie in der Geschichte der Menschheit war es möglich, dass fast jeder mit so wenig Aufwand in so kurzer Zeit so viel Wissen abrufen konnte. Die Utopie der Aufklärung des universellen Zugangs zu Wissen scheint wahr geworden zu sein. Das Internet hat zu jenem „Strukturwandel der Öffentlichkeit" geführt, von dem der Philosoph Jürgen Habermas einst emphatisch sprach. Der neue Produktionsfaktor Wissen aber ändert nun alle gewohnten Wertschöpfungsketten.

Überwältigen Informationen die Weisheit?

Als am Ende des 18. Jahrhunderts die industrielle Revolution begann, spürten die Menschen rasch, dass ihre Welt sich ändern würde.

Mechanisierung und vor allem die Erfindung der Dampfmaschine verdrängten die Handarbeit. Seither haben Rationalisierung, Standardisierung und das Skalieren der Produktion eine fundamentale Veränderung der Produktionsfaktoren Boden, Kapital und Arbeit bewirkt.

Mit der Entwicklung von der Manufaktur über die Massenproduktion zur globalen Wissensgesellschaft ist eine kulturelle Revolution eingeleitet worden. Mit der Aufklärung war der Glaube an den Fortschritt des Wissens und an eine Verbesserung menschlicher Lebensbedingungen verbunden. Das musste sozial gestaltet werden, denn die immer rationellere Organisation von Arbeitsabläufen hatte die Entwicklung einer Klassengesellschaft zur Folge; es drohte Klassenkampf. Er konnte vermieden werden durch die Einführung der Tarifautonomie, das Betriebsverfassungsgesetz und die Mitbestimmung. „Soziale Partnerschaft" nannten das die Väter dieses großen Projekts: Konrad Adenauer und der DGB-Vorsitzende Hans Böckler.

Längst befinden wir uns in einer weiteren Stufe der technischen Revolution: der Digitalisierung. Sie ist geprägt von Algorithmen, die zunehmend „dynamisch-selbstlernend" sind und sich oft schon selbstlernend perfektionieren. Sie bieten einen „Höhepunkt an formaler Rationalität im Sinne zweckrationaler Berechenbarkeit". Dazu kommt durch das Internet das Zusammenführen von Medientechnologien und Computern, das eine „programmgesteuerte Gestaltung, Umgestaltung, Reproduktion und Übertragung sämtlicher medialer Formate" ermöglicht. Als drittes Element kommt mit dem Internet die „kommunikative Vernetzung zwischen Computern und anderen Apparaten" hinzu.[2]

Diese Mischung stimmt bedenklich, ermöglicht sie den großen Tech-Firmen des Silicon Valley oder auch solchen in China eine Macht, die demokratisch nur schwer in den Griff zu bekommen ist.

Wie sieht aber die Zukunft aus? Die Industriegesellschaft glaubte an den Fortschritt und den Verfall, die sich ablösten.[3] Der frühere amerikanische Außenminister Henry Kissinger, mit dem ich im Februar 2023 in New York digital über die aktuelle politische Lage sprechen konnte, warnt vor der Vorstellung, das Ziel des Internets sei, „Wissen durch die Akkumulation immer umfangreicherer Daten zu ratifizieren". Wenn Individuen nur noch zu Daten werden, verlieren sie ihren persönlichen Charakter. Kissinger sagt es so: „Die Wahrheit wird relativ. Informationen drohen die Weisheit zu überwältigen."[4]

Dabei waren die Hoffnungen doch groß, dass der unbegrenzte Zugang zu Wissen den Menschen jene Freiheit ermöglichen würde, nach der sie naturgemäß streben. In diesem Zustand größtmöglicher Informationsfreiheit werde sich die Geschichte dann wie von selbst positiv weiterentwickeln. Aber Informationen allein sind nicht alles, beklagt auch Henry Kissinger, denn Philosphen und Dichter „teilten die Sphäre des Geistigen lange Zeit in drei Komponenten ein: Information, Wissen und Weisheit […]. Aber ein Überfluss an Information kann Wissenserwerb paradoxerweise behindern und dafür sorgen, dass Weisheit in immer weitere Fernen rückt."[5]

Samuel P. Huntington, der vor vierzig Jahren die heutigen Krisen der USA vorausgesehen hatte, befürchtet, dass die nächste Erschütterung in der zweiten oder dritten Dekade erfolgen werde. Populistische Strömungen und Antisystemparteien gewinnen in vielen Ländern hohe Stimmenanteile, manchmal auch Mehrheiten, ein autoritärer Politikstil findet Zustimmung.[6]

Haben wir Demokratien des Westens da eine Chance? Bleiben wir vorne im Rennen um die beste Forschung und die beste Wissenschaft? Behalten wir die Kontrolle über jene Technologien, die der Welt eine gute Zukunft sichern können? Werden sich die besten Köpfe für uns entscheiden? Da bleibt viel zu tun an Überzeugungsarbeit, an Förderung von Forschung und Entwicklung. Denn wir liegen zurück. Die Denkfabrik Australian Strategic Policy Institute (Aspi) hat 44 Technologien untersucht, von Hightechmaterialien und Radiokommunikation über elektrische Batterien und Quantencomputer bis zu modernen Flugzeugtriebwerken und Drohnen, und die *Neue Zürcher Zeitung* stellt als Ergebnis fest: „In 37 dieser Bereiche ist China führend – in den restlichen die USA. [...] Die Gefahr, dass globale Schlüsseltechnologien von einem autoritären Staat dominiert werden könnten, wird dadurch relativiert, dass hinter China und den USA die Demokratien, Indien, Großbritannien, Deutschland, Südkorea, Italien, Australien und Japan, in fast allen Bereichen die Top-5-Positionen unter sich ausmachen. Forschungskooperationen zwischen demokratischen Nationen haben somit eine sicherheitspolitische Relevanz."[7]

Wie umgehen mit der Online-Welt?

Wenn das Internet die Welt zu einem Dorf macht, kommt man nicht umhin, auch dort die Regeln gelten zu lassen wie im Dorf zu Hause. Das Internet braucht klare Regeln. Wir haben in der „realen Welt" unsere Kinder mit einem Multimediagesetz geschützt, haben Gesetze gemacht zum Schutz der Gesellschaft vor nationalsozialistischen Verirrungen, haben geistiges Eigentum unter Schutz gestellt. Das alles brauchen wir auch für die digitale Welt.

Der Deutsche Ethikrat hat sich dieser Frage angenommen und fordert „klare Regeln für den Einsatz von künstlicher Intelligenz", denn „Softwaresysteme verfügen nicht über Vernunft, handeln nicht selbst und konnten daher keine Verantwortung übernehmen".[8]

Wie aber lässt sich solche Verantwortung einfordern von der neuesten Transformation – ChatGPT? Denn damit ist eine „digitale Allzweckwaffe" entwickelt worden, mit einem „Rummel" derart, „dass ihre Ankunft vielfach schon als Monumentalereignis in der Technologiebranche gewertet wird, ähnlich wie einst die Suchmaschine von Google oder das IPhone von Apple".[9] Und tatsächlich: Es ist nicht übertrieben, hier von einer wirklich bedeutsamen „Transformation" zu sprechen, wie sie der Titel dieses Buches markiert. Denn „GPT" heißt nichts anderes als „General Pretrained Transformer", eine Kombination aus Lernalgorithmen und riesigen Textmengen.

Kann man damit die Such- und Wissensarbeit „komplett revolutionieren", werden diese Systeme „zur Automatisierung von Wissensarbeit führen", wie es Christina Raab vom Beratungsunternehmen Accenture erwartet? Sie glaubt: Wenn das Programm, das heute schon Aufsätze schreiben und sogar programmieren könne, in absehbarer Zeit vielleicht auch in der Lage sei, auf Befehl etwa selbstständig ein Protein mit bestimmten Eigenschaften zu entwickeln, werde man darüber reden müssen, was dann eigentlich Kreativität und Intelligenz bedeuteten. Trotzdem will Raab keine Angst vor der noch jungen Technologie schüren, im Gegenteil. „Ich sehe das als Chance, sich wieder auf innovative Unternehmen zu konzentrieren."[10]

Am Anfang der Digitalisierung träumten viele, es entstehe ein „globales Dorf". Inzwischen wissen wir, dass die „digitale Revolution" auch Regeln braucht. Immer mehr Firmen fordern inzwischen staatliche Regelungen. Da geht es nicht nur um Möglichkeiten wie die Gesichtserkennung und also den Datenschutz. Vielmehr droht die künstliche Intelligenz, dem Menschen das gesamte Wissensmanagement und die Steuerung von Innovation aus der Hand zu nehmen. Vielleicht ist es wahr, „dass dies eine einmalige Chance für Deutschland darstellt. Deutschland verfügt über eine sehr starke Wirtschaft, hat eine außergewöhnliche industrielle Basis und die Fähigkeit zur Transformation. Um wettbewerbsfähig zu bleiben, wird viel davon abhängen, wie Deutschland KI annimmt und damit umgeht", sagt etwa Google-Chef Sundar Pichai. Zugleich aber stimmt er in den Chor derer ein, die die künstliche Intelligenz keinesfalls von der Leine lassen wollen: „KI ist zu wichtig, um sie nicht zu regulieren – und zu wichtig, um sie nicht gut zu regulieren."[11] Gut regulieren – er meint, jede nun (auch von der EU) angedachte Regulierung müsse den konkreten Anwendungsfall berücksichtigen –

und von denen gibt es von Restaurantempfehlungen über Medikationsvorschläge und autonomes Fahren unzählig viele.

Pichar stimmt damit in den Regulierungsruf ein, den kürzlich auch andere Väter der künstlichen Intelligenz erhoben haben: Sam Altman etwa, der Vorstandschef von Open AI, sieht in seinem eigenen Konstrukt ein „Auslöschungsrisiko" für die gesamte Menschheit, es sollte, meint er, von globaler Priorität sein, dieses Risiko abzumildern, wie man das ja auch mit anderen Risiken tue, die die gesamte Gesellschaft betreffen, etwa Pandemien oder Atomkriege.[12]

Solche Einschätzungen muss man ernst nehmen, wenn auch andere Fachleute sie für übertrieben halten. Jürgen Schmidhuber – wissenschaftlicher Direktor des IDSIA, des Schweizer Forschungsinstituts für KI – hat sich schon daran gewöhnt, „dass KI-Dystopien mehr Aufmerksamkeit erheischen als Lobreden auf die immensen Vorzüge der KI, die heute schon Menschenleben länger und gesünder und leichter macht". Mehr müsse man sich fürchten „vor den über 60 Jahre alten Wasserstoffbomben, von denen es trotz Abrüstung immer noch genug gibt, um die menschliche Zivilisation innerhalb von zwei Stunden auszulöschen, und zwar ganz ohne KI". Die KI wiederum biete so viele Chancen, dass man sie nicht in Überregulierung ersticken dürfe, die Bundesregierung und die EU sollten vielmehr „die enorme Open-Source-Bewegung unterstützen, um den immer noch in großer Zahl vorhandenen brillanten KI-Studenten durch Subventionierung von Rechenzeit die Möglichkeit zu verschaffen, existierende Modelle weiter zu verbessern und neue zu kreieren. Da KI immer noch alle zehn Jahre hundertmal billiger wird, glaube ich nicht, dass die großen Technologieunternehmen angesichts der Open-Source-Konkurrenz auf lange Sicht dominieren werden."[13] In dieser Landschaft digitaler Revolutionen sind Regeln dringend nötig, die demokratisch beschlossen und durchgesetzt werden müssen. Nur so kann man mit den neuen Technologien konstruktiv umgehen und die Menschen nicht zu Feinden neuer Technologien machen.

Eine Online-Welt der Freiheit und der Verantwortung ließe sich mit diesen Positionen skizzieren:[14]

- Regeln für die Online-Welt sind keine Einschränkungen, sie garantieren die Freiheit.
- Hinsichtlich digitaler Regelungen sollte alles, was offline gilt, auch online gelten. Das meint, dass die Grundlagen unseres Rechtssystems (insbesondere die grundlegenden Menschenrechte) auch in der digitalen Welt gelten müssen.
- Regulierungen der digitalen Welt, gerade der künstlichen Intelligenz (KI), dürfen dabei den technischen Fortschritt nicht behindern.
- Social Bots, Fake News und „alternative Fakten" verändern als bewusst konstruierte, beleidigende („Hate speech") oder gefälschte Meldungen die Weltsicht vieler Menschen, und dies häufig in radikalisierter Sprache. Deshalb müssen alle Voraussetzungen geschaffen werden, Botschaften von strafrechtlicher Relevanz auch strafrechtlich verfolgen zu können.
- In den Kommunikationsblasen der sozialen Medien entsteht eine eigene Welt, in der Meinungen wichtiger genommen werden als Tatsachen. Eigenbewertungen werden der fachlichen Bewertung vorgezogen. Für die Kommunikation in den sozialen Medien ist deshalb – wie dies in der analogen Medienwelt auch existiert – ein kodifizierter Ethikrahmen notwendig.
- Fake News legen den Grundstein für wachsendes Misstrauen in Eliten, in Politik und wissenschaftlich fundiertes Expertenwissen. Auch dieser Umstand macht Regulierungen notwendig, vor allem aber die Intensivierung einer stetig korrigierenden Kommunikation der demokratischen Institutionen.
- Aus dem starken Staat und den angeblich machtlosen Bürgern wird der digitale Staat, in dem jeder Bürger nicht nur

Wähler, sondern Entscheider ist. Der Bürger beherrscht die Kommunikation selbst. Darin liegt einerseits ein demokratischer Gewinn. Andererseits aber wachsen Desinformation, Anfälligkeit für Manipulationen und Populismus. Auch die staatliche systemrelevante Infrastruktur wird anfällig. Sie bedarf des konsequenten Schutzes. Das gilt erst recht für Angriffe und Kriege im Cyber- und Informationsraum.

- Regulierungen für eine sichere KI, in der der Mensch die Souveränität über die Technologie behält, und der Umgang mit Informationen in der digitalen Welt müssen international gesellschaftlich ausgehandelt werden: zwischen Regierungen, Parlamenten, Unternehmen, Arbeitnehmern, akademischen Forschungseinrichtungen, gemeinnützigen Organisationen.

- Die digitale Welt erhöht die Chancen demokratischer Partizipation, da sie weder Orte noch Grenzen kennt. Die Geschwindigkeit der Kommunikation nimmt rapide zu, die Interaktivität wird gesteigert. Die darin liegenden Chancen der Aktivierung demokratischer Prozesse müssen genutzt werden.

- Demokratische Gesellschaften sind offene Gesellschaften, sie stützen die individuelle Freiheit, auch die Meinungsfreiheit. Sie sind vielfältiger als Diktaturen und hybride Systeme, in denen die ungeregelte Marktwirtschaft und totalitäre Herrschaft kombiniert sind. Genau diese Vorzüge gilt es in der digitalen Welt zu verteidigen.

Das Ziel: technologische Souveränität

Wie kann man in Zeiten internationaler Vernetzung technisch souverän bleiben? Ist das überhaupt möglich? Tatsächlich sind die Gefahren erheblich. Es geht um Kriminalität (Darknet, Kinderpornografie, Rassismus, Waffen- und Drogenhandel, Zugriff auf private

Konten, Spionage etc.), um Attacken auf demokratische Institutionen (Bundestag, Ministerien, Behörden) und Angriffe auf militärische Strukturen (Virenangriffe, Systemblockaden).

Zwar existiert auch im Cyberspace das Recht zur individuellen oder kollektiven Selbstverteidigung, wann jedoch ein Angriff auch als solcher einzustufen ist, wann gar ein „Cyberwar" begonnen hat, das ist ungeregelt. Dabei sind Kriege längst eine Kombination von konventionellen Waffen und von Cyberwar. Waffensysteme, die vollautomatisch kämpfen, und Kampfroboter befinden sich in der Entwicklung und auch schon im Einsatz.

Es geht also nicht nur um technologische Erfindungen, nicht nur um Institutionen und Subventionen und auch nicht nur um einen Wirtschaftskrieg als Teil der Sicherheitspolitik. Der Harvard-Ökonom Dani Rodrik schreibt zwar, er habe Verständnis, wenn die USA sich mit wirtschaftlichen Mitteln gegen eine konkrete Bedrohung etwa aus China wehrten, er hält es aber für eine agressive Eskalation, die China zum Zurückschlagen veranlassen könne und eine neue Spirale der Spannungen in Gang setzen könnte. Solche Bedenken indes finden in den USA derzeit wenig Gehör. Wirtschaftspolitik ist in Washington zur Unterabteilung der Sicherheitspolitik geworden.[15]

In Deutschland und Frankreich demgegenüber wird diskutiert, „wie wir technologische Souveränität gewinnen. […] Eine Volkswirtschaft gilt als technologisch souverän, wenn sie Technologien, die sie als kritisch für Wohlfahrt und Wettbewerbsfähigkeit definiert, selbst vorhalten und weiterentwickeln oder ohne einseitige Abhängigkeit von anderen Wirtschaftsräumen beziehen kann. Technologische Souveränität baut auf verlässlichen Partnerstrukturen auf und richtet sich nicht auf den Nationalstaat, sondern auf Pluralität, die einzelne Abhängigkeiten verhindert, aus. Deshalb spielt Europa beim Thema technologische Souveränität eine so zentrale Rolle."[16]

Die Vereinigten Staaten und China machen es vor. Die USA haben den „Cloud Act" verabschiedet, die „Clean Network"-Initiative gestartet – ihr Ziel ist die Beibehaltung amerikanischer Souveränität auch in den neuen Technologien. China verwaltet seinerseits schon seit Jahren sein eigenes staatliches Intranet, abgeschottet durch die „Great Chinese Firewall" als Teil des nationalen „Golden Shield"-Projekts, das sämtliche E-Government- und sonstige öffentliche und proprietäre digitale Dienste unter eigene Herrschaft stellt. Und wir? „Deutschland gibt seine Souveränität am Router ab", sagt Professor Meinel vom Hasso-Plattner-Institut für Digital Engineering (HPI).[17] Digitale Governance fehlt hierzulande, Deutschland hat bei den digitalen Technologien immer noch gravierende Schwächen, die auch nicht durch die europäischen Nachbarn kompensiert wurden und werden können.[18]

Notwendig ist also ein großer Fortschritt bei der Digitalisierung. Aber: „Die Digitalisierung schafft nicht nur globale Produkte und globale Märkte und das viel schneller als jemals zuvor. Sie schafft auch globale Werte, globale Normen, eine Art schleichende Moral, deren Macht man sich nur schwer erwehren kann. In der künstlichen Intelligenz mitzureden, Akteur zu bleiben, Standards und Werte mitbestimmen zu können, ist deshalb längst nicht mehr nur eine Frage, die über den Wirtschaftsstandort Deutschland bestimmt."[19]

Das gilt für Deutschland, aber auch für die Europäische Union. Aber die Umsetzung wissenschaftlicher Erkenntnisse braucht eine gesellschaftspolitische Begleitung, denn sie dürfe man nicht verabsolutieren, meint der Erkenntnisphilosoph Markus Gabriel: „Ein entscheidender Faktor ist das wissenschaftliche Weltbild, das nachweislich ebenso falsch wie jedes andere Weltbild ist und deswegen überhaupt zu einer berechtigten Skepsis einlädt. Es beruht auf der metaphysischen, d. h. prinzipiell nicht belegbaren Annahme, die einzige Wirklichkeit sei das materiell-energetische Gesamtsystem des Universums. Was wirklich ist, wäre demnach messbar. Doch es ist schlichtweg falsch, dass es nur dasjenige gibt, was sich messen lässt. [...] Wer nur minimal theologisch informiert ist, sollte über die Ausmaße religiösen Aberwitzes schockiert sein, die etwa in der

Technikhörigkeit des Silicon Valley mit seinen trans-humanistischen Vorstellungen zum Ausdruck kommen, dass die siliziumbasierten Produkte unserer neuen Technologien bald schon zum Träger von Bewusstsein werden könnten."[20]

Das heißt: Der Staat ist nicht der bessere Forscher. Er kann nicht alles vorgeben und regeln. Es geht nicht, dass EU-Institutionen zuerst die öffentlichen Bedürfnisse definieren, was regelmäßig scheitern muss. Wenn Behörden oder Politiker glauben, sie wüssten schon alles vorher, bräuchten sie auch keine Ausschreibungen für Forschung und Technologie, weil das Ergebnis schon definiert ist. Notwendig sind deshalb transparente Vergabeverfahren unter Einbeziehung der Wirtschaft und der Wissenschaft, aber auch der Gesellschaft.

Zentral ist, dass nun auch die EU für klare Standards und Normen in der digitalen Welt sorgt. Sie kann damit weltweit die ökonomischen Regeln definieren, wie dies beim Datenschutzgesetz und beim Verbraucherschutz bereits gelungen ist. Sie muss massiv in die KETs (Key Enabling Technologies, Schlüsseltechnologien) investieren, besonders in artificial intelligence, digital security and connectivity.[21]

Das langsame 200-Milliarden-Paket

Von der neuen Ampelregierung wurde beschlossen, 200 Milliarden Euro zur Steuerung der Folgen der Energiewende zur Verfügung zu stellen. Das Geld wäre schlecht verwendet, würde es nur zur Subventionierung zu hoher Energiepreise eingesetzt. Vielmehr kommt es bei der Energiewende auf neue Technologien an, also auf wissenschaftliche Forschung. Aber in dieser Hinsicht gibt es für das 200-Milliarden-Paket bislang keine Governance und keine Planung.

In den USA hingegen wurden und werden Forschungsgelder des Staates gezielt eingesetzt. 1960 wurde jeder dritte Dollar aller weltweiten F+E-Gelder in US-Verteidigungsprojekte investiert. So wurde das Pentagon auch zum Geburtshelfer des Silicon Valley, insbesondere die Forscher der Ingenieurschule der Stanford-Universität. Auch das Internet wurde nur durch solche Finanzmittel möglich. Welche Fehler man machen kann, auch das zeigen die USA: Bürokratie behindert die Anwendung, die entsprechenden Spezialisten fehlen. „Amerika produziert die ausgeklügeltste Softwaretechnologie der Welt. Wenn sie nicht in die Hände unserer Kämpfer kommt, werden wir unsere militärische Überlegenheit einbüßen", warnen Manager aus der Rüstungsindustrie.

Vor allem geht es um die Anwendung künstlicher Intelligenz. Sie vervielfacht eigene Fähigkeiten, sie dominiert künftig die wesentlichen militärischen Technologien. Eric Schmidt, der langjährige Google-Vorstandsvorsitzende, klagt, leider verfüge die US-Armee weder über das richtige Personal noch über die richtige Strategie, um die Anwendung von KI im Militär zu beschleunigen. Die *Frankfurter Allgemeine Zeitung* folgert: „Die jüngsten Entwicklungen zeigen, dass auch andere Armeen schlechter sind als ihr Ruf – für Amerikas Militärs ist das aber nur ein schwacher Trost."[22]

Jürgen Schmidhuber berichtet selbstbewusst, dass man auch in Europa und in der Schweiz bereits wisse, wie man KI-Systeme baut. „Es stimmt eben nicht, dass KI in Amerika erfunden worden ist. Das gute alte Europa ist nach wie vor die Wiege des automatischen Rechnens, der Mustererkennung, des Transistors, der Allzweckrechner, der künstlichen Intelligenz und des tiefen Lernens. Auch das World Wide Web entstand hier", sagt Schmidhuber. „Laut dem Economist besaßen deutsche Firmen 2018 immer noch mehr Patente zu autonomen Fahrzeugen als Chinesen und Amerikaner zusammen. Warum weiß das kaum einer? Weil die deutschen Firmen wenig von PR verstehen."[23]

Tatsächlich entstand an der TU München das „Deep Learning"-Verfahren LSTM, ein künstliches neuronales Netz, das heute die KI auf drei Milliarden Smartphones antreibt und einen beträchtlichen

Teil der Rechenressourcen der Welt verbraucht. Facebook hat mit LSTM 200 Millionen Texte pro Stunde übersetzt. „Die neue KI hat für die wertvollsten börsennotierten Firmen der Welt in den USA und in China zentrale Bedeutung. […] Es ist die neue KI, die jetzt weltweit gefördert wird durch viele Milliarden Euro, nicht die alte KI. Und genau da müssen Deutschland und Europa mithalten. […] Will Deutschland aber Erfolg haben, darf es keine aus der Zeit gefallenen verkrusteten Strukturen bestärken. Gefördert werden sollten neue Organisationen und Institute, Start-ups und visionäre ‚Moonshot'-Projekte, um die ‚neue' KI mit den alten Stärken des Standorts zu verbinden."[24]

Die Liste der Erfolge in Deutschland und Europa ist nämlich groß.

Im Mobilfunknetz der Telekom steigt der Datendurchsatz nahezu unbegrenzt. So hat alleine YouTube im Jahr 2021 durchschnittlich 357 Terabyte pro Tag, eine Steigerung von beachtlichen 96 Prozent gegenüber dem Vorjahr, verursacht. Im Vergleich zu zehn Jahren zuvor fließt heute das Dreihundertfache an Verkehr über die Netze der Mobilfunkbetreiber. Um die Datenverkehre europaweit zu bewältigen, sind hohe Investitionen bis 2030 von mindestens 300 Milliarden Euro notwendig. Zwar leisten Glasfaser und 5G, die modernsten Netztechnologien, einen hohen Beitrag für mehr Nachhaltigkeit und damit den Klimaschutz, zugleich aber geht ein Großteil des globalen Energieverbrauchs mittlerweile auf das Konto von industriellen Rechenzentren und Internetunternehmen. Deshalb haben sie einen erheblichen Anteil an der bis 2040 erwarteten Steigerung der weltweiten CO_2-Emissionen.

Wissenschaftler der RWTH Aachen und der Wirtschaftsuniversität Wien haben eine Steigerung des Energieverbrauchs bis 2030 um das Achtfache errechnet. Sie haben aber auch einen Weg gefunden, wie sich der Energieverbrauch konstant halten ließe. Dazu müssten die großen Streamingplattformen ein verursachungsgerechtes Entgelt zahlen. So könnten auch Verkehrsströme optimiert werden.[25]

Überall in Deutschland und Europa sowie im demokratischen Westen leben die Gesellschaften in einem fundamentalen Umbruch. Es ist die große Veränderung von der Agrargesellschaft zur Industriegesellschaft zur Wissensgesellschaft. In Zukunft werden vier Fünftel aller menschlichen Arbeit aus dem Umgang mit dem Produktionsfaktor Wissen bestehen.

Die Digitalisierung hat dazu geführt, dass die weltweite Zirkulation von gewaltigen Datenmengen in Echtzeit möglich ist. Die gesamte Wissensproduktion verdoppelt sich alle fünf bis zwölf Jahre. Die Möglichkeiten neuer Technologien wie der Bio-, Gen-, Nano-, Informations- und Umwelttechnologie vergrößern sich entsprechend, Deutschland muss mithalten, auch bei der Digitalisierung der Dienstleistungen für die Bürger: Bei der elektronischen Abwicklung privater Bankgeschäfte, dem Umgang mit medizinischen Daten, dem Einkauf von Produkten oder der Nutzung von behördlichen Leistungen. Auf der Cebit-Messe im März 1995 – deren technischer Stand heute eher museal anmutet – eröffnete ich die erste Internetdiskussion zu Chancen und Risiken von Multimedia, an der die Besucher der Messe teilnehmen konnten. Seither hat sich das Thema zu langsam nach vorne bewegt. Über vielen pauschalen und theoretischen Stellungnahmen zur Digitalisierung hat man die konkrete Tat zu lange vergessen. Das rächt sich jetzt – wir müssen schnellstens aufholen.

Multimediale Dienste sind ohne Wertefundament erfolglos

Der Einsatz algorithmischer Systeme hat immer Ziele vor Augen. Algorithmische Systeme sind niemals neutral, sondern versuchen, Werte und Gewinne zu realisieren. Nach langjährigen Erfahrungen wissen wir, dass nur unsere „westlichen" Werte und demokratische Systeme den Zusammenhalt einer Gesellschaft garantieren können. Multimedia ohne demokratische Werte hat keine Zukunft.

Diese Erkenntnis hat sich in den letzten Jahren mehr und mehr durchgesetzt. In der Anfangszeit wollten viele in einem „digitalen Dorf" leben. Als wir uns entschlossen, die notwendigen rechtlichen Regeln und Gesetze zu beschließen, wurden wir auf allen Netzen beschimpft. Selbst aus Asien wurde uns unterstellt, wir wollten die Entfaltung von Multimedia verhindern. Das Gegenteil war der Fall.

Als am 18. April 1997 in der 170. Sitzung des Bundestages in Bonn von der Bundesregierung der Entwurf eines Gesetzes zur Regelung der Rahmenbedingungen für Informations- und Kommunikationsdienste (Informations- und Kommunikationsdienstegesetz – IuKDG) eingebracht wurde, hatten wir eine lange Debatte hinter uns. Da neue gesetzliche Regelungen im Grundgesetz ein Tätigwerden des Bundes wie der Landesgesetzgeber erforderten, mussten viele Gespräche fraktionsübergreifend erfolgen.

Anlass war, dass ich nicht bereit war zu akzeptieren, dass im neuen Internet Kinderpornografie veröffentlicht wurde und die Verfolgung nicht möglich war. Gleiches galt für meine Fraktion, die nicht einsah, dass im Internet rechtsradikale Handlungen nicht bestraft werden können. Das Internet sollte kein rechtsfreier Raum bleiben.

Um neue Gesetzgebungskompetenzen sowohl für den Bund wie für die Länder einzurichten, hatten der rheinland-pfälzische Ministerpräsident Kurt Beck für die Länder und ich für die Mehrheit des Bundestages verabredet, die an die Allgemeinheit gerichteten Dienste sollten die Länder, die Informations- und Kommunikationsdienste sollte der Bund regeln. Inhaltlich sollten die Regelungen wortgleich, aber zumindest aufeinander abgestimmt sein. Denn solche Rechtssetzung hat einerseits immer etwas mit dem Schutz von Schwachen zu tun. Andererseits schafft nur sie den notwendigen einheitlichen, klaren und verlässlichen Ordnungsrahmen für Investitionen und sichert durch den Ausgleich von Interessen die Grundlage für die Akzeptanz der Multimediadienste.

Ursprünglich wollten die USA „Social Media und Plattformen" keinesfalls regeln. Die Europäische Union aber war bestrebt, die Menschenrechte auch in den Social Media durchzusetzen, da auch sie zur demokratischen Öffentlichkeit beitragen. Seither hat sich der Datenschutz in den Staaten des Westens durchgesetzt. Auch in der Europäischen Union gelten die Grundsätze des Datenschutzes, Datenschutz schafft Sicherheit.

Die Herausforderungen sind groß. Damit die Notwendigkeiten auch Wirklichkeit werden, müssen die politisch Verantwortlichen die digitale Wirtschaft möglich machen. Die Europäische Kommission will mit dem „European Chips Act" Fabriken für die Halbleiterproduktion initiieren und den EU-Weltmarktanteil von acht auf 20 Prozent bis zum Ende des Jahrzehnts erhöhen. Auch Apple will in seinem Entwicklungszentrum in München eine weitere Milliarde Euro für zusätzliche Entwicklungskapazitäten investieren. Ob und wie sich das realisieren lässt, ist auch langfristig unklar. Denn das große Manko ist: Der Chipbranche in Deutschland fehlen 62 000 Fachkräfte.

Der Westen ingesamt steht an einem historischen Wendepunkt. Auch Präsident Joe Biden will den Wettbewerb im Wettkampf mit China gewinnen. Für die amerikanische Regierung ist die Hochtechnologie dabei die wichtigste Waffe. Der nationale Sicherheitsberater Jake Sullivan sagte dazu: „Wir verfolgen eine moderne Industrie- und Innovationsstrategie, indem wir in unsere ökonomische Stärke und unsere technologische Führerschaft zu Hause investieren. Das ist die tiefste Quelle unserer Macht in der Welt."[26]

Kann man das einfach laufen lassen? Wie steht es um die „Gefahr, dass der Mensch nicht nur lebensdienliche Produkte herstellt, sondern sich selber als Produkt begreift, als Objekt der Gestaltung und Manipulation?", fragt Giuseppe Gracia und fürchtet: „Der Posthumanismus schafft den Menschen ab […] Darum braucht der Fortschritt ein ethisches Leitbild." Er bezieht sich in seiner Skepsis auf den Informatiker und Wissenschaftskritiker Joseph Weizenbaum, der schon vor Jahren gewarnt habe, „dass sich die Vorstellung durchsetze, der Mensch sei lediglich eine informationsverarbeitende Maschine, die von einem Roboter ersetzt werden könne. Weizenbaum sieht das Fundament des Humanismus in Gefahr, wenn einmal die Ehrfurcht vor dem Menschen verloren geht: ‚Die wesentliche Gemeinsamkeit zwischen dem Nationalsozialismus und vielen posthumanistischen Ideen liegt in der Entwürdigung des Humanen und der Phantasie eines perfekten neuen Menschen, der geschaffen werden muss; am Schluss dieser Perfektionierung ist der Mensch allerdings nicht mehr da.‘"[27]

Der Philosoph Alexander Grau fordert deshalb auch ein „Recht auf ein analoges Leben". „Ein Leben in Würde ist", so schreibt er, „nur dann möglich, wenn jeder Einzelne selbst entscheiden kann, welche Aspekte dieses Lebens er digital gestalten möchte und welche nicht. Doch zunehmend droht die Totaldigitalisierung aller Lebensbereiche, egal, ob es um Zahlungsverkehr, Gesundheitswesen, staatliche Verwaltung, Mobilität oder Bildung geht. Schon die Jüngsten werden, kräftig flankiert von der Digitalisierungspropaganda einschlägiger Konzerne und Stiftungen, in der Schule auf die Eigenlogik von Software, Netzwerken und digitaler Kommunikation konditioniert. Ein Leben ohne Smartphone erscheint vielen unmöglich. Was für ein Armutszeugnis."[28]

Zu den Innovationen, die dringlich sind und über technologische Führerschaft im digitalen Zeitalter (und im „Systemwettbewerb") entscheiden, zählen denn auch die Cyberangriffe. Sie sollen in der Regel IT-Netzwerke nicht zerstören. „Im Internet gilt nicht das Recht des Stärkeren, sondern das Recht des Klügeren. […] Cyberangriffe funktionieren nicht wie ein Raketenbeschuss, der auf Knopfdruck im gewählten Ziel Zerstörung anrichtet. Sie gleichen in ihrer Logik vielmehr einer Trickbetrügerei, für die es List und Geduld braucht. […] Das Angriffsziel wird ausgekundschaftet, um eine Lücke zu finden oder Anmeldedaten entwenden zu können."[29] „Das Ziel ist es, Verwirrung auszulösen, Entscheidungsträger zu beeinflussen und Spaltungen in der Gesellschaft zu verstärken."[30]

Die Schäden entstehen durch kriminelle Attacken auf die Systeme. Die Angreifer entdecken die Schwachstellen und nutzen sie. „Oft wissen die Betroffenen gar nicht, dass sie die entsprechende Software in ihrem Server oder auf ihrer Website verwenden. […] Die Kriminellen können sich […] in das System einnisten und lange unerkannt bleiben, bevor sie aktiv werden. […] Um das Problem zu beheben, müssen Unternehmen oft die Infrastruktur vom Netz nehmen, um weitere Gefahren abzuwenden. In dieser Zeit entsteht ein nicht unerheblicher wirtschaftlicher Schaden. Der Digitalverband Bitkom hat […] [ermittelt], dass es um Hunderte Milliarden Euro geht."[31] Die Polizei konstatierte 2020 in Deutschland etwa 100 000 solcher Fälle.

„Gehackte Kontroll- und Steuerungssysteme der Industrie, die den Betrieb ganzer Kraftwerke, Stahlhütten oder Fließbänder in die Hände von Cyberkriminellen legen; IT-Systeme von mittelständischen Unternehmen, die von riesigen Datenwellen geradezu überschwemmt werden und lahmgelegt sind; Erpressersoftware, die wichtige Daten erst einfriert und dann bestenfalls gegen die Zahlung eines Lösegelds wieder freigibt. Die Angriffe auf die Volkswirtschaft rollten faktisch im Sekundentakt, die Schäden gehen in die Hunderte Milliarden Euro."[32]

Technik made in China ist massenhaft in westlichen Netzwerken, Hackerangriffe fallen chinesischen Kriminellen (oder staatlichen Organisationen) also leicht. Russland hatte technisch nie etwas Vergleichbares zu bieten und verlegt sich deshalb allein auf das kriminelle „Hacking", egal ob es sich um militärische oder die ökonomische Infrastruktur handelt. 36 Prozent der betroffenen deutschen Unternehmen gaben im letzten Jahr als Urheber für die Angriffe Russland an, 43 Prozent wurden aus China attackiert. Auch andere Netzwerke waren Ziele. Die Schienen-, Strom- und Datennetze werden physisch und virtuell angegriffen. Das deutsche Schienennetz umfasst mehr als 33 000 Kilometer, das deutsche Stromnetz ist 1,8 Millionen Kilometer lang. Die Deutsche Telekom hat inzwischen mehr als 650 000 Kilometer Glasfaser unterirdisch verlegt.[33]

Ganz wichtig ist auch die notwendige einschlägige Modernisierung der demokratischen Infrastruktur der Bundesrepublik.[34] Das Bundesamt für Sicherheit in der Informationstechnik (BSI) spricht von einer „angespannten Lage" und schreibt in seinem Lagebericht: „Die Bedrohung im Cyberraum ist damit so hoch wie nie [...] Allein in Regierungsnetzen werden monatlich im Schnitt 34.000 Mails mit Schadprogrammen abgefangen."[35]

Alle Netze sind also potenziell gefährdet. Es wird deshalb Zeit, die gefährdeten kritischen Netze digital zu überwachen und die Datenschutzbestimmungen der Gefährdungslage anzupassen.

5. Die neue Wissensgesellschaft

„Die Weisheitslehren haben ein anderes Verhältnis zur Zeit. Sie kennen keine großen Umwälzungen, vermutlich weil sie oft im Schatten von Zusammenbrüchen entstehen und daher darauf ausgerichtet sind, Gewaltausbrüche und katastrophische Großereignisse von vornherein zu verhindern."

(Aleida Assmann)[1]

Die Zukunft als Raum der Freiheit

Ein Morgen im Jahr 2040: Nach dem Wachwerden schaltet der Vater seinen Quantencomputer ein, um alle Nachrichten von Interesse lesen zu können. „Oh, Papa, du bist so altmodisch", ruft die Tochter, deren Gehirn automatisch über ein Implantat direkt mit dem World Wide Web verbunden ist. Die Mutter war wieder von Alzheimer geheilt, nachdem neueste Medikamente zur Verfügung standen. Der Vater bringt die Kinder zur Schule. Es gibt keine Staus mehr dank intelligenter Verkehrscomputer. So oder ähnlich hat die „Zukunftskommission Nordrhein-Westfalen" unter der Leitung von Lord Dahrendorf unsere Zukunft beschrieben.[2]

„Wir wissen überhaupt erst seit weniger als einhundert Jahren mit Gewissheit, dass es nicht nur unsere Galaxie, die Milchstraße, gibt; ohne moderne Naturwissenschaft lebten wir unter medizinisch unerträglichen Bedingungen, die sich niemand herbeiwünschen sollte. Außerdem tragen naturwissenschaftliche Erkenntnisse indirekt zu moralischem Fortschritt bei, weil sie helfen können, nachweisbar falsche Meinungen – aus denen sich etwa der Rassismus speist – zu widerlegen."[3]

Mit diesem Satz hat der Philosoph Markus Gabriel deutlich gemacht: Es ist gut, dass es Forschung, dass es die Naturwissenschaften gibt. Sie haben unser Leben besser gemacht. Als Karl Jaspers seinen Leitsatz sagte: „Die Zukunft ist als Raum der Möglichkeiten der Raum unserer Freiheit", konnte er nicht erkennen, dass im neuen 21. Jahrhundert die Industriegesellschaft durch die Wissensgesellschaft ersetzt wird. Wissen prägt unsere Gegenwart, es ist zu den Produktionsfaktoren Boden, Kapital und Arbeit hinzugetreten, ja: es dominiert sie und unsere „Wissensgesellschaft".

Wissen wird immer mehr Mittelpunkt der ökonomischen Entwicklung. Es bestimmt das schnelle Handeln und die gesellschaftliche Position. Informationen sind weitergegebenes Wissen, sie sind also kein Selbstzweck, sondern machen Wissen transportierbar. Wissen ist der einzige Rohstoff, der sich bei Gebrauch selbst erneuert und vervielfältigt. Der Mensch, der dieses Wissen erzeugt, beherrscht, vermittelt und konsumiert, steht im Zentrum der Gesellschaft. Er ist es, der Informationen bewusst anwendet und zuordnet und damit Wissen erzeugt.

Die Wissensgesellschaft aber setzt Bildung voraus. Deshalb wird das Bildungs- und Wissenschaftssystem immer bedeutsamer, weil der Handlungsdruck stetig steigt. Jeden Tag erscheinen mehr als 20 000 wissenschaftliche Publikationen. Das Wissenswachstum wird durch moderne Kommunikationsmittel weiter zunehmen. Hubert Markl hat als Präsident der Max-Planck-Gesellschaft einmal formuliert: „Der Weg von der Mediengesellschaft zur Wissensgesellschaft ist der Weg von der Information zur Bedeutung, von der Wahrnehmung zum Urteil. Wissen macht handlungsfähig. Zuverlässige Informationen sind die Voraussetzung dafür. Aber erst die bedeutungsgerechte Beurteilung erweckt es zum Leben."[4]

Die digitale Revolution

Die digitalen Medien und das Internet überschreiten jede Grenze. „Der geografische Abstand zwischen Völkern und Kulturen mit eigener Entwicklungsgeschichte schrumpft gegen null. Bisher hatten sie ihre Konflikte nur im Netzbereich. Jetzt ist die ganze Welt nebenan. [...] Bei überstürztem Wandel ihres Umfeldes kommen träge Gebilde wie Religionen, Kulturen oder sozio-ethische Strukturen leicht außer Atem."[5]

„Am Rand stehen die erschrockenen Gewerkschaften und schwenken ihre Fähnchen. Das liebenswerte ‚Wann wir schreiten Seit' an Seit' und die alten Lieder singen' klingt schütter und wird zur puren Folklore. Dabei mangelt es weltweit an Tarifen, Kündigungsschutz und Solidarität, und auf Dauer wird der Leidensdruck der Ich-AGs nach Wegen suchen, die neue Arbeitswelt zu humanisieren. Aber vorerst ermöglicht das Internet Millionen ein mobiles Patch-Work-Dasein. Grenzenlose Information, Entgrenzung privater Lebensräume, Entgrenzung der Erinnerung, Entgrenzung der Umgangsformen sowie Multitasking als Lebensstil. Das ist ohne Irritationen und Risiken nicht zu haben. Wohl wahr!"[6]

Die jungen sozialen Medien haben darin eine wichtige ökonomische Bedeutung. Der Kern der „digitalen Revolution" ist aber nicht nur eine technische und ökonomische, sondern vor allem auch eine soziale Revolution. Die Utopie, die Aufklärung gewönne durch den weltweiten Zugang zum Wissen, scheint nur noch utopischer geworden zu sein.

Die „Revolution der sozialen Beziehungen" ist deshalb in ihrer Bedeutung nicht zu unterschätzen. Die digitalen Techniken sind und bleiben unverzichtbar, weil vieles so billig wie bisher kaum produziert werden könne. Auch die Vermarktung wird durch die Digitalisierung einfacher und billiger.

Aber es ist schwierig geworden, die Einheit der Gesellschaft zu erhalten. Alle Kinder und Jugendlichen mögen frei und ungestört mit den digitalen Spielen Freude und Freunde haben. Wir Älteren aber müssen sicherstellen, dass die Einheit der Gesellschaft alle Generationen beteiligt. Nur so können sie das Wissen verstehen und gestalten.

Die Digitalisierung ist nicht nur eine gesellschaftliche Herausforderung. In ihr steckt auch das Problem der Marktkonzentration. Auch die Wirtschaft darf sich keine digitale Macht aneignen. Die notwendigen Regeln und Regulierungen sind dazu da, die Freiheit zu sichern. Es kann nicht sein, dass Konzerne die Kontrolle über das Wissen der Menschheit bekommen. Google beantwortet täglich drei Milliarden Anfragen, hat heute bereits rund zehn Milliarden Bücher gespeichert, meist ohne vorab die Rechte daran eingeholt zu haben. Eine solche Aneignung bedroht das geistige Eigentum nicht nur von Personen, sondern von ganzen Kulturen. Wo also soll man derlei regeln, wenn nicht im europäischen Zusammenhang? Das Europäische Parlament muss durchsetzen, dass solche Gefährdungen nicht möglich sind. Wir brauchen deshalb für solche Fälle mehr Europa, nicht weniger.

Schule und Lernen in der Wissensgesellschaft

Aufgabe der Politik ist es, heute Zukunft möglich zu machen. Deutschland hat bei den Innovationsleistungen Fortschritte gemacht. Kernauftrag der Politik bleibt es aber, junge Menschen zu befähigen, in dieser Zukunft zu leben und sie mitzugestalten. Das beginnt damit, dass jeder junge Mensch einen beruflichen Abschluss bekommt. Leider verlassen immer noch viele Tausend junge Menschen jährlich die Schule ohne Abschluss. Zudem gibt es in Deutschland noch mehr als 6 Millionen Erwachsene, deren Lese- und Schreibkompetenzen für eine volle berufliche, gesellschaftliche und politische Teilhabe nicht ausreichen. Auch unser duales System, auf das wir viele Jahrzehnte stolz waren, schwächelt. Die NRW-Zukunftskommission hat 2009 in ihrem Bericht eine weitere Öffnung des Zugangs zur Hochschule für beruflich Qualifizierte, die Förderung von Ausbildungsverbünden zwischen Klein- und Mittelbetrieben oder den Ausbau der Berufsschulen und Berufskollegs zu regionalen Kompetenzzentren vorgeschlagen.[7] 1996 konnte ich das „Meister-Bafög-Gesetz", heute Aufstiegs-Bafög genannt (AFBG), im Bundestag durchsetzen. 2021 haben mehr als 192 000 Auszubildende und Pflegekräfte wie auch Bachelor-Absolventen die Hilfen genutzt.

Eine gute Ausbildung oder ein Studienabschluss sowie europäische Kontakte sind heute unverzichtbar, denn die Epoche der Industriegesellschaft ist zu Ende gegangen. Seit der industriellen Revolution vor mehr als 200 Jahren waren die Produktionsfaktoren Boden, Kapital und Arbeit die zentralen Faktoren der Industrie. Die Erfindung der Dampfmaschine war die erste große industrielle Entwicklung. Die Elektrisierung und Automatisierung der industriellen Produktion waren die nächsten Etappen. Am Ende des 20. Jahrhunderts folgte das digitale Wissen als Produktionsfaktor – und dieses Wissen bestimmt schon gegenwärtig die Wertschöpfungsketten.[8]

Heute sind bereits zwei Drittel aller Beschäftigten im Dienstleistungsbereich tätig. Um 1800 arbeiteten noch rund 80 Prozent aller Erwerbstätigen in der Landwirtschaft. Im nächsten Jahrhundert waren es nur noch 35 Prozent, im jetzigen noch drei Prozent. Die Folge ist eine grundlegende Umgestaltung des Arbeits- und Erwerbslebens. Die Anzahl der „untypischen Arbeitsverhältnisse" wächst schnell. Telearbeit, flexible Arbeitszeiten, Arbeitszeit-Jahreskonten und -Lebenskonten, Leiharbeit, Zeitverträge, projektorientierte Verträge und Werkvertragsbeschäftigungen, Phasen der Selbstständigkeit und Unterbrechungen zur Weiterbildung sind maßgebliche Kennzeichen der Wissensgesellschaft.

Wissen ist damit heute der Schlüssel zur Produktivitätssteigerung. Der Rohstoff für Wissen kann weitergegeben werden, ohne dass derjenige, der ihn weitergibt, etwas verliert. Bei der Wissensproduktion ist nur das erste Produkt teuer, die Reproduktion verhältnismäßig billig. Der Produktionsfaktor Wissen verbraucht sich nicht, sondern vermehrt und verbessert sich. Er wird erst wertlos durch neues Wissen. Der Wert eines Unternehmens steigt mit seinem wachsenden Wissenspotenzial, das sich an der Börse niederschlägt. In Zukunft werden vier Fünftel aller menschlichen Arbeiten aus dem Umgang mit Wissen bestehen. Wissen bekommt immer mehr eine Schlüsselrolle für den kostengünstigen und effektiven Einsatz bei Produkten und Dienstleistungen. Die gesamte Informationsproduktion der Menschheit verdoppelt sich alle fünfzehn bis zwanzig Jahre. Rund 90 Prozent aller Wissenschaftler, die jemals gelebt haben, leben in der Gegenwart.

„Das Internet ist ein Quantensprung in der Evolution der Kommunikation. Bedenkenlos, unaufhaltsam und rasch wie eine Naturgewalt, verändert es die Determinanten der menschlichen Zivilisation in einem Prozess, der vielleicht noch zu wenig steuerbar, aber gewiss nicht reversibel ist. Denn niemand wird vorher gefragt."[9]

Also ist auch die Reaktion unterschiedlich. Manche Unternehmen wurden von der Entwicklung geradezu überrascht, obwohl entlang eines digitalen Maßstabes gerade die Zukunftschancen neu verteilt werden. In einer Studie von Bertelsmann wurde auf die unterschiedlichen Ergebnisse hingewiesen. So stellen Professor Wim Naudé (Maastricht University, MSM und IZA) und Dr. Paula Nagler (Erasmus University Rotterdam und IZA) fest, dass es eine wachsende Ungleichheit in der deutschen Wirtschaft gibt. Diese zeige sich in Topmanagement, Managementfähigkeit und Spitzengehältern. Der technologische Fortschritt fehle in vielen Unternehmen, Deutschland falle bei Spitzentechnologien zurück, etwa der Halbleitertechnologie, der Computertechnologie, der Nanotechnologie, der Robotik oder der molekularen Biologie. Auch sei unter den Top 20 der Patentbewerber seit 1970 keine deutsche Firma. Produktinnovationen fielen hinter Prozessinnovationen zurück, und zu häufig werde nach Schutz etablierter Branchen gerufen, statt neue Sektoren zu fördern.[10]

Bildung und Ausbildung sind daher von zentraler Bedeutung für die Zukunft der jungen Menschen und unserer Gesellschaft. Die Menschen spüren in vielen Lebensbereichen den Wandel zur Wissensgesellschaft. Sie wissen, dass Bildung in der Wissensgesellschaft über Berufschancen und gesellschaftliche Teilhabe entscheidet. Deshalb müssen die Bildungseinrichtungen im Zentrum von Politik und Gesellschaft stehen. Die defizitäre Lehrerzahl und die mangelnde Attraktivität des Lehrerberufs, der Unterrichtsausfall, die Überalterung des Lehrpersonals, der fachfremde Unterricht, die fehlende Sprachkompetenz und die wenig wirksame Integration von Migrantenkindern sind trotz mancher Bemühungen bisher nicht erfolgreich behoben worden. Dies gilt vor allem für die Grund- und Hauptschule, die schlechte Ausstattung mit Lernmitteln, hier insbesondere die digitale Ausstattung, und das zur digitalen Pädagogik befähigte Lehrpersonal. Dass es immer noch baufällige Schulen, ja gesundheitsgefährdende Zustände gibt, ist und bleibt ein Skandal.

Bildungspolitik der Wissensgesellschaft ist eine Politik des lebenslangen Lernens. Die Wissensgesellschaft muss durch die neue Bildungspolitik exzellente Bedingungen für die schulische Erstausbildung schaffen. Zwar ist die Ausbildung junger Menschen im Betrieb und den berufsbildenden Schulen noch europaweit und international vorbildlich, aber die signifikante Arbeitslosigkeit von jungen Menschen ohne oder mit Lehrabschluss oder Berufsfachschule und die hohe Arbeitslosigkeit bei denjenigen, die keine abgeschlossene Ausbildung haben, können wir nicht tatenlos hinnehmen.

Das Ausbildungssystem, dem ein großer Integrationsanteil für sozial Benachteiligte obliegt, ist auf diese Defizite nicht genug vorbereitet. Die Schulen und Betriebe müssen den jungen Menschen zu einer qualifizierten Berufsausbildung verhelfen. Dazu gehören passende Ausbildungsordnungen, die wir in den letzten Jahrzehnten geschaffen haben, die Anerkennung neuer Berufe sowie neue Formen des Lehrens, die den veränderten Qualifikationsanforderungen der Wissensgesellschaft entsprechen.

Das Schulwesen wird sich verändern hin zu den drei Zielen: Leistungsanforderungen, Bildungsqualität und Erziehung. Wie internationale Schulvergleiche zeigen, haben ein hohes Maß an interner, schuleigener Gestaltungsfreiheit im Rahmen der Qualitätsvorgaben, Planungssicherheit sowie Qualitätssicherung die Bildungsqualität gefördert. Daraus folgt keine Beliebigkeit und Abwälzung der Verantwortung. Der Staat sollte sich aber auf die Normenfestsetzung und Ergebniskontrolle beschränken, statt mit seiner Bürokratie die Schulen zu gängeln und im Detail zu steuern.

So kann jede Schule ihren gesellschaftlichen Auftrag selbsttätig, verantwortlich und unter Erarbeitung eines eigenen Profils und einer eigenen Schulkultur umsetzen. Weniger Bürokratie und große Selbstständigkeit sind die richtigen neuen Bildungsanforderungen. Dazu gehört auch Eigenverantwortung bei der Einstellung von Lehrerinnen und Lehrern, bei der Unterrichtsgestaltung sowie bei der Verwaltung von Personal und Sachmitteln.[11]

Der Vorsitzende der Deutschen Telekom Stiftung, Thomas de Maizière, hat daran erinnert, dass es nun 60 Jahre her sei, dass der Pädagoge Georg Picht einen „Bildungsnotstand" in den westdeutschen Bundesländern ausgerufen hat. Bis heute habe es keine grundlegend neuen Reformen des deutschen Bildungssystems gegeben. De Maizière hat inzwischen mutig neue Vorschläge vorgelegt. Weil das Bundesverfassungsgericht im November ein „Recht auf schulische Bildung" normiert hat, können die Bundesländer nicht mehr aus politischen Gründen ausweichen oder ihre bildungspolitischen Wünsche pflegen. Thomas de Maizère: „Dieses Recht umzusetzen muss jetzt die Aufgabe aller Beteiligten in Bund, Ländern, Kommunen und Schulen sein. […] Was aber ist an den Schulen überhaupt möglich, wenn systemische Mängel in der Organisation, in der Steuerung der Bildung in den Ländern und Kommunen bestehen, begründet durch die verteilten Zuständigkeiten zwischen Schulaufsicht, Schulträgerschaft und Schulleitung?" So lautet die Frage und er antwortet: „Gute Schule kann nicht gelingen, wenn an den Schulen selbst viele zuständig sind, wenn Schulen in Vorschriften ersticken und wenn die Arbeitsbedingungen keine Freiräume ermöglichen."[12]

Die Deutsche Telekom Stiftung schlägt drei grundlegende Veränderungen vor:

- Mehr Verantwortung für die Schulen: Die Dienstherreneigenschaft für das gesamte an Schule tätige Personal gehört in eine Hand. Vorgesetzte für alle Mitarbeitenden an der Schule muss die Schulleitung sein, die das Personal dann auch grundsätzlich selbst auswählt. Nach Bedarf vor Ort muss es dabei auch möglich sein, nicht nur ausgebildete Lehrkräfte, sondern auch Menschen mit anderen Qualifikationen einzustellen, also Quer- und Seiteneinsteiger, Educational Technologists, Verwaltungsmitarbeiter, Schulpsychologen, Sozialarbeiter etc. Eine solche Multiprofessionalität ist für eine moderne Schule unabdingbar und setzt Ressourcen frei. Daher gilt es jetzt, konkrete Modelle vorzuschlagen, um eine solche Entscheidungsverlagerung auf die Einzelschule zu erreichen. Mehr verantwortete Freiheit für die Schulen heißt: weniger Vorschriften.
- Mehr Leistungstransparenz und sowohl Aufsicht als auch Unterstützung durch die Bildungsverwaltung: Wir wollen, dass jede Schule ihre Lernergebnisse und die Umstände ihrer Zielerreichung jährlich öffentlich macht. Die Ergebnisse sollten künftig aggregiert in der Bildungsberichterstattung von Bund und Ländern dargestellt, ihre Entwicklung über die Zeit nachverfolgt und einer öffentlichen bzw. politischen Diskussion zugänglich gemacht werden.
- Reform der Lehrkräftearbeitszeitmodelle: Deutschland braucht daher ein neues Arbeitszeitmodell für Lehrerinnen und Lehrer: am besten eine wöchentliche Arbeitszeit wie in allen anderen Berufen auch, mit Anwesenheitsregeln in

der Schule und Urlaub. Darüber hinaus brauchen wir mehr Vollzeitlehrkräfte, denn nur so werden wir den dramatischen Lehrkräftemangel in den Griff bekommen. Hier unterstützen wir die Empfehlungen der Ständigen Wissenschaftlichen Kommission der Kultusministerkonferenz vom Januar 2023.

Fazit: Unsere Schulen müssen mehr Verantwortung übernehmen. Wer bessere Ausbildung will, muss bessere Schulen haben. Das ist der Traum von Eltern und Lehrern. Gleiches gilt auch für Kitas und Familienzentren, für gegliederte Schulen und Gemeinschaftsschulen. Alle Vorschulen und Schulen sollten Schritt für Schritt Ganztagsschulen werden. Nur so können Schulen bestehen, die die Bedürfnisse von Kindern, Jugendlichen und Eltern berücksichtigen. Dazu sind „selbstständige" Schulen notwendig. Sie müssen die Chance bekommen, Lehrer und Lehrerinnen selbst auszusuchen – Lehrer, die für ihre Aufgaben brennen. Die Lehrerinnen und Lehrer, die tagsüber den Schülern Unterricht geben und die Inhalte des Unterrichts erarbeiten, sollten alle Sachmittel bekommen, die sie idealerweise benötigen.

Bildungspolitischen Dogmatismus beenden, neue Ideen fördern

Deutschland war immer stolz auf seine Schulen und Hochschulen, besonders aber auch auf sein duales System für die betriebliche Ausbildung. Die Ausbildung zum Meister nahmen unsere Nachbarländer als Vorbild.

In den 90er-Jahren des letzten Jahrhunderts wollten 90 000 angehende Handwerks- und Industriemeister, Fachkaufleute, Techniker und Betriebswirte wie auch vergleichbare Absolventen im Gesundheitswesen und im sozialpädagogischen Bereich die Meisterprüfung machen. Ziel war, den Fachkräftenachwuchs durch ein

„Meister-Bafög", vergleichbar dem Studierenden-Bafög, zu sichern. So wurde nicht nur das Meister-Bafög für junge Menschen attraktiv. Ein weiterer Weg im dualen System war die vergleichbare Anerkennung von Berufsabschluss und dem ersten berufsorientierten Berufsabschluss des „Bachelors".

Heute fehlen allein auf dem NRW-Arbeitsmarkt rund 400 000 Fachkräfte, der überwiegende Teil davon im Bereich der beruflich Qualifizierten.[13] Deutschlandweit waren es im Frühjahr 630 000.[14] Das kann nicht so bleiben.

Auch der nordrhein-westfälische Gewerkschaftsbund will „NRW zum Berufsbildungsland Nr. 1"[15] machen. Die DGB fordert deshalb auch eine „umfassende Ausbildungsgarantie […] mit der Einführung einer Umlagefinanzierung". Durch mehr Tariftreue sollen die Erwerbsbeteiligung von Frauen sowie die Beschäftigung von älteren Erwerbstätigen sowie Menschen mit Behinderung und Eingewanderten aus der EU und aus Drittstaaten gesteigert werden. Auch geht es darum, Qualifizierungsmaßnahmen zu intensivieren.

Ebenso hält die Unternehmerschaft den Fachkräftemangel für eine zentrale Herausforderung. Auch sie will eine Gesamtstrategie. Mit dem Slogan „Kein Abschluss ohne Anschluss" will sie die „Berufsorientierung […] noch fester an allen Schulformen verankern", „Praxisbezüge herstellen" und „Lehrkräfte bei der Berufsorientierung unterstützen", um die Gleichwertigkeit sichtbarer zu machen.[16]

Kein Kind ohne Mahlzeit, jedem Kind ein Instrument

Natürlich geht es zuerst um Bildung. Oft aber haben es die Schulen mit Kindern zu tun, die zu Hause nicht die Aufmerksamkeit erhalten, die ihnen zusteht und die sie in den Stand versetzt, in der Schule leistungsfähig zu sein. Als ich als Ministerpräsident von Nordrhein-Westfalen in Essen einen Kindergarten besuchte, wurde ich gebeten, mit den Kindern an einem kleinen Tisch zusammen

Obst zu schneiden und für den Nachtisch zuzubereiten. Die Journalisten haben dieses schöne Bild aufgenommen. Das Gespräch mit den Kindern hat mir viel Freude gemacht. Als ich mich einige Zeit später verabschiedete, sah ich, dass im Nachbarraum Kinder saßen. Die sehr gute Kindergartenleiterin erzählte auf meine Frage: „Die Kinder können leider nicht am Essen teilnehmen, weil die erforderlichen 1,50 Euro von den Eltern nicht bezahlt werden können." Sie berichtete, dass ihr gelungen sei, von einem Sponsor für die Kinder je einen „Körner-Riegel" zum Mittagessen zu erhalten.

Als ich später in Duisburg in einem früheren Verkaufsladen einen Raum für Mittagessen und Hausaufgaben besuchte, sah ich, dass die ehrenamtlich tätigen Eltern für die Kinder kochten. Auch in meiner Heimatstadt Pulheim kochten die Mitarbeiterinnen und Mitarbeiter im örtlichen Jugendzentrum jeden Tag Mittagessen für Kinder und Jugenliche. Zu Hause war niemand da, wenn die Kinder aus der Schule kamen.

Zurück in Düsseldorf habe ich unseren Arbeits- und Sozialminister Karl-Josef Laumann gebeten, einen Fonds anzulegen, damit die Kinder etwas zu essen bekämen. Ich würde mit dem Finanzminister reden und das Geld zur Verfügung stellen. Das Projekt war erfolgreich. Am Ende der Legislaturperiode wurden in Nordrhein-Westfalen rund 80 000 Kinder und Jugenliche versorgt.

Das wäre natürlich auch auf Bundesebene notwendig. Doch da bekam ich eine Abfuhr und erhielt leider zur Antwort: „Das geht nicht! Es gibt keinen Anspruch auf Butterbrot" – ein unvorstellbarer Fauxpas.

Wir waren froh, dass die Kommunen in NRW den „initiierten Landesfonds ‚Kein Kind ohne Mahlzeit'" begleiteten.

„Gerade bei Kindern aus sozialschwachen Familien muss sichergestellt werden, dass sie an einem Mittagessen teilnehmen können", sagte der Hauptgeschäftsführer des Städte- und Gemeindebundes NRW, Bernd Jürgen Schneider. Er wies darauf hin, „dass sich durch die Ausdehnung der Stundentafel in der Sekundarstufe I nicht nur in den Ganztagsschulen, sondern in allen Schulen das Problem der Mittagsversorgung" stellt.[17]

Ziel der offenen Ganztagsschule ist ja, „mehr Zeit für Bildung, Erziehung und Betreuung, mehr Zeit für individuelle Förderung, besonders für Kinder aus bildungsbenachteiligten Familien, und mehr Zeit für musisch-kulturelle Bildung, mehr Zeit für Bewegung, Spiel und Sport, mehr Zeit für Hausaufgaben und mehr Fördermaßnahmen bei Lerndefiziten und für besonders Begabte zu haben".

Das Land NRW hat den Schwerpunkt von Ganztagsangeboten zunächst auf die Ganztagsschule im Primarbereich gelegt. Der zweite Schwerpunkt im Ganztagsprogramm der Landesregierung in Nordrhein-Westfalen ist seit 2006 die Hauptschule im erweiterten Ganztagsangebot. Die schwarz-gelbe Regierungskoalition hat 2008 ein umfangreiches Programm zum Ausbau des Ganztagsbetriebs und eine pädagogische Übermittagsbetreuung beschlossen. Die Landesregierung investierte dafür insgesamt bis 2010 zusätzliche 100 Millionen Euro für Baumaßnahmen und 75 Millionen Euro zusätzlich für Personalkosten. „Wir bringen den Ganztag in die Fläche", kündigte der Ministerpräsident damals an.[18]

Auf Schülerinnen und Schüler kommen in unserer Gesellschaft verschiedene Herausforderungen zu. Sie brauchen Horizonte über die klassischen Lernfächer hinaus, auch solche, die zur Persönlichkeitsbildung beitragen und damit zur Resilienz gegenüber den vielfältigen verstörenden Einflüssen unserer Zeit. Man könnte es auch mit Wilhelm von Humboldt sagen: „Der wahre Zweck des Menschen – nicht der, welchen die wechselnde Neigung, sondern welchen die ewig unveränderliche Vernunft ihm vorschreibt – ist die höchste und proportionierlichste Bildung seiner Kräfte zu einem Ganzen."[19] In vielen Ländern werden im Rahmen der Schulen deshalb musikalische Angebote gemacht. Diese ganzheitliche Bildung muss auch heute noch Ziel der Schulzeit sein. Was also liegt näher, als jedes Kind mit einem Instrument auszustatten? In NRW startete deshalb das Programm „Jedem Kind ein Instrument", kurz „Jeki".

Es sollte in einem ersten Schritt den Kindern ermöglichen, neue Horizonte wahrzunehmen und anzunehmen. Ziel in der Schule war es, „das Zusammenspiel sowie Kreativität, Ausdauer, Wahrnehmungsfähigkeit und Teamgeist zu entwickeln".[20]

Dieses Programm stand ab dem 7. Juni 2010 für 60 000 Kinder im Ruhrgebiet zur Verfügung. Neben den Schulen gab es auch im Rahmen der Kulturhauptstadt Ruhr.2010 weitere Angebote. 2018 waren rund 700 Grundschulen aktiv beteiligt. Im ersten Schuljahr sollten die Klassen Takt, Rhythmus und Noten sowie verschiedene Musikinstrumente kennenlernen. Im zweiten Schuljahr bekamen Kleingruppen ihre Instrumente. Im dritten und vierten Schuljahr übten die Kinder das Zusammenspiel mit vielen unterschiedlichen Instrumenten. Nach einer vierjährigen Aufbauphase im Schuljahr 2010/11 öffnete sich in 42 Kommunen des Ruhrgebiets gemeinsam mit 56 Musikschulen in kommunaler und freier Trägerschaft und 655 Grund- und Förderschulen für 55 000 Kinder über Jeki die Welt der Musik.[21] Leider wurde diese wundervolle Idee und die Chance, mit der Musik den Kindern zu helfen, leichter zu lernen, von der Nachfolgeregierung nicht fortgeführt. Eine Begründung hatte sie nicht – eine große Chance für heute verantwortliche Politiker in NRW und anderen Bundesländern, diese Initiative wieder aufzunehmen.

Humboldts Universität ist tot

Früh war absehbar, dass Wissen in einer Zeit der Umbrüche ein neuer, hochbedeutsamer Produktionsfaktor werden würde. Das muss sich in Struktur und Inhalten des deutschen Bildungswesens wiederfinden. Als ich im März 1997 die „Thesen für den Weg in die Wissensgesellschaft" vorstellte, sprach ich bereits von einer „Zeitenwende": „Die Explosion des Wissens und des technischen Fortschritts, die Globalisierung sind Anzeichen einer Zeitenwende.

Wir stehen am Beginn eines Zeitalters des Wissens[…] Das eröffnet ungeahnte Chancen für eine humane Gesellschaft […] wer glaubt, dass die Wissensgesellschaft nur noch eine exklusive Gemeinschaft hochgezüchteter, theoretisierender Intellektueller sein wird, der irrt […] Es bestehen ungeahnte Chancen für eine humane Gesellschaft, denn erstmalig in der Geschichte besteht die Möglichkeit, alle teilhaben zu lassen."

Der Mensch habe nun die Chance, Entfremdung zu überwinden und voll und ganz im Mittelpunkt der neuen Gesellschaft zu stehen, die durch eine „Wissensinfrastruktur" alle an allem Wissen teilhaben lässt und dieses somit produktiv macht.[22]

Ganz klar: Bildung war die neue soziale Frage des 21. Jahrhunderts. Meine Forderungen waren deshalb eine qualitative Reform des Bildungswesens, die Betonung der Selbstständigkeit als Lernziel, lebenslanges Lernen, Durchlässigkeit des Systems und die Förderung von Urteilsfähigkeit statt ausschließlicher Vermittlung von Spezialwissen.

Am 24. April 1997 fand die Jahresversammlung der Hochschulrektorenkonferenz in Siegen statt. Dort hielt ich als Bundesminister für Bildung, Wissenschaft, Forschung und Technologie ein Grußwort. Ich begann mit einem Zitat von Karl Jaspers aus dem Jahr 1945, als man die Universität Heidelberg unter bewegenden Umständen wiedereröffnete:

„Ein wahrer menschlicher Staat vollzieht mit der Macht zugleich die Selbstbegrenzung der Macht, weil er das Recht verwirklicht […] Er erfüllt sich mit allem Wissen und findet daher in dem geistigen Schaffen der Universität nicht nur sein hellstes Bewußtsein, sondern die Quelle der Erziehung seiner Bürger."[23]

Das ist für jene Politiker, in deren Händen die Kultur- und Wissenschaftspolitik liegt, eine große Aufgabe. Für mich war es der Antrieb, eine Revision der Universitätsstrukturen zu unternehmen, in deren Folge eine Aufstockung der Mittel für die Hochschulen um bis zu 2,5 Milliarden D-Mark, ein neues Hochschulsonderprogramm bis 2000 von 3,6 Milliarden D-Mark und eine Verstetigung der Mittel für die Deutsche Forschungsgemeinschaft erreicht wurde. Zugleich schlug ich vor, das Hochschulrahmengesetz zu novellieren.

Ein weiterer Gedanke von Jaspers war: „Eine sachgemäße Hochschulreform kann […] nur unter realen Bedingungen von Staat und Gesellschaft, aber entscheidend doch nur aus dem Inneren der zeitlosen Idee der Universität erfolgen."[24] Das war ein Zitat aus dem Jahre 1960, also lange vor der Institutionalisierung der „Gruppen", dem Öffnungsbeschluss und der Erfahrung der Massenuniversität.

Meine Antwort lautete: „Heute scheint die ‚zeitlose Idee der Universität' zwar nicht irrelevant, aber unzeitgemäß. Idee und Wirklichkeit haben sich denkbar voneinander entfernt. Humboldts Universität ist tot. Diesen Satz muss man einmal aussprechen und verinnerlichen, um Kopf und Herz zu befreien für die neuen Aufgaben, die sich unserem Bildungssystem stellen."[25]

Denn Humboldt habe eine Hochschulorganisation befördert, die einer „starren und in ihrer Entwicklung determinierten Agrargesellschaft den Übergang zur Dynamik der Industriegesellschaft erleichterte. […] Umgekehrt hat die Industrialisierung und die damit einhergehende Verschwisterung von Wissenschaft und Wirtschaft das humboldtsche Ideal schon im vergangenen Jahrhundert zusehends ausgehöhlt. […] Die ‚Idee der Universität verkam' – wie Habermas es spitz formulierte – ‚zur Ideologie eines Berufsstandes mit hohem sozialen Prestige'. Heute stehen wir vor einer Zeitenwende […]. Wir sind im Begriff, in ein neues gesellschaftliches Entwicklungsstadium einzutreten, ein Stadium, das ich als ‚Wissensgesellschaft' bezeichne."[26]

Die große Hochschulreform

Bevor ich der Hochschulrektorenkonferenz die Grundsätze des geplanten neuen Hochschulrahmengesetzes vorgelegt habe, wollte ich mit allen Beteiligten in Bund und Ländern sprechen. Im Februar 1997 hatte ich deshalb in einer Pressekonferenz ein Grundlagenpapier vorgestellt. Das 26-seitige Reformkonzept mit dem Titel „Hochschulen für das 21. Jahrhundert" definierte die Rolle und den Auftrag unserer Hochschulen. Wichtig war, dass sie eine weitgehende Autonomie in Finanz- und Personalfragen erhielten. Die weitgehenden Rechte der Landesregierungen sollten neu geordnet werden. In NRW sollte die Landesregierung nur für die Rechtsaufsicht, aber nicht mehr für die Fachaufsicht zuständig sein. Die Kontrolle der Entwicklung der Hochschulen sollte ein Hochschulrat übernehmen, der von Außenstehenden gesetzt werden sollte. Auch die Berufung von Professoren sollte der Hochschule übertragen werden. Die Studienabschlüsse sollten neu geordnet werden. Die Regelstudienzeit sollte für den Bachelor-(Bakkalaureus-)Abschluss mit einer Regelstudienzeit von mindestens drei und höchstens vier Jahren erreicht werden, für einen Master (Magister) mindestens ein Jahr und höchstens zwei Jahre (§ 19 HRG).[27]

Da die Hochschulen immer voller wurden und zu Massenuniversitäten verkamen, mussten so schnell wie möglich die aktuellen Probleme mit besseren Lösungen von Bundestag und den Landtagen beraten und beschlossen werden. Die Studienzeiten waren zu lang, die Prüfungen zu kompliziert, die Studienabbrecherquote war mit 25 Prozent zu hoch. Deshalb sollte auch ein „Credit Transfer System" (Anerkennung von Teilstudienleistungen auch im Ausland) eingeführt werden. Die Zahl ausländischer Interessenten, die ein deutsches Hochschulstudium absolvieren wollten, war zu klein. Zentrale Reformmaßnahme sollte die Einführung einer leistungsorientierten Hochschulfinanzierung sein.

Nachdem eine stabile Mehrheit für das neue Hochschulrahmengesetz den Reformen zustimmen wollte, entstand plötzlich eine politisch herbeigeführte Krise. In ihrer Folge bekam das Gesetz nicht die notwendige Mehrheit. Die zuständigen Mitarbeiterinnen und Mitarbeiter im BMBF wollten unbedingt eine Vielzahl von administrativen Regelungen in der 4. Hochschulrechtsrahmen-Novelle verankern. Da die Gesetzgebung Ende 1997 erfolgen sollte, verbot der damalige SPD-Vorsitzende Lafontaine seinen SPD-geführten Landesregierungen, dem Gesetzentwurf zuzustimmen. Die Beamten wollten meinen Vorschlägen, das Gesetz so zu konzipieren und vorzulegen, dass eine nur einfache Mehrheit genügte, nicht folgen. Deshalb habe ich den Mitarbeitern des Bildungs- und Forschungsministeriums verboten, administrative Vorschriften in den neuen Entwurf einzufügen, da ja die Regierung Kohl nicht über eine absolute Mehrheit verfügte. So wurde die Änderung des „Vierten Gesetzes zur Änderung des Hochschulrahmengesetzes" erst am 20. August 1998 beschlossen.

Mit der nationalen Ebene hatten die Bemühungen um eine bildungspolitische Zeitenwende natürlich nicht ihr Bewenden. Denn die Europäische Union war ja nicht nur eine Wirtschaftsgemeinschaft, sondern auch ein gemeinsamer Lebensraum, in dem man hier oder dort seiner Arbeit und seinem Leben nachgehen konnte. Also war es notwendig, die Bildungspolitik einander anzugleichen, um so die gegenseitige Anerkennung von Bildungsabschlüssen zu erleichtern.

Schon in den 1990er-Jahren hatten die Forschungsminister der G8-Staaten vereinbart, sich zweimal jährlich zu treffen, um die neuen Entwicklungen in den Industrieländern zu erörtern. Diese „Carnegie Comission on Science, Technology and Government", „G8 of research" genannte Gruppe führte dazu, dass sich besonders die Forschungsminister Claude Allègre (Frankreich), Luigi Berlinguer (Italien) und Jürgen Rüttgers (Deutschland) häufig trafen, um über die als notwendig erachteten Reformen der Hochschulsysteme zu sprechen.

„Die in diesem Rahmen ermöglichten persönlichen und fachlichen Kontakte waren eine wesentliche Grundlage für die dann von den drei Ministern verfolgte Europäisierungsstrategie. Schließlich spielten europa- und hochschulpolitisch versierte Experten eine Schlüsselrolle für die wechselseitige Information über aktuelle Entwicklungen und Planungen in den Partnerländern. Einflussreich war insbesondere Adrien Schmitt, der, selbst ehemaliger Universitätspräsident, als Vertreter der französischen ‚Universitätspräsidenten-Konferenz' bei der Europäischen Kommission in Brüssel tätig war.“[28]

Als am 24. und 25. Mai 1998 in den Festsälen des Sorbonne-Palastes die 800-Jahr-Feier der Pariser Universität glanzvoll zelebriert wurde, haben Claude Allègre, Luigi Berlinguer und ich vereinbart, im Rahmen einer Konferenz eine gemeinsame Position für die Zukunft der europäischen Hochschulen zu erarbeiten und zu verabschieden.

Im Rahmen des Festaktes hielt in Anwesenheit des französischen Ministerpräsidenten Jospin und fast seines gesamten Kabinetts der europaweit bekannte Historiker Jacques Le Goff die Festansprache. „[A]m nämlichen Tage wurde den drei geladenen europäischen Ministern für Bildung, Forschung bzw. Hochschulen – Jürgen Rüttgers aus Deutschland, Luigi Berlinguer aus Italien und Tessa Blackstone aus Großbritannien – durch jeweils eine andere der innerstädtischen Pariser Universitäten (als den institutionellen Erben der nach 1969 zerschlagenen Sorbonne) die Ehrendoktorwürde verliehen […].“[29]

Am Ende des nach dem Festakt folgenden Kongresses beschlossen die Teilnehmer, eine „Gemeinsame Erklärung über die Harmonisierung der Architektur des Europäischen Hochschulsystems“ abzugeben. Diese sogenannte „Sorbonne-Erklärung – Sorbonne Joint Declaration“ war der Beginn einer gemeinsamen europäischen Hochschulpolitik. Die Charta, über die einige der ältesten Universitäten verfügten, sprach sich dafür aus, dass „Europa nicht nur das Europa des Euro, der Banken und der Wirtschaft ist; es muss auch ein Europa des Wissens sein“.[30]

Ziel der europäischen Länder sollte die Schaffung eines „europäischen Raums für Hochschulbildung" sein. Hindernisse sollten aus dem Weg geräumt werden. Im Studium und Postgraduiertenstudium sollten Studienleistungen (ECTS European Credit Transfer System) und Semester angerechnet werden. Fremdsprachenkenntnisse und neue Informationstechnologien sollten angewandt und Hochschulabschlüsse angerechnet werden (Lissabon-Abkommen).

Diese „Gemeinsame Erklärung über die Harmonisierung der Architektur des europäischen Hochschulsystems" war von großer Bedeutung. In Frankreich formten die Elitehochschulen und Universitäten daraufhin ein vorbildliches System gestufter Studiengänge und -abschlüsse. Die „Licence" sollte nach dreijährigem, eine neugefasste „Maîtrise" nach fünfjährigem und die Promotion nach mindestens achtjährigem Studium möglich sein, nach drei Jahren sollte man einen arbeitsmarktrelevanten Abschluss erwerben können.[31]

Tatkraft war auch in Deutschland nötig. Angesichts des Wachstums der deutschen Universitäten zu „Massenanstalten" mit hohen Studienabbrecherquoten, überlangen Studienzeiten und zunehmenden Ansehensverlusten hatten wir in Deutschland die Novellierung des Hochschulrahmengesetzes unternommen.

In Italien gab es extrem lange Studienzeiten, durch die Abkopplung der Universitäten vom Arbeitsmarkt verlor das italienische System an internationaler Ausstrahlung. Frankreich und Deutschland beschlossen, „maßgeblich mitgeprägt durch Rüttgers und unterstützt durch die deutsch-französische Vermittlungstätigkeit von Adrien Schmitt, ein als ‚angelsächsisch' imaginiertes Modell".[32]

Das war der folgenreiche Wendepunkt aufgrund der Pariser Deklaration. „Die Gemeinsame Erklärung der europäischen Bildungsminister, die 1999 in Bologna beschlossen wurde, [war] dann selbst keine neue Weichenstellung. Sie [bot] gewisse Fortführungen und Präzisierungen, bedeutet aber im Wesentlichen die Übernahme und die ersten entscheidenden Schritte zur ‚Institutionalisierung' und Diffusion des in Paris verabschiedeten Modells. Dieser enge konzeptionelle Zusammenhang [ging] nicht nur aus den allgemeinen Zielsetzungen und den mit der Deklaration propagierten Maßnahmen hervor. Er [ergab] sich vielmehr auch aufgrund der Leitvision von der ‚zunehmenden Harmonisierung der grundlegenden Struktur unserer Studienabschnitte und -abschlüsse‘, mit der sich sowohl die Pariser Erklärung vom Mai 1998 wie dann auch im Folgejahr die Bologna-Deklaration von allen bildungspolitischen Reserven und Subsidiaritätsgrundsätzen der bisherigen europäischen Verträge [...] verabschieden."[33] In Bologna hatten bereits 29 Staaten unterzeichnet. Heute sind es bereits 49 beteiligte Länder.[34]

Die Bologna-Reform war auch für Deutschland ein wichtiger Markstein in der Fortentwicklung der Bildungspolitik. In den 80er-Jahren des vorigen Jahrhunderts begann die CDU, ihre grundlegende Programmatik neu zu definieren und der gesellschaftlichen Wirklichkeit anzupassen. Im Nachdenken über die politischen Begrifflichkeiten nahm die SPD den Begriff „Fortschritt" in Anspruch, die CDU den Begriff „Zukunft". „Fortschritt" und „Zukunft" sind aber immer, und sie sagen nichts über die Qualität der Gegenwart. Ullrich Fichtner hat das so ausgedrückt: „Es ist in dieser Welt nicht ‚alles gut‘. Natürlich nicht. Es wird auch nichts Schlechtes gut, nur weil es früher noch schlechter war, und es ist heute kein Trost für Menschen in Not, dass es künftigen Generationen eines Tages vielleicht besser gehen wird als ihnen."[35]

Statt nur von der „Informationsgesellschaft" zu sprechen, wurde das Wort „Zukunft" für die Modernisierung als Leitbild akzeptiert. Dies war umso wichtiger, als in den 1990er-Jahren auch in den neuen Bundesländern eine nachhaltige Modernisierung notwendig war. Mit den Begriffen „Zukunft", „Wissen" und „ökologische und soziale Marktwirtschaft" wurde so eine neue attraktive Positionsbestimmung möglich.[36]

Wolfgang Schäuble, damals Vorsitzender der CDU/CSU-Bundestagsfraktion, gab im Vorfeld der Bundestagswahl 1994 die Marschrichtung „Zukunft" vor und ließ gleichzeitig die SPD nach dem Zusammenbruch des Sozialismus nach der Wiedervereinigung als ideenlos darstellen: „Kein programmatischer Neubeginn […], rückwärts gewandt, Rezepte von gestern, keine Antworten auf Zukunftsfragen."[37]

Nach der gewonnenen Bundestagswahl wurde auch das Projekt „Wissensgesellschaft" ein Schwerpunkt der neuen Regierung. Die Zusammenlegung des Forschungs- und des Bildungsministeriums sollte dies deutlich machen, es entstand das häufig sogenannte „Zukunftsministerium".

Beim CDU-Bundesparteitag im Oktober 1995 in Karlsruhe bildete eine Diskussion mit dem Titel „Sicher in die Zukunft" einen Schwerpunkt. Zusammen mit dem Präsidenten der Deutschen Forschungsgemeinschaft Prof. Dr. Wolfgang Frühwald befassten sich Politiker und Fachleute aus der Wissenschaft mit der Neugestaltung der deutschen Hochschullandschaft und der Berufsausbildung. Prämisse war: „Das Wachstum der Zukunft ist ein Wachstum des Wissens." Die CDU müsse jetzt aktiv die neuen Realitäten gestalten.

Bundeskanzler Helmut Kohl, der schon im Dezember 1995 den Bericht des Rates für Forschung, Technologie und Innovation veröffentlichte, definierte die Informationsgesellschaft als „Wirtschafts- und Gesellschaftsform, in der die Gewinnung, Speicherung, Verarbeitung, Versendung und Nutzung von Informationen und Wissen […] eine entscheidende Rolle spielen". Der Rat sprach von einer „dritten technologischen Revolution".[38] Weitere Themen waren die Verkürzung der Wertschöpfungskette zwischen Wissenschaft und Wirtschaft, der Abbau rechtlicher Hemmnisse wie ordnungspolitische Regelung von Medienprodukten und -kontrolle – insbesondere im Hinblick auf die Problematik der Rundfunkhoheit der Länder – sowie schließlich die Schaffung eines technologiefreundlichen und medienkompetenten gesamtgesellschaftlichen Klimas im Verbund mit der Bereitschaft zu lebenslangem Lernen. „Als besondere Herausforderungen wurde so ein universeller Informationszugang, informationelle Selbstbestimmung sowie die Verhinderung einer

Zwei-Klassen-Informationsgesellschaft angemahnt."[39] Der CDU war also klar: Bildung und Forschung sind die tragenden Säulen der Informationsgesellschaft.

Das war der Anlass für mich, noch 1997 eine groß angelegte Expertenbefragung mit 1000 Teilnehmern zu beauftragen. Thema: „Potenziale und Dimensionen der Wissensgesellschaft – Auswirkungen auf Bildungsprozesse und Bildungsstrukturen". Und wir sahen: Es vollzog sich ein Wandel weg von der Industriegesellschaft, der der politischen Gestaltung bedurfte in Form einer erneuerten Bildungs- und Wissenschaftspolitik. Zudem war klar, dass der Begriff der „Wissensgesellschaft" ein angemessener Reflexionskatalysator war, der es überhaupt erst ermöglicht, die Gesellschaftsgestaltung zu verhandeln.[40]

1998 wurde alles konzeptionell zusammengefügt, und zwar in einer Tagung des Bundesministeriums für Bildung, Wissenschaft, Forschung und Technologie zur „Zukunft Deutschlands in der Wissensgesellschaft". „Mit der Bezugnahme und Verwerfung des Utopie-Begriffes versuchte Rüttgers sich wohl von sozialdemokratischer und grün-alternativer Rhetorik abzugrenzen, um die geistige Eigenständigkeit seiner bürgerlichen Diagnose zu betonen und konservatives Zukunftsdenken zu legitimieren. [...] Seitens der Presse wurde der Kongress rege rezipiert und einhellig als Plädoyer für eine Stärkung der Bildungspolitik und eine neue bildungspolitische Debatte aufgegriffen, [...] um das Thema ‚Bildung' als Zukunftsthema zu positionieren. So bekam das Politikfeld in der Modernisierungsprogrammatik der Union einen Stellenwert."[41]

Der Fortschrittsgeist muss weiterleben

Andreas Reckwitz fragt: „Und wie kann es weitergehen?" Und er fügt hinzu: „Das Pathos des Fortschrittsbegriffs bröckelt schon seit Längerem. Die Kritik der Intellektuellen am nur scheinbaren Fortschritt, an der Entfremdung, ökologischen Zerstörung, Ausbeutung, ja Barbarei, welche der weltweite Modernisierungsprozess mit sich bringe, ist so alt wie die Moderne selbst. Wer als Intellektueller an einen eindeutigen Fortschritt der Menschheit glaubt, steht unter Naivitätsverdacht. Aber man sollte sich nicht täuschen: Trotz dieser verbreiteten Fortschrittskritik ist der in den Institutionen und Lebenswelten verankerte Fortschrittsimperativ bis in die Gegenwart hinein enorm wirkungsmächtig."[42]

Tatsächlich ist die Lage der Welt nicht angetan, auf eine ruhige, eine bessere, eine friedliche Zukunft zu hoffen. Wir spüren das in Deutschland, in Europa, weltweit. Wir erleben, wie sich Krisen nicht beilegen lassen, wir diagnostizieren das Aufkommen einer neuen Weltordnung und sehen, wie schwer sich Europa und die G7 tun, sich darin zu behaupten. Wir lesen mit Besorgnis, was Achim Steiner, der Administrator des Entwicklungsprogramms der Vereinten Nationen, im Vorwort des letzten „UN-Berichts über die menschliche Entwicklung 2022" schreibt: „Verschiedene Dimensionen von Ungewissheit überlagern sich, interagieren und verunsichern unser Leben in noch nie da gewesener Weise. Menschen waren auch früher schon mit Krankheiten, Kriegen und Umweltkatastrophen konfrontiert. Aber das Zusammentreffen von destabilisierendem planetarischem Druck mit wachsender Ungleichheit, weitreichenden gesellschaftlichen Transformationen, um diesen Druck abzumildern, und einer weitverbreiteten Polarisierung bringt neue, komplexe, interagierende Unsicherheitsfaktoren für die Welt und jeden einzelnen Menschen mit sich."[43]

Das führt zu abnehmendem Optimismus. Andreas Reckwitz stellt fest: „Die Strategie der Resilienz und die des ‚anderen Fortschritts' sind keine strikten Alternativen, sondern lassen sich kombinieren. Dessen ungeachtet wird die Politik der Zukunft offenbar mit der Realität der Verluste umgehen müssen [...]. Wenn der Glaube an den immerwährenden Aufstieg, den immer größer werdenden Überfluss oder die friedliche Weltgesellschaft nicht mehr realistisch erscheint, verursacht dies einen Schmerz, der politisch ernst genommen werden muss."[44]

Aber gerade die schwierige Lage in der Welt erfordert es, den Fortschrittsoptimismus nicht zu verlieren. In vielen Teilen der Welt ist Fortschritt dringend erforderlich: Dort, wo Hunger herrscht, dort, wo nach Kriegen wiederaufgebaut werden muss; dort, wo Krankheiten bekämpft werden müssen; dort, wo die Bildungsungerechtigkeit und der Bildungsnotstand am größten sind.

Der erwähnte „Bericht über die menschliche Entwicklung 2022" liefert dazu ein Beispiel mit Zahlen aus dem Jahr 2021: Die durchschnittliche Schulbesuchsdauer in Deutschland liegt bei 14,1 Jahren. In Äthiopien sind es nur 3,2 Jahre. Oder in zusammengefassten Zahlen: In Ländern mit „sehr hoher menschlicher Entwicklung" (Gruppe 1) liegt die durchschnittliche Schulbesuchsdauer bei 12,3 Jahren, in solchen mit „niedriger menschlicher Entwicklung" (Gruppe 2) bei 4,9 Jahren. Das muss sich auch im Bruttonationaleinkommen pro Kopf niederschlagen: 43.750 Dollar sind es in der ersten Gruppe, 3000 Dollar in der zweiten.[45] Klarer kann man nicht in Zahlen zeigen, was Bildung am Ende ausmacht – und dass sie jeden Euro und jeden Dollar wert ist, den man für sie aufwendet.

6. Die Wiederbelebung der Volksparteien

„Die Demokratie bleibt die Hoffnung für Unterdrückte und Verfolgte in aller Welt. Und für die, die schon länger in ihr leben, ist es der Raum, ganz real und wirkmächtig ihr Bürgersein zu leben und die Möglichkeit zu nutzen, erkannte Fehler zu korrigieren und auch selbst in Frage zu stellen. Es ist dieses Im-Werden-Sein der Demokratie, was sie so unverwechselbar macht. Und es ist ein Element, das Zukunft verheißt. Deshalb verdient dieser Raum der guten Möglichkeiten nach wie vor unser Vertrauen. Die Demokratie bleibt ein Ort, um den es sich zu kämpfen lohnt."

(Bundespräsident a. D. Joachim Gauck)[1]

Wie alles begann

Vor rund 200 Jahren begann die Zeit der politischen Parteien. Die Bürger wollten über ihr Schicksal selbst entscheiden. Nicht nur Kaiser, Könige und Fürsten sollten die politische Macht haben. Vor allem die bürgerlichen Eliten kämpften für die Einheit Deutschlands und die Entscheidungsfreiheit seiner Bürger. Überall im westlichen Europa wurden politische Vereinigungen gegründet, die für demokratische Verfassungen und freie Wahlen eintraten. „Zu der neuen Aufspaltung der Nation in Parteien kam die alte, die Existenz der

Teilstaaten", die sich als „viel lebenskräftiger, als man im Moment glaubte", erwies.[2]

Arbeitervereine setzten sich für bessere Arbeitsverhältnisse in den neu entstandenen Fabriken ein und für menschenwürdige Wohnungen. Daraus entstand 1863 die Sozialdemokratische Partei. Als sie sich 1875 mit dem Allgemeinen Deutschen Arbeiterverein zusammenschloss, hieß es im gemeinsamen „Gothaer Programm", man kämpfe für „den freien Staat und die sozialistische Gesellschaft, [...] [die] Abschaffung des Systems der Lohnarbeit, die Aufhebung der Ausbeutung in jeder Gestalt, die Beseitigung aller sozialen und politischen Ungleichheit".[3] Der Erste Weltkrieg beendete die innerpolitischen Debatten und Reformen. Kaiser Wilhelm II. erklärte: „Ich kenne keine Parteien mehr, ich kenne nur noch Deutsche."[4]

Nach der Niederlage des Deutschen Reiches und der Revolution der Arbeiter- und Soldatenräte rief der Sozialdemokrat Philipp Scheidemann von den Fenstern des Reichstages in Berlin die „Deutsche Republik" aus.[5] Die erste deutsche Demokratie auf der Grundlage der Verfassung von Weimar wurde gegründet.[6] Der Kaiser dankte ab und ging ins Exil. Ein frei gewähltes Parlament, ein Rechtsstaat, Gewaltenteilung, eine dem Parlament verantwortliche Regierung, ein vom Volk gewähltes Staatsoberhaupt und demokratische Parteien waren die Grundlage der neuen Demokratie.[7]

Im Reichstag gab es demokratische Parteien, konservative und sozialdemokratische, liberale und katholische, aber auch kommunistische und nationalsozialistische.[8] Doch der Traum von einer Demokratie, in der alle Bürger in Frieden und Freiheit leben könnten, zerrann in den Straßenkämpfen von Faschisten und Kommunisten.[9] Adolf Hitler und die Nationalsozialistische Partei (NSDAP) übernahmen mithilfe des Reichspräsidenten Paul von Hindenburg die Macht. Hitler vereinigte alle Macht in seiner Hand. Das war das Ende der Demokratie. Die demokratischen Parteien wurden aufgelöst, politische Gegner eingesperrt, gefoltert und ermordet. Die jüdischen Mitbürger wurden entrechtet, enteignet, vertrieben, gequält, in den Konzentrationslagern vergast, erschossen. Insgesamt wurden 6 Millionen Juden in ganz Europa getötet, das größte Menschheitsverbrechen der Geschichte.

Am 1. September 1939 überfiel das nationalsozialistische Deutschland seinen polnischen Nachbarn. Der Zweite Weltkrieg hatte begonnen, der über 60 Millionen Menschen das Leben kostete.[10]

Am 8. Mai 1945 musste das Dritte Reich kapitulieren. Die alliierten Streitkräfte übernahmen die Macht. „So total wie der Krieg war die Niederlage [...] Bedingungslose Kapitulation der Wehrmacht, Entwaffnung und Gefangennahme aller Soldaten in deutschen Uniformen, Aufteilung in Besatzungszonen"[11] – es sollte keine „Dolchstoßlegende" mehr geben, nach der an der deutschen Niederlage im Ersten Weltkrieg Demokraten und Sozialisten schuld gewesen seien und nicht das Militär und die monarchische Führung des Deutschen Kaiserreichs.

1945: der Neuanfang

Deutschland lag am Boden, moralisch, militärisch, wirtschaftlich und politisch. Der britische Historiker Keith Lowe beschreibt die Lage in Europa so: „Versuchen Sie sich eine Welt vorzustellen, in der es keine Institutionen gibt. [...] Es gibt keine Schulen und Universitäten, keine Bibliotheken und Archive mehr. Die Menschen haben keinerlei Zugang mehr zu Informationen. [...] Es gibt keine Banken mehr, was jedoch keine Rolle spielt, da das Geld ohnehin wertlos ist. Es gibt keine Läden, denn niemand hat irgendetwas zu verkaufen. Es wird nichts mehr produziert. [...] Es gibt keine Nahrung. Recht und Ordnung existieren praktisch nicht mehr, denn es gibt weder Sicherheitskräfte noch ein Justizsystem. In einigen Gebieten scheinen die Menschen nicht mehr zu wissen, was Recht und was Unrecht ist. [...] Die Menschen haben jedes Schamgefühl verloren und kümmern sich nicht mehr um moralische Normen. Es zählt nur das nackte Überleben.“[12]

Nur wenige Menschen begannen unmittelbar nach der Befreiung von der Nazi-Terrorherrschaft mit dem Wiederaufbau eines neuen demokratischen Staates. Diese trafen sich in Köln, Berlin, Düsseldorf, Frankfurt und anderswo. Mit großem Mut und tiefer Überzeugung wollten sie einen Neuanfang wagen. Viele von ihnen kamen aus den Gefängnissen der Gestapo und den Konzentrationslagern der SS. „Es musste alles neu gemacht werden“, so beschrieb Konrad Adenauer, der frühere Oberbürgermeister von Köln, die Aufgabe, die sich jetzt stellte.[13] Die erste große Aufgabe für ihn war die Gründung einer neuen Partei, der späteren Christlich Demokratischen Union (CDU). Andere wollten die alten Parteien der Weimarer Zeit wiedergründen. Adenauer wollte etwas Neues.

In der SPD, der ältesten deutschen Partei, versuchten die Überlebenden, ihre Partei wiederaufzubauen. Sie knüpften „dort an, wo sie im Januar 1933 aufgehört hatte[n]. Die alten sozialdemokratischen Kassierer klopften nur wenige Tage nach Kriegsende wieder an die Türen der alten Parteifreunde, sammelten ihre Beiträge ein und drückten einen Stempel in die blassroten Parteibücher, in denen sich noch der Text des Heidelberger Programms von 1925 fand. Es war, als wäre die Zeit stehengeblieben. Die Sozialdemokraten holten ihre roten Fahnen aus den Verstecken, trafen sich in ihren gewohnten Ortsvereinen mit den alten Genossen und sangen die vertrauten, alten Lieder. Und wie früher ging es zuallererst um die Organisation. Ein neues Kapitel der Demokratie in Deutschland begann.“[14]

Auch Liberale wollten an ihre alten demokratischen Wurzeln anschließen mit dem Ziel, die Trennung von linksliberalem Fortschritt und Nationalliberalismus zu überwinden, an ihrer Spitze Theodor Heuss.[15] Denn Liberalismus, davon waren sie überzeugt, berücksichtigt wesentliche „Aspekte der menschlichen Natur [...]:

den Drang nach persönlicher Autonomie, Anerkennung, nach Gedanken- und Gewissensfreiheit".[16]

Der heiße Krieg war zwar zu Ende, aber der Frieden blieb aus. In einer Rede in der Universität Zürich am 19. September 1946 beschrieb der frühere britische Premierminister und damalige Oppositionsführer Sir Winston Churchill seine Sicht des zerstörten Europas: „Und welches ist der Zustand, in den Europa gebracht worden ist? Zuvor haben sich einige der kleineren Staaten gut erholt, aber in weiten Gebieten starren ungeheure Massen zitternder menschlicher Wesen gequält, hungrig, abgehärmt und verzweifelt auf die Ruinen ihrer Städte und Behausungen und suchen den düsteren Horizont angestrengt nach dem Auftauchen einer neuen Gefahr, einer neuen Tyrannei oder eines neuen Schreckens ab. Unter den Siegern herrscht ein babylonisches Stimmengewirr; unter den Besiegten das trotzige Schweigen der Verzweiflung."[17]

Fast nirgendwo in Europa gab es intakte Schulen; fast nirgendwo existierten funktionierende Infrastrukturen, arbeitende Bibliotheken, verlässliche Verwaltungen, lehrende Universitäten. Es gab wenig zu kaufen. Die Fabriken waren geschlossen. Der Schwarzhandel und die Schwarzarbeit blühten. Marodierende Soldaten und Zwangsarbeiter durchsuchten alles, um satt zu werden. „Moralvorstellungen und Eigentumsbegriffe hatten sich gründlich gewandelt; gewöhnlich lautete das Gebot der Stunde jetzt: Überleben."[18] So erging es 1946 Millionen Europäern.

Die Menschen, die einen Neuanfang wagten, kamen aus der Kriegsgefangenschaft, den Konzentrationslagern und Gefängnissen. Sie wollten das Land wiederaufbauen. Sie begannen überall in Deutschland, Parteien neu- oder wiederzugründen. Weil große Teile der politischen Eliten Teil des NS-Regimes gewesen waren und deshalb die notwendige Genehmigung für die Übernahme eines politischen Amtes durch die alliierten Siegermächte nicht bekamen, mussten die alten „Weimarianer", die unbelastet die NS-Diktatur überlebt hatten, den Neuanfang organisieren. „Es gab sehr wenige tüchtige Leute, die politische Erfahrung hatten oder eine Verwaltung leiten konnten. Die beiden Kriege hatten sehr große Lücken gerissen und Nachwuchs ist infolge des verheerenden Einflusses der NSDAP nicht da", schrieb Konrad Adenauer.[19] Er stellte sich trotzdem der Herausforderung des Wiederaufbaus. „Er hat eben das Grauen der totalitären Diktatur einschneidender erfahren als die Gräuel des Krieges."[20] Er wisse aber auch, dass er nur durch Glück und die Hilfe seiner Familie dem Tode entgangen sei, und er wusste auch, dass er deshalb jetzt auf der „weißen Liste" der Amerikaner für Köln stehe, auf der „jene Deutsche verzeichnet sind, die sich als Gegner Hitlers einen Namen gemacht haben und für leitende Verwaltungspositionen in Frage kommen".[21] Nur kurze Zeit wurde er wieder Oberbürgermeister seiner Heimatstadt Köln.

Schon am 6. Oktober 1945 entlässt ihn der britische General Barraclough aus seinem Amt, weil er nach seiner Ansicht seine „Pflicht gegenüber der Bevölkerung Kölns nicht erfüllt" habe.[22] Drei Monate später wird das damit ausgesprochene Verbot politischer Betätigung wieder aufgehoben. Konrad Adenauer wird am 22./23. Januar 1946 auf der ersten Zonenausschusstagung zum vorläufigen Vorsitzenden der CDU in der britischen Zone gewählt, am 5. Februar zum Vorsitzenden der rheinischen CDU, am 1. März 1946 zum Vorsitzenden der CDU in der britischen Zone, weitere Ämter folgen. Er wird unter anderem Vorsitzender der CDU-Fraktion im Landtag von Nordrhein-Westfalen und damit einer der einflussreichsten Politiker in den westlichen Besatzungszonen. Eine Blitzkarriere. Adenauer geht es dabei nicht um Ämterhäufung. Er will nicht das alte Deutschland wiederaufbauen. Er will ein neues demokratisches Deutschland in einem vereinten Europa. Er will also eine bürgerliche Revolution.

Während CDU und CSU erst in der Nachkriegszeit gegründet wurden, konnte die SPD auf eine fast 100-jährige Geschichte zurückblicken. Immer wieder hatte sie sich in ihrem Kampf für „Freiheit, Gleichheit und Brüderlichkeit" gegen Staat und Gesellschaft und für die Arbeiterklasse eingesetzt. Immer wieder wurde sie verfolgt, im Bismarck-Reich genauso wie in der NS-Zeit. Sie galt als Partei der Vaterlandsverräter. Sie musste sich mit Spaltungen und Flügelkämpfen auseinandersetzen. „Die Sozialdemokraten waren lange Zeit nicht nur einfach eine Partei, sondern auch – und zunächst sogar vielmehr – eine soziale Bewegung."[23] Auch in den Zeiten der Verfolgung, in denen 600 Mitglieder im Untergrund kämpften oder im Exil lebten, war die Verankerung der Partei in der Arbeiterklasse ihre Stärke. Die Spannungen „zwischen Milieu und Traditionalismus" führten immer wieder dazu, dass es der SPD nach der Nazi-Diktatur schwerfiel, „alte Formeln zu überdenken, neue Entwicklungen aufzugreifen, vom Rand in das Zentrum der Gesellschaft vorzudringen […] Aber nach wenigen Monaten stand der Apparat; die Parteistrukturen waren wiederhergestellt und die Mitglieder akkurat erfasst: 700 000 Genossen zählte die SPD im Westen Deutschlands. Ende 1946 in ihren Reihen immerhin fast ein Fünftel mehr als auf demselben Gebiet gegen Ende der Weimarer Republik."[24]

Wenn es auch kein völliger Neuanfang war, so verfügte die Nachkriegs-SPD in der Person ihres Vorsitzenden Kurt Schumacher doch über einen beeindruckenden Gründungsmythos. Ihn zeichnete es aus, dass er gegen Adolf Hitler und die Nazis erbitterten politischen Widerstand geleistet hatte. 1932 brandmarkte er im Reichstag die nationalsozialistische Agitation als „dauernden Appell an den inneren Schweinehund im Menschen" und warf ihr „die restlose Mobilisierung der menschlichen Dummheit" vor. Im Juli 1933 wurde er verhaftet und musste zwölf Jahre im KZ leben. Er war am Ende ein schwerkranker Mann.[25]

Aus dieser Leidenserfahrung leitete er nach dem Krieg für sich und seine Partei einen moralischen Führungsanspruch ab. „Viele Menschen faszinierte er, ebenso viele schreckte er aber durch seine aggressive Rhetorik und sein oft autoritäres Auftreten ab."[26] Schumacher war „kein dogmatischer Marxist, kein politischer Fatalist oder orthodoxer Organisationsfetischist". Er wollte die Macht. „Aber es musste schon die ganze Macht sein."[27] Schumacher hatte jedoch keinen Blick für die neuen Verhältnisse. Von der Idee eines neutralen vereinten Deutschlands wollte er nicht abrücken. „Er war ein erbitterter Gegner der Westorientierung. Für die Sozialdemokraten war die Wiederherstellung eines unabhängigen, neutralen, vereinten Deutschlands das oberste Ziel", schreibt Tony Judt.[28]

Dem stellte Adenauer eine Politik der Westintegration und des vereinten Europas entgegen. Adenauer wollte die „neue Bundesrepublik als Gegenentwurf zum nationalsozialistischen Unrechtsstaat aufbauen. Er wollte eine Demokratie nach westlichem Muster und sah Deutschland als Teil der westlichen Völker- und Wertegemeinschaft." Er war Verfolgter des NS-Unrechtsregimes und strebte die soziale Integration NS-belasteter Bevölkerungsteile in einer – an westlichen Maßstäben gemessen – relativ liberalen und zivilen Gesellschaft an. Adenauers Politik der Integration und des gleichzeitigen Aufbaus von demokratischen Strukturen war erfolgreich, „während Schumacher und die SPD sich immer stärker in eine Minderheitenposition verrannten".[29]

Die dritte politische Strömung kam aus der Weimarer Republik, gegründet im 19. Jahrhundert, vertreten durch die eher linksliberale Deutsche Demokratische Partei (DDP) und die nationalliberale Deutsche Volkspartei. Eine vergleichbare Konstellation gab es auch in der jungen Bundesrepublik. Die liberale Partei gab sich den Namen Freie Demokratische Partei (FDP). Sie erreichte bei der ersten Bundestagswahl rund zwölf Prozent. Die FDP vertrat damals mehrheitlich eine nationalliberale Politik. Theodor Heuss wurde ihr erster Vorsitzender.

Insgesamt gab es im ersten Deutschen Bundestag am 14. August 1949 zehn Parteien und drei parteilose Abgeordnete. Die SPD war überraschenderweise nur zweitstärkste Kraft geworden. Adenauer, der von Anfang an gegen eine Große Koalition war, konnte mit der FDP und der Deutschen Partei (DP) eine bürgerliche Koalition bilden. Seine Strategie, mit einem klaren Kontrastprogramm in die Bundestagswahl zu gehen und die Bürger damit implizit über die Frage „Planwirtschaft oder soziale Marktwirtschaft" abstimmen zu lassen, war erfolgreich gewesen.

Die Mehrheit der bürgerlichen Koalition im ersten Deutschen Bundestag konnte sich auf 208 von 402 Stimmen stützen. Adenauer wurde am 15. September 1949, drei Tage nach der als Voraussetzung vereinbarten Wahl des (evangelischen und deshalb damals umstrittenen) FDP-Politikers Theodor Heuss zum Bundespräsidenten, mit einer Stimme Mehrheit zum Bundeskanzler gewählt.

Adenauer, der Heuss als Kandidat der Koalition von CDU/CSU und FDP unterstützt hatte, war mit dem Ergebnis zufrieden. Seine Grundüberzeugung, dass „Demokratie als Lebensform" verstanden werden müsste, war etwas, das die neue Bundesrepublik jetzt brauchte.[30] Die liberale Demokratie in Deutschland hatte sich als offen und reformfähig erwiesen. Und sie blieb es. Die neue deutsche Demokratie bewährte sich – bis heute.

Und der sozialistische Flügel einer beinahe jeden Parteienlandschaft? Im August 1956 hatte das Bundesverfassungsgericht die Kommunistische Partei Deutschlands (KPD) als verfassungswidrig verboten. Es dauerte deshalb bis zur Wiedervereinigung Deutschlands, dass auf der Basis der kommunistischen Sozialistischen Einheitspartei Deutschlands (SED) eine neue Partei des demokratischen Sozialismus (PDS) mit dem Vorsitzenden Gregor Gysi entstehen konnte. Damit war die schon in der Weimarer Republik vorhandene Spaltung zwischen der sozialdemokratischen und der kommunistischen Partei neu aufgebrochen.

Die sozialliberale Koalition

Als am 21. Oktober 1969 der SPD-Vorsitzende Willy Brandt von einer knappen sozialliberalen Mehrheit im Bundestag zum Bundeskanzler der Bundesrepublik Deutschland gewählt wurde, begann ein neuer politischer Abschnitt in der Geschichte der Bundesrepublik. Obwohl die Union aus CDU/CSU mit 46,2 Prozent am 28. September 1969 die stärkste Fraktion stellte, verfügten SPD und FDP erstmals gemeinsam über eine Mehrheit. Noch in der Wahlnacht verabredeten Brandt und der FDP-Vorsitzende Walter Scheel die Ablösung der Großen Koalition und damit einen Machtwechsel, obwohl die FDP mit 5,8 Prozent das auf lange Zeit schlechteste Bundestagswahlergebnis ihrer Geschichte erzielt hatte.

Am Abend der Wahl glaubten viele Anhänger von Willy Brandt nicht an einen Wahlsieg. Willy Brandt hatte aber schon mit der FDP Absprachen getroffen. Bei seiner Wahl zum Bundeskanzler erhielt Willy Brandt nur zwei Stimmen über der absoluten Mehrheit. Trotzdem hatte die neue Regierung Großes geplant. Bundeskanzler Willy Brandt wollte ein Kanzler der „inneren Reformen" sein. Sein Motto war: „Mehr Demokratie wagen."

„Das war nicht nur die Antithese zu Ludwig Erhards ‚formierter Gesellschaft', sondern auch ein Weckruf an die Protestgeneration", schreibt Christian Staas; „[Es war] die Idee eines ‚empowerment', das im Gegenzug zu den gängigen Lösungsformeln: Kommunikation, miteinander reden, Streit, Transparenz [auch] ‚Mitverantwortung' verlangt."[31]

Besondere Aufmerksamkeit fand allerdings das an die DDR gerichtete Angebot, eine neue Ostpolitik zu vereinbaren. Eine völkerrechtliche Anerkennung der DDR durch die Bundesregierung kam nicht in Betracht. Auch wenn zwei Staaten in Deutschland existieren, „sind sie doch füreinander nicht Ausland; ihre Beziehungen können nur von besonderer Art sein. [...] In Richtung der ‚sozialistischen Staaten' ganz allgemein, aber unter ausdrücklicher Einbeziehung der DDR sprach sich Brandt für Abkommen über Gewaltverzicht, einen Abbau der militärischen Konfrontation und eine Konferenz über europäische Sicherheit aus."[32]

Im November 1969 unterzeichnete die neue sozialliberale Bundesregierung den Atomwaffensperrvertrag, obwohl auch die DDR diesen Vertrag unterschrieben hatte. Es folgten die Verträge mit der Sowjetunion (August 1970) und mit Polen (Dezember 1970), die eine Gewaltverzichtserklärung und eine Erklärung über die Unverletzlichkeit der Grenzen enthielten. Mit Unverletzlichkeit der Grenzen war nicht die Unveränderlichkeit der Grenzen gemeint, was wegen der Anerkennung der Oder-Neiße-Grenze in Polen und bei den Vertriebenen in Deutschland von besonderer Bedeutung war. Im Dezember 1972 folgte ein Grundlagenvertrag mit der DDR, in dem u. a. „Ständige Vertretungen" in Bonn und Ostberlin vereinbart wurden. Die Siegermächte wollten nach Verhandlungen in den Jahren 1970/71 ein Vier-Mächte-Abkommen über Berlin, das nach der Ratifizierung des Grundlagenvertrages und der Ostverträge im Bundestag und im Bundesrat anerkannt werden sollte.

Die USA, Großbritannien und Frankreich behielten sich vor, ein Veto einzulegen. Ohne sowjetisches Entgegenkommen im Hinblick auf Westberlin gab es keine Anerkennung der polnischen Westgrenze.[33] Der damalige amerikanische Außenminister Henry Kissinger kommentierte die neue Ostpolitik der Regierung Brandt so: Eine „frei schwimmende europäische Außenpolitik" sei für die USA unannehmbar.[34] Die drei Westmächte gaben sowohl beim Moskauer wie beim Warschauer Vertrag „Erklärungen und Noten" zu Protokoll, wonach die Verträge keine „endgültigen friedensvertraglichen Regelungen" beinhalteten.[35]

Die Ostpolitik der Regierung Brandt war also von Anfang an hoch umstritten. Die eh schon knappe Mehrheit der sozialliberalen Koalition wurde durch den Übertritt von Abgeordneten aus der SPD- und FDP-Koalition kleiner. Die Folge war der Versuch, über ein konstruktives Misstrauensvotum die Wahl des Vorsitzenden der CDU/CSU-Fraktion Dr. Rainer Barzel zum Bundeskanzler zu ermöglichen. Die Wahl scheiterte jedoch, weil auch einige Unionsabgeordnete – offensichtlich von der DDR-Staatssicherheit bestochen – gegen Barzel stimmten. Barzel gelang es auch nicht, die CDU/CSU-Fraktion zu einer Zustimmung zu den Ostverträgen zu veranlassen. Auf Druck des CSU-Vorsitzenden Franz-Josef Strauß war nur eine Enthaltung möglich. Die Folge war eine Zustimmung des Deutschen Bundestages zu den Ostverträgen.

Die bayerische Staatsregierung beantragte, das Bundesverfassungsgericht möge die Vereinbarkeit des Vertrages mit dem Grundgesetz prüfen und eine einstweilige Anordnung erlassen, um eine Unterschrift des Bundespräsidenten zu verhindern. In seinem endgültigen Urteil erklärte das Bundesverfassungsgericht am 31. Juli 1973 den Grundlagenvertrag für mit dem Grundgesetz vereinbar. Alle Verfassungsorgane wurden verpflichtet, am Ziel der staatlichen Einheit festzuhalten und alles zu unterlassen, was die Wiedervereinigung vereiteln würde.[36] Dieses Urteil war die rechtliche Grundlage der späteren Wiedervereinigung Deutschlands und Europas 1989/90 im Rahmen der deutschen und europäischen Freiheitsrevolution.[37]

Neue Parteienformationen

CDU/CSU waren mit der Formierung der sozialliberalen Koalition zum ersten Mal in der Geschichte der Bundesrepublik in der Opposition. 1971 auf dem Parteitag in Saarbrücken kam es zu einer Kampfkandidatur zwischen Rainer Barzel, dem Fraktionsvorsitzenden, und dem rheinland-pfälzischen Ministerpräsidenten Helmut Kohl, der als Parteireformer galt. Barzel gewann. Nach einem gescheiterten Misstrauensvotum von Barzel gegen Willy Brandt im Kontext der Debatte über die Ostverträge der sozialliberalen Koalition wurde Helmut Kohl dann 1973 zum CDU-Parteivorsitzenden gewählt. Damit war auch die Frage der Kanzlerkandidatur für die Bundestagswahl im Jahre 1976 indirekt entschieden.[38]

In den 1970er-Jahren nutzte die CDU die Oppositionszeit, sich inhaltlich und organisatorisch zu erneuern. Die Zahl der Mitglie-

der stieg kontinuierlich. 1976 wurde die Marke von 600 000 Mitgliedern erreicht.[39] Viele Landtags- und Kommunalwahlen wurden
gewonnen. Helmut Kohl erzielte mit 48,6 Prozent bei der Bundestagswahl 1976 ein hervorragendes Ergebnis, zu einer Regierungsübernahme reichte es dennoch nicht – SPD und FDP verfügten
zusammen über eine Mehrheit von acht Stimmen und konnten ihre
Regierung fortsetzen. Bei der Bundestagswahl 1980 mit dem pola-
risierenden Kanzlerkandidaten Franz-Josef Strauß verlor die Union
dann 4,1 Prozent der Stimmen. Maßgeblich dafür war der perma-
nente Streit zwischen den Schwesterparteien.

Auch die 1983 neu in den Bundestag eingezogene Partei Bündnis 90/Die Grünen zeigte, dass die immer stabilen Koalitionsregierungen von Union bzw. SPD mit der FDP nicht alternativlos waren. Es gelang ihnen in Zukunft immer wieder, zusammen
mit der SPD auf Landesebene rot-grüne Koalitionsbündnisse zu
schließen. Das aber forderte (und fordert) den Grünen pragmati-
sche Kompromisse ab, mit denen sie sich von ihren dogmatischen
Wurzeln entfernten.

Das waren anfangs eine linke Wirtschaftspolitik sowie eine strikt
ökologische Politik, mit der sich die Grünen als Teil der Umweltbe-
wegung verstanden. Ebenso war die Friedensbewegung eine weitere
programmatische Säule. Stolz waren die Grünen auch auf ihre ba-
sisdemokratischen Ansätze, mit denen sie sich von den etablierten
Parteien unterschieden. Außenpolitisch lehnten sie damals noch
eine Beteiligung der Bundeswehr an Einsätzen im Ausland strikt ab.

Auf der Suche nach der Zukunft der Volksparteien

Je mehr Parteien in den Deutschen Bundestag einzogen, umso größer und instabiler wurde das politische System der Bundesrepublik
Deutschland. In den 1970er-Jahren bestand das Parteienspektrum
im Bundestag und vielen Landtagen aus der CDU/CSU, der SPD

und der FDP. Bei vier Bundestagswahlen gab es zwischen 1972 und 1983 eine Wahlbeteiligung von 90 Prozent. Die Union und die SPD waren Volksparteien, die breite Schichten der Bürgerinnen und Bürger für sich gewinnen konnten. In den 1970er-Jahren konnte Helmut Kohl aus dem häufig so verspotteten „Kanzlerwahlverein" CDU eine Volkspartei mit 700 000 Mitgliedern und einer modernen Organisation formen. Auch die SPD, die sich nach dem Godesberger Parteitag im Jahre 1959 von der Klassen- zur linken Volkspartei wandelte, konnte in den 1970er-Jahren auf über 1 Million Mitglieder zählen.

Seit den 1980er-Jahren bis heute betreibt die CDU trotz aller Debatten und programmatischen Auseinandersetzungen eine Politik, die den Leitgedanken eines christlichen Menschenbildes folgt: Personalität, Subsidiarität, Pluralität und Mediation. Die soziale Marktwirtschaft ist ihr ordnungspolitisches Modell, sie will eine Volkspartei der Mitte und des Ausgleichs sein. Die CDU, so fasst der frühere Bundestagspräsident Norbert Lammert zusammen, „hat sich in ihrer Funktion als Volkspartei in der Vergangenheit als Stabilitätsanker der Bundesrepublik erwiesen und zu breiter Zustimmung der Wählerschaft zur parlamentarischen Demokratie des Grundgesetzes maßgeblich beigetragen".[40]

Wenn es einen Politiker in Deutschland gab, der das Wort und das Bild einer Volkspartei verkörperte, war dies Helmut Kohl. Er kannte seine Partei und ihre Mitglieder. Aus der CDU machte er eine Programm- und Mitgliederpartei. Als Ministerpräsident von Rheinland-Pfalz hatte er gezeigt, wie man Reformen entwickeln, mehrheitsfähig werden und sie verwirklichen kann. Er ersetzte die Konfessionsschulen durch christliche Gemeinschaftsschulen. Er verdoppelte die Abiturientenzahlen. Jedes Kind sollte die Chance bekommen zu studieren. Auch in ländlichen Gemeinden wurden Kindergärten gegründet, damit Frauen ihren Beruf und ihre Familie vereinbaren konnten. In Rheinland-Pfalz wurde das erste Umweltschutzgesetz vom Landtag verabschiedet.[41]

Kohls Führungsmannschaft war überall in Deutschland bekannt: Heiner Geißler, Bernhard Vogel, Roman Herzog, Norbert Blüm, Hanna-Renate Laurien, Kurt Biedenkopf, Richard von Weizsäcker u. a. m. Unter seinem Vorsitz wurde das 1. Grundsatzprogramm der CDU mit dem Titel: „Freiheit, Gerechtigkeit und Solidarität" geschrieben, das trotz mancher Nachfolgeprogramme Wirkung bis heute hat.[42]

Helmut Kohl, der sowohl ein ausgeprägtes Machtbewusstsein, aber auch Ausdauer hatte, gelang es nicht nur, die Auseinandersetzungen mit der CSU und hier vor allem mit Franz-Josef Strauß und seinem eruptiven Verhalten zu konterkarieren. Er hatte auch ein Gespür für historische Zäsuren und wusste, daraus politisches Kapital zu schlagen. Als Helmut Schmidt den NATO-Doppelbeschluss durchsetzen wollte, seine SPD-Fraktion ihm darin aber nicht folgte und auch nicht bei notwendigen Reformen angesichts der schlechten Wirtschaftslage, sah Kohl die Chance zum Machtwechsel.

Zudem las er ein *Stern*-Interview, in dem Oskar Lafontaine sich von seinem Parteifreund Schmidt genervt zeigte: Der rede „weiter von Pflichtgefühl, Berechenbarkeit, Machbarkeit, Standhaftigkeit", aber „das sind Sekundärtugenden. Ganz präzis gesagt: Damit kann man auch ein KZ betreiben." Lafontaine wollte die SPD „regenerieren", und zu dieser Regeneration gehörte auch die klare Absage an den Doppelbeschluss der NATO.

Die Positionen – sowohl mit Teilen seiner SPD als auch mit der FDP – waren unvereinbar. Schmidt wollte die Auflösung des Bundestages. Am 28. September 1982 brachten die Fraktionen von CDU/CSU und FDP den Antrag im Bundestag ein, dem Bundeskanzler das Misstrauen auszusprechen und Helmut Kohl zum Bundeskanzler zu wählen.

Das gelang. Wenige Tage später, am 1. Oktober wurde Kohl mit 256 gegen 235 Stimmen zum Bundeskanzler der Bundesrepublik Deutschland gewählt.[43] Die neue Bundesregierung aus CDU/CSU und FDP hatte dabei klargestellt, dass sie die Ost- und Deutschlandpolitik der Vorgängerregierung fortführen wollte und gleichzeitig den Doppelbeschluss der NATO auf Nachrüstung uneingeschränkt unterstützte.[44] Kohl setzte daher den Nachrüstungsbeschluss durch.

Die neue Bundesregierung hatte eine stabile Mehrheit im Bundestag. Aber sie stand unter massivem öffentlichem Druck. Zum einen nahm ihn die neue Opposition ins Visier, die die Beschlüsse der schwarz-gelben Koalition als unmoralisch anprangerte – standen doch die Demonstranten gegen den NATO-Doppelbeschluss zu Hunderttausenden auf der Bonner Hofgartenwiese und an anderen Plätzen in Deutschland, was Helmut Kohl durchaus beeindruckte. Unter den Demonstranten war damals der heutige Bundeskanzler Olaf Scholz, der 1975 als 17-Jähriger in die SPD eintrat und auch zu einer Stamokap-Gruppe gehörte. „Als Kritiker des staatsmonopolistischen Kapitalismus war er für die ‚Überwindung der kapitalistischen Ökonomie‘, kritisiert die ‚aggressiv-kapitalistische NATO‘ und beschimpft die Bundesrepublik als ‚europäische Hochburg des ‚Großkapitals‘.“[45]

Gleichzeitig nahm die Antiatomkraftbewegung, auch von den Grünen und vielen SPD-Funktionären unterstützt, Fahrt auf, weil die deutsche Wirtschaft u. a. nicht mehr bereit war, Infrastrukturvorhaben wie das Endlager Gorleben und die Wiederaufbereitungsanlage im bayerischen Wackersdorf auf eigene Kosten fertigzustellen. Die Vorgängerregierung hinterließ erhebliche Schulden im Haushalt des Bundes. Die Regierung Kohl musste erhebliche Kürzungen beschließen. Eine Vielzahl von Betroffenen protestierte. Helmut Kohl konnte sich trotzdem durchsetzen und selbst angesichts dieser Kürzungen noch im Jahr 1983 den Kredit über fünf Milliarden an die marode DDR durchsetzen. Helmut Kohl hat das in seinen Erinnerungen eindrücklich geschildert.[46]

Grundlage der neuen Koalition war, dass die neue Regierung kurzfristig durch eine für 1983 angesetzte Bundestagswahl nach Auflösung und Neuwahl eine unmittelbare Legitimation durch die Wählerinnen und Wähler erhalten sollte.[47] Die Unionsparteien gingen mit 48,8 Prozent (plus 4,2 Prozent) aus der Wahl als Sieger hervor. Die SPD bekam 38,2 Prozent (minus 4,7 Prozent). Die FDP verlor 3,6 Prozentpunkte und erhielt 7 Prozent.

Europa und die deutsche Einheit

Auch die Europapolitik stand unter Beschuss. In den 1970er-Jahren verfiel sie in einen Zustand der politischen Lähmung. Obwohl gerade in der Bundesrepublik durch die Ostpolitik Willy Brandts Fortschritte zur Überwindung des Kalten Krieges erreicht wurden und mit der Schlussakte der Konferenz über Sicherheit und Zusammenarbeit in Europa (KSZE) am 1. August 1975 neue Möglichkeiten für die Bürger- und Menschenrechte in ganz Europa entstanden, fanden die Mitgliedstaaten der Europäischen Gemeinschaft keinen Weg zur Verwirklichung der schon 1972 beschlossenen politischen Union, die als Wirtschafts- und Währungsunion eine stärkere Integration haben sollte.[48] Je mehr die Westeuropäer und US-Amerikaner von der Entwicklung enttäuscht waren, begann im Osten des Kontinents ein Prozess der Auflösung der kommunistischen Systeme. Anfang der 1980er-Jahre machte dabei im Westen das Wort von der „Eurosklerose" die Runde.[49]

Weil es Kohl möglich war, ein persönlich enges Verhältnis zum französischen Präsidenten François Mitterrand aufzubauen, gelang es zusammen mit dem Präsidenten der EU-Kommission Jacques Delors, diese „Eurosklerose" zu überwinden und den deutsch-französischen Motor wieder in Fahrt zu bringen. Für Helmut Kohl war das vereinte Europa eine „Frage von Krieg und Frieden".[50] Weil er sehr persönliche Kontakte mit den Regierungschefs im Europäischen Rat unterhielt, gelang es ihm immer wieder, gemeinsame Lösungen zu finden. Als dann der Warschauer Pakt, das Militärbündnis der sowjetisch beherrschten Armeen, zu erodieren begann, konnte er mithilfe der europäischen Partner die Wiedervereinigung Europas und

Deutschlands verwirklichen. Da auch der amerikanische Präsident George W. Bush mit Helmut Kohl befreundet war, wurde das Unvorstellbare zur Realität. Als die polnische Gewerkschaft Solidarność die kommunistische Partei und mithilfe des polnischen Volkes die Diktatur herausforderte, kollabierte das sowjetische Imperium. Das sozialistische Staats- und Wirtschaftssystem hatte sich endgültig als untauglich erwiesen.[51]

Alle beteiligten Staaten glaubten daran, dass gemeinsam eine neue Weltordnung entstehen könnte. Mit dem „Vertrag über die abschließende Regelung in Bezug auf Deutschland" (Zwei-plus-Vier-Vertrag) schien der Traum von einem friedlichen Europa wahr geworden zu sein.[52] Anfang der 1990er-Jahre definierte Moskau „seine Ziele nicht mehr als territoriale Ansprüche und in Bezug auf die traditionellen Interessen, sondern im Sinne von wirtschaftlicher Integration und politischer Entwicklung. Es verzichtete auf jede regionale Hegemonie, zog seine Truppen aus benachbarten Staaten zurück, strich den Verteidigungshaushalt zusammen, suchte Allianzen mit den europäischen Mächten und den USA und baute insgesamt seine auswärtige Politik auf der Voraussetzung auf, dass seine Interessen identisch mit denen des Westens seien."[53] Mit dem Rücktritt von Michail Gorbatschow am 25. Dezember 1991 „hörte die Sowjetunion auf zu existieren".[54] Durch die Machtübernahme durch den Präsidenten der Russischen Sozialistischen Föderativen Republik, Boris Jelzin, gelang es aber nicht, eine dauerhafte Stabilisierung herbeizuführen.[55]

Jelzin verließ die Sowjetunion „faktisch bereits [...], als er im Juni 1990 die russische Souveränität erklärte und damit seinen ‚russischen Weg' einschlug". Trotzdem gelang ihm kein demokratischer Neuanfang, „18 Monate später kam der ‚Schlusspfiff'".[56]

Trotz aller Schwierigkeiten konnten Bundeskanzler Helmut Kohl und Außenminister Hans-Dietrich Genscher bei der Bundestagswahl 1990 die ersten gesamtdeutschen Wahlen gewinnen und die christlich-demokratisch-liberale Mehrheit fortführen (CDU/CSU:

43,8 Prozent, FDP: 11 Prozent). Die SPD erhielt nur 35,5 Prozent, die Grünen 3,8 Prozent. In den neuen Bundesländern erreichten Bündnis 90/Die Grünen acht Direktmandate, die ostdeutsche PDS erhielt dort 17 Direktmandate. Bundeskanzler Helmut Kohl und Vizekanzler Klaus Kinkel konnten eine neue schwarz-gelbe Koalition bilden.

Generationenwechsel

Mit der Bundestagswahl am 27. September 1998 fand ein politischer Erdrutsch statt. Die Union hatte mit 35,1 Prozent ein desaströses Wahlergebnis erzielt. Die SPD, die 40,9 Prozent erreicht hatte, konnte rechnerisch mit Grünen, Liberalen und Christdemokraten koalieren.[57] Sie entschied sich für die Grünen. Die SPD wollte nach einer 16-jährigen Regierungszeit von Bundeskanzler Helmut Kohl endlich wieder die politische Macht auf Bundesebene übernehmen.

Auch in der Union gab es viele Mitglieder, die einen Wechsel zu Wolfgang Schäuble anstrebten. Bundeskanzler Helmut Kohl meldete dennoch seine Spitzenkandidatur an. Gleichzeitig schlug er vor, dass Wolfgang Schäuble, der Vorsitzende der CDU/CSU-Fraktion, sein Nachfolger werden solle. Diese ungewöhnliche Kandidatur, die der CDU-Vorsitzende nach Abschluss des CDU-Parteitags in Leipzig über die Medien bekanntgab, verärgerte viele CDU-Mitglieder.[58] Der Grund war wohl, dass der Bundeskanzler die Einführung des Euro am 2. Mai 1998 durch den Europäischen Rat sicherstellen wollte, weil es in der deutschen Bevölkerung große Bedenken gegen die Abschaffung der D-Mark gab.

In der SPD kandidierten zwei Schwergewichte. In Niedersachsen hatte der dortige Ministerpräsident Gerhard Schröder bei der Landtagswahl mit einer Kampagne gewonnen, deren Motto war: „Ein Niedersachse muss Kanzler werden." Sein Gegenkandidat war der SPD-Vorsitzende Oskar Lafontaine.

In den Umfragen vor der Bundestagswahl lag Ministerpräsident Schröder weit vor dem Amtsinhaber. Zudem war im Wahlkampf zu sehen, dass es um einen Lagerwahlkampf ging, nämlich Union und FDP gegen Rot-Grün.[59]

Das Wahlergebnis war deutlich. Die SPD gewann 4,5 Prozentpunkte hinzu, das zweite Mal nach 1972. Die Union verlor 6,4 Prozentpunkte und erzielte das schlechteste Ergebnis bei einer Bundestagswahl nach 1949.[60] Die Grünen und die FDP verloren leicht. Die PDS übersprang die Fünfprozenthürde (5,1 Prozent). Gerhard Schröder wurde erstmals Bundeskanzler; Joschka Fischer wurde Außenminister. Da die Wählerschaft, vor allem in Ostdeutschland, einen Wechsel wollte, wurden bei den Koalitionsverhandlungen die ursprünglich von der Vorgängerregierung beschlossenen Reformen in der Wirtschafts- und Sozialpolitik rückgängig gemacht.

Der neue Finanzminister Lafontaine, der auch SPD-Vorsitzender war, wollte eine linke, nachfrageorientierte Wirtschafts- und Finanzpolitik durchsetzen. Bundeskanzler Gerhard Schröder hielt dagegen eine eher neoliberale Wirtschaftpolitik für erfolgreich.

Nach der Bundestagswahl erklärten der CDU-Vorsitzende Helmut Kohl und der CSU-Vorsitzende Theo Waigel ihren Rücktritt. Nachfolger waren Wolfgang Schäuble und der bayerische CSU-Vorsitzende Ministerpräsident Edmund Stoiber. Als Wolfgang Schäuble eine Verwicklung in die Parteispendenaffäre vorgeworfen wurde, gab er sein Parteiamt auf. Die CDU-Generalsekretärin Angela Merkel übernahm den Vorsitz. Erstmals war der Vorsitz der CDU in ostdeutscher und weiblicher Hand.

Im Wahlkampf für die Bundestagswahl 2002 spielten in der rotgrünen Koalition außenpolitische Themen eine große Rolle. Die Grünen mussten erstmals klären, ob Deutschland an einem NATO-Einsatz im Kosovo teilnehmen sollte. Die Mehrheit stimmte dem Vorschlag zu. Die Teilnahme am Irakkrieg lehnte vor allem der fundamentalistische Flügel der Grünen ab, weshalb sich der Bundeskanzler und der Außenminister dieser Haltung zum Erstaunen der USA anschlossen.[61]

Die von der Bundesregierung beauftragten Vorschläge für eine neue Sozialpolitik, die von der Hartz-Kommission erarbeitet wurden, führten zu einem nachhaltigen Streit innerhalb der SPD, den Gewerkschaften sowie bei vielen Betroffenen. Bundeskanzler Schröder konnte laut Umfragen im Wahljahr durch seinen Einsatz in der Flutkatastrophe Punkte machen. Andere Parteien wurden von internen Skandalen eingeholt. CDU und CSU mussten bei der Vorbereitung der Wahlen unterschiedliche Auffassungen klären.

Die CDU-Vorsitzende wollte als Kanzlerkandidatin antreten. Die CSU wollte Edmund Stoiber vorschlagen. Nachdem Angela Merkel merkte, dass sie innerhalb ihrer Partei nur vom Landesverband NRW unter meinem Vorsitz unterstützt wurde, fuhr sie zum Frühstück nach Wolfratshausen, dem Wohnort von Edmund Stoiber, und bot an, ihn zu unterstützen. Bei diesem Termin stimmte der bayerische Ministerpräsident zu, dass Angela Merkel, gleich wie die Wahl ausgehen würde, das Amt der Fraktionsvorsitzenden übernehmen solle. Der im Amt befindliche Fraktionsvorsitzende Friedrich Merz musste sein Amt zur Verfügung stellen.

Am Wahlabend sah es bei der Bekanntgabe der ersten Hochrechnungen so aus, dass die Regierung von Union und CSU gestellt würde. Kurze Zeit später änderten sich die Hochrechnungen und die Wahlergebnisse. Es stellte sich heraus, dass die Wahl erstmals in den neuen Bundesländern entschieden wurde. Die CDU konnte im Osten nur einen Prozentpunkt gewinnen und sich leicht auf 28,3 Prozent verbessern (Westen: 40,8 Prozent).

Die SPD legte im Osten um 4,6 Prozentpunkte zu (auf 39,7 Prozent). Doch trotz der Koalitionsverhandlungen und der Wiederwahl von Gerhard Schröder als Bundeskanzler kam die rot-grüne Regierung „in schwere Wasser".[62]

Bei der Bundestagswahl 2002 überholte die CDU/CSU zwar knapp die SPD, aber die rot-grüne Koalition konnte sich knapp behaupten. Bundeskanzler Schröder entschloss sich, angesichts der desaströsen Lage der Wirtschaft ein hartes Reformpaket durchzusetzen. Dieses Programm, das vom damaligen Chef des Bundeskanzleramtes Frank-Walter Steinmeier geschnürt war, enthielt unter dem Namen „Agenda 2010" eine Überprüfung des Sozialsystems mit dem Motto „Fördern und Fordern", das gravierende Kürzungen bei den Sozialleistungen und der Arbeitslosenversicherung (Arbeitslosengeld I und II) einschloss. Das Ziel waren ein höheres Wirtschaftswachstum und mehr Beschäftigung. Die Vorschläge führten zu erheblichen innerparteilichen Kontroversen in der SPD. Viele Mitglieder gaben ihr Parteibuch zurück. Die Gewerkschaften organisierten einen erbitterten Widerstand und kündigten die Zusammenarbeit mit der SPD auf. Sogar der frühere SPD-Vorsitzende Lafontaine verließ die SPD und stellte sich für eine neue politische Formation zur Verfügung, in der sich alle linken Kräfte sammelten – es entstand die Partei Die Linke.

Die rot-grüne Ehe hatte nicht lange gehalten. Nach dem Verlust der SPD bei der nordrhein-westfälischen Landtagswahl 2005, in der Ministerpräsident Steinbrück eine historische Niederlage nach 39-jähriger SPD-Regierungszeit hinnehmen musste, verlor die rot-grüne Bundesregierung in einer vorgezogenen Bundestagswahl am 18. September 2005 ihre Mehrheit.

Merkels langer Weg

Am Abend der vorgezogenen Bundestagswahl des 18. September 2005 sahen die Zuschauer in der Diskussion der Spitzenkandidaten einen merkwürdigen Auftritt des noch amtierenden Bundeskanzlers Gerhard Schröder. Er griff die CDU/CSU-Spitzenkandidatin mit den Worten an: „Glauben Sie im Ernst, dass meine Partei auf ein Gesprächsangebot von Frau Merkel bei dieser Sachlage einginge, indem sie sagt, sie will Bundeskanzlerin werden […] Sie wird keine

Koalition unter ihrer Führung mit meiner sozialdemokratischen Partei hinbekommen."[63]

Die Kanzlerkandidatin der Union[64], Angela Merkel, hatte ebenso wie die SPD verloren, die Union 3,3 Prozent, die SPD 4,3 Prozent. Die Union war aber mit 35,2 Prozent wieder stärkste Fraktion. Schwarz-Gelb lag mit 45,0 Prozent deutlich vor Rot-Grün mit 42,3 Prozent. Da die Verbindung von WASG und PDS unter dem Namen „Die Linke" 8,7 Prozent erreichte, war eine Drei-Parteien-Konstellation aus SPD/Grüne/Die Linke die einzige Alternative zu einer Großen Koalition mit Angela Merkel als Bundeskanzlerin. Damals war eine Linkskoalition mit drei Parteien noch nicht vorstellbar. Durch den Wahlsieg der Union in Nordrhein-Westfalen war im Bundesrat eine Zweidrittelmehrheit der Union entstanden. Der SPD-Vorsitzende Franz Müntefering entschied sich deshalb für eine Große Koalition. Im ersten Treffen von CDU/CSU und SPD in der Parlamentarischen Gesellschaft konnten nach den Eingangserklärungen von mir als stellvertretendem CDU-Bundesvorsitzenden und des SPD-Vorsitzenden Müntefering Koalitionsverhandlungen in der NRW-Landesvertretung beginnen. Gerhard Schröder hatte zuvor auf das Amt des Bundeskanzlers verzichtet. Franz Müntefering wurde Vizekanzler und Arbeits- und Sozialminister, Frank-Walter Steinmeier wurde Außenminister.

Die neue Bundesregierung war in der Lage, die 2008 beginnende Weltwirtschaftskrise zu bewältigen. Zu den in Erinnerung bleibenden Ereignissen gehörte eine gemeinsame Erklärung von Bundeskanzlerin Angela Merkel und Finanzminister Peer Steinbrück, wonach die Renten trotz der Weltwirtschaftskrise sicher seien.[65]

Auch die folgende Eurokrise, die aufgrund von Staatsschuldenkrisen in den EU-Mitgliedstaaten entstand, blieb, wenn auch nach vielen Kontroversen, beherrschbar. Die Bundesregierung weigerte sich zwar lange Zeit, Griechenland finanziell zu helfen, weil deren veröffentlichte Finanzlage auf falschen Daten beruhte, schlussendlich lenkte sie doch kurz vor der NRW-Landtagswahl am 9. Mai 2010 ein, der Grund der Wahlniederlage der CDU in NRW.[66]

Die Bundestagswahl 2009 verzeichnete die niedrigste Wahlbeteiligung aller Bundestagswahlen. Die großen Volksparteien CDU, CSU und SPD verloren deutlich an Stimmen. Die kleinen Oppositionsparteien gewannen signifikant. Die FDP bekam ein Plus von 4,7 auf 14,6 Prozent, die neue Linkspartei um 3,2 auf 11,9 Prozent. In den neuen Bundesländern gewann diese 13 Direktmandate. Die Grünen steigerten sich um 2,6 auf 10,7 Prozent. Da eine Koalition von Union und FDP eine stabile Mehrheit im Bundestag hatte, wurde Bundeskanzlerin Merkel wiedergewählt und der FDP-Vorsitzende Guido Westerwelle Vizekanzler und Außenminister.[67]

Bei der folgenden Bundestagswahl im Jahr 2013 verlor die FDP 7 Prozentpunkte und scheiterte an der Fünfprozentklausel. Es war eine Wahl voller Überraschungen. Die Unionsparteien gewannen 5,9 Prozentpunkte. Das Wahlergebnis war ein persönlicher Erfolg von Angela Merkel. Die SPD erreichte das zweitschlechteste Wahlergebnis in der Geschichte der Bundesrepublik Deutschland. Nur in Hamburg und Bremen lag die SPD vor der CDU. Zusammen lagen die Unionspartner 7,5 Prozentpunkte vor Rot-Grün. Teile der FDP hatten von einem liberalen Zeitalter geträumt. Die Reduktion auf Steuersenkungen („mehr Netto vom Brutto"), innerparteiliche Streitigkeiten und Personalquerelen sowie inhaltliche Auszehrung führten zum schlechtesten Bundestagswahlergebnis der FDP.[68]

Angela Merkels Strategie war es, die Konfliktthemen zwischen der von ihr geführten Bundesregierung und der Opposition von SPD und Grünen politisch zu neutralisieren und damit die FDP einzubinden. Diese Strategie zwang die FDP, keine Konflikte zuzulassen, was eine eigenständige Profilschärfung behinderte.[69] Schon bei den Koalitionsverhandlungen zeigte sich, dass alle in der Legislaturperiode getroffenen wichtigen Entscheidungen nicht im Koalitionsvertrag enthalten waren. Die Union wirkte in ihrer Regierungstätigkeit so entkernt („pragmatisch regieren"), dass nur das umgesetzt werden konnte, was von Anfang an unstrittig war.[70]

Der Traum der kleinen Parteien FDP und Grüne, im Laufe der Zeit eine Volkspartei zu werden, war vorerst mit der Bundestagswahl 2013 ausgeträumt.[71]

Die Bundestagswahl 2017 erforderte von allen gewählten Parteien große Anstrengungen, um eine handlungsfähige Regierung zu bilden. Das Wahlergebnis fiel nämlich anders als erwartet aus. Die Wahlbeteiligung stieg um 4,6 Prozentpunkte. Mit allen Überhangmandaten (46, davon 43 Union, 3 SPD) und Ausgleichsmandaten (65) stieg die Zahl der gewählten Abgeordneten auf die Rekordzahl von 709; 111 mehr als gesetzlich vorgesehen.

Die Union hatte Verluste von 8,6 Prozentpunkten. Die SPD mit ihrem Kanzlerkandidaten Martin Schulz musste ihr schlechtestes Bundeswahlergebnis (minus 5,2 Prozent) hinnehmen. Alle linken Oppositionsparteien legten nur wenige Stimmen zu. Die FDP zog mit 10,7 Prozent wieder in den Bundestag ein. Die AfD bekam 12,6 Prozent.

Sechs Monate dauerten die Sondierungsverhandlungen. Eine Koalitionsregierung aus Union/FDP/Grünen scheiterte, weil die FDP die Verhandlungen beendete. FDP-Vorsitzender Lindner fand es „besser, nicht zu regieren, als falsch zu regieren". Das rief den Bundespräsidenten auf den Plan, der mahnte, dass angesichts großer Herausforderungen und Krisen eine stabile Regierung erforderlich sei. Viele Abgeordnete stimmten daraufhin nur gegen ihre Überzeugung einer neuen Großen Koalition zu. Lindner saß auf der Oppositionsbank.

Im Laufe der Legislaturperiode kristallisierten sich große Veränderungen im Parteiensystem heraus. Bundeskanzlerin Angela Merkel hatte bekannt gegeben, dass sie bei der Bundestagswahl 2021 nicht mehr als Kanzlerkandidatin zur Verfügung stünde. Diese Entscheidung war überraschend, weil sie früher stets erklärt hatte, dass das Amt der Kanzlerin und der Parteivorsitzenden sich aus Machtgründen bedingen.

Der Leiter der Berliner Parlamentsredaktion der FAZ, Eckart Lohse, meinte im Mai 2019, dass vor Annegret Kramp-Karrenbauer eine zu große Strecke stehen würde. Er schrieb: „Sollte Merkel tatsächlich noch zweieinhalb Jahre im Amt bleiben, muss Kramp-Karrenbauer einen ungeheuren Spannungsbogen aufbauen, um sich halten zu können."[72] Michael Mertes glaubte nicht, dass das Verhältnis zwischen der alten und der neuen CDU-Vorsitzenden problemlos funktionieren würde. „Im Schatten der erfahrenen und keineswegs einbremsenden Bundeskanzlerin hatte die neue CDU-Vorsitzende wenig Chance, an Statur zu gewinnen."[73] Mertes wies darauf hin, dass es Kramp-Karrenbauer weder gelang, „langjährige Versäumnisse ihrer Vorgängerin aufzuarbeiten", noch, „der Bundeskanzlerin einen Teil der politischen Führung aus der Hand zu winden". Die vom Ballast des Parteiamtes befreite Regierungschefin verstand es, sich – wie schon in der Vergangenheit – als „pouvoir neutre"[74] oberhalb des kleinlichen Parteiengezänks zu inszenieren, und so schwebte sie demoskopisch wieder nach oben.

In der SPD legte der langjährige Vorsitzende und Vizekanzler Sigmar Gabriel mangels notwendiger Unterstützung seinen Parteivorsitz nieder. Die AfD verstrickte sich in Führungsfragen. Die Grünen entschieden sich dafür, mit einer Doppelspitze anzutreten. Der Aufgabe der Kanzlerkandidatin sollte sich die Parteivorsitzende Annalena Baerbock statt Robert Habeck stellen.[75]

Angela Merkels Versuch, mitten in der Pandemiekrise eine Nachfolgerin als Kanzlerin wählen zu lassen, scheiterte nach kurzer Zeit. Zwar gelang es, mit der saarländischen Ministerpräsidentin Annegret Kramp-Karrenbauer eine CDU-Vorsitzende zu wählen, da auch der CSU-Vorsitzende Markus Söder Kanzlerkandidat werden wollte, was nicht gelang, konnte sich Annegret Kramp-Karrenbauer in der CDU aber nicht durchsetzen. Sie trat als Parteivorsitzende zurück und wurde Verteidigungsministerin. Wie schon bei der Bundestagswahl deutlich geworden war, hatte die Kanzlerin ihre innerparteiliche Durchsetzungskraft verloren.

Angela Merkel hatte sich „immer gewünscht und vorgenommen, meine staatspolitischen und parteipolitischen Ämter in Würde zu tragen und sie eines Tages auch in Würde zu verlassen".[76] Michael Mertes, der langjährige Begleiter von Bundeskanzler Helmut Kohl, bezeichnet „im Rückblick diese partielle Abdankung, die sie selbst als Wagnis bezeichnete, jedoch wie ein kluges Damenopfer".[77] Mertes schreibt weiter: „Durch diesen Schachzug erlangt die wertvollste Figur, der König, einen strategischen Vorteil dadurch, dass die stärkste Figur, die Dame, vor dem Gegner kapituliert. In diesem Bild wäre die Kanzlerschaft (das ‚staatspolitische Amt') der König und der CDU-Vorsitz (das ‚parteipolitische Amt') die Dame. Die Operation Damenopfer war zweistufig angelegt: Machtübergabe in der CDU 2018, Machtübergabe im Kanzleramt 2021 – also drei Jahre später, nach einem Wahlsieg von CDU und CSU bei der Bundestagswahl. [...] Die Kanzlerin hat es geschafft, selbstbestimmt Abschied von der Macht zu nehmen, statt abgewählt oder aus dem Amt vertrieben zu werden. Nicht funktioniert hat hingegen der zweite Teil des Experiments vom Herbst 2018, nämlich die kontrollierte Übergabe der Macht an eine Wunschnachfolgerin."[78] Noch im Februar 2020 sah die *New York Times* die Ära Merkel im endzeitlichen Chaos einer „succession crisis".[79]

Die neue Parteivorsitzende hatte „keine Chancen, an Statur zu gewinnen".[80] Ihr fehlten Amt und Einfluss, zumal Angela Merkel – so urteilte FAZ-Herausgeber Berthold Kohler – den Eindruck vermeiden wollte, sie sei eine „lame duck" – und wenn es zu diesem Zweck sein musste, nahm sie keine Rücksicht auf ihre Nachfolgerin im Konrad-Adenauer-Haus. Seit sie sich zur Abgabe des CDU-Vorsitzes gezwungen gesehen habe, sei sie der Devise gefolgt: „Das habt ihr davon."[81]

Im Juni 2019 warf Jasper von Altenbockum der Kanzlerin in der *Frankfurter Allgemeinen Zeitung* vor, sie habe Annegret Kramp-Karrenbauer bei der Analyse des für die CDU enttäuschenden Europawahlergebnisses einen „Tritt in die Kniekehlen" versetzt. Dabei betonte er, Merkel selbst sei doch für die jahrelangen Versäumnisse verantwortlich, die die Kampagnenfähigkeit und das klimapolitische Profil der CDU entscheidend geschwächt hätten.[82] Die Zahl solcher Beispiele lässt sich fortsetzen.

Das alles hatte nicht nur für die unmittelbare Nachfolgerin Konsequenzen. Auch der dann als Parteivorsitzender folgende Armin Laschet war betroffen. Er wurde „von den Wählern zur Verantwortung gezogen auch für Entscheidungen, die ohne oder gegen seinen Willen erfolgt waren".[83] So hatte Armin Laschet im Grunde keine Chance, die Bundestagswahl 2021 zu gewinnen. Auch seine Vorvorgängerin im Amt der Parteivorsitzenden war mehr Belastung als Hilfe bei der Vorbereitung des Wahlkampfes. Seine Mitbewerber um das Amt des Bundesparteivorsitzenden Friedrich Merz und Norbert Röttgen halfen nicht, sondern waren eine große Last. Es gelang der CDU in Nordrhein-Westfalen nicht, sich auf einen Kandidaten zu verständigen. Der Vorsitzende der CSU Markus Söder nahm erneut keine Rücksicht auf die Notwendigkeiten eines gemeinsamen Wahlkampfes mit der Schwesterpartei. Die Kampagnenfähigkeit der Union war nicht gegeben.

Der CDU setzte die steigende Zahl an Nichtwählern besonders zu. Sie wollten den Unionsparteien zeigen, dass sie den permanenten Streit leid waren. Andere wollten wissen, welche Politik die Union in der Zukunft verwirklichen wollte. Eine Politik ohne attraktive Spitzenkandidaten, ohne Ideen für die Zukunft und klare Alternativen zu den politischen Gegnern schien ihnen nicht attraktiv.

Die Flüchtlingskrise und Angela Merkels Agieren darin hatten auch den „Merkel-Bonus" verspielt. Die CDU war nicht mehr Volkspartei. Auch die SPD hatte in weiten Teilen Deutschlands ihren Charakter als Volkspartei verloren. Die Parteienlandschaft ist kleinteilig geworden. Das machte und macht Koalitionen fortan schwierig, zumal man nicht darauf bauen kann, dass ein Milieu alleine jemals wieder eine absolute oder strukturierte Mehrheit zu erzielen imstande ist.[84]

Der hohe Anteil von Protestwählern zeigt zudem deutlich, wie schwer sich die Volksparteien heute damit tun, auf Lebenswirklichkeiten zu reagieren. Verschiedene Versuche, sich inhaltlich neu aufzustellen, waren und sind nicht tragfähig. Die Anzahl der Stammwähler wird dadurch immer kleiner.

Bei der Bundestagswahl 2021 konnte man sehen, wie schnell die jeweiligen Parteimehrheiten wechseln. Anfang des Wahljahres zeigten die Demoskopien einen deutlichen Vorsprung der Union. Beim Wahlergebnis schließlich lag die SPD vorne und die Union hinten.

Merkels pragmatische Politik

Als das Wunder der Wiedervereinigung Deutschlands und Europas alltägliche Wirklichkeit geworden war, als Helmut Kohl, der Kanzler der Einheit, abgewählt war, als Gerhard Schröder glaubte, mit der „Agenda 2010" und den Hartz-IV-Gesetzen zum großen Reformer zu werden, begann „eine neue, von kaum jemandem erwartete Epoche der CDU-Parteigeschichte".[85] Als die SPD im Mai 2017 nach einer verheerenden Niederlage in ihrem Stammland Nordrhein-Westfalen nach 39 Jahren in die Opposition verwiesen wurde und deshalb in einer vorgezogenen Bundestagswahl versuchte, in einer „radikalen Vorwärtsverteidigung" ihre Mehrheit zu retten,[86] änderte sich auch die Rolle der klassischen Koalitionsarithmetiken, wonach eine große Volkspartei und ein kleinerer Partner zusammen eine Regierungsmehrheit bildeten. Der ehemalige Präsident des Deutschen Bundestages Norbert Lammert beschreibt die neuen Mehrheiten so: „Die scheinbar ungefährdete Dominanz der Volksparteien ist freilich schon lange – in Deutschland wie beinahe überall in Europa – einer zunehmenden Segmentierung in eine ‚Gesellschaft der Singularitäten' (Andreas Reckwitz) zum Opfer gefallen, die sich nicht zufällig auch in einer Erosion des Parteisystems niederschlägt."[87] Dennoch gelang es Bundeskanzlerin Angela Merkel, beginnend im Jahr 2005, in drei Koalitionsregierungen mit der SPD und einer schwarz-gelben Koalition Mehrheiten zu erobern.

Überraschenderweise hatten alle vier Koalitionsregierungen keine inhaltliche Basis, sondern sahen sich als Krisenbewältigungsregierungen. Die Mehrheiten waren jeweils eine Addition von parteipolitisch erforderlichen Projekten. Es gab aber kaum Narrative. Die Folge war, dass die Parteiprogramme an Profil und Bedeutung und die Parteien an Vertrauen verloren.

Das so entstandene Machtvakuum an der jeweiligen Spitze von Union und SPD führte so zu einem Machtvakuum bei der Bundesregierung. Merkels Start als Vorsitzende war von vielen innerparteilichen Schwierigkeiten begleitet. Früh warfen Kritiker ihr vor, keine politische Linie zu haben und unberechenbar zu sein.[88]

Eines der zentralen Themen, die sich Angela Merkel als neue Bundeskanzlerin der Bundesrepublik Deutschland vorgenommen hatte, war der Ausbau der Europäischen Union. Ihre erste grundlegende Rede zu Europa hielt Merkel am 2. November 2010 aus Anlass der Eröffnung des 61. Akademischen Jahres des weltberühmten Europakollegs in Brügge.[89] Ein Vergleich der dort vorgetragenen Europapolitik mit der dann konkret umgesetzten zeigt, dass sie für ihre Politik nicht warb, sondern diese als „alternativlos" darstellte. „Das Werben um die eigene Position, darum, die eigene Überzeugung mehrheitsfähig zu verbreiten und zu vermitteln, tritt gegenüber der Behauptung der Unausweichlichkeit zurück. Politik wird dadurch ihres prinzipiell offenen Charakters entkleidet und tendiert zur Administration des scheinbar Notwendigen."[90] Mit anderen Worten: Die Politik der Bundeskanzlerin wurde nicht mehr begründet, sondern dekretiert.

Eine besonders rücksichtslose Europapolitik zeigte die Bundesvorsitzende im Jahre 2010. Von Jahresbeginn 2010 hatte die NRW-CDU, die sich als Europapartei verstand, innerparteilich auf Bundesebene dafür geworben, die Rettung des Euro offensiv zu unterstützen. Angela Merkel aber lehnte eine solche Hilfe für

Griechenland über Monate ab. Nur wenige Tage vor der nordrhein-westfälischen Landtagswahl wechselte sie ihre Position. Nun wollte sie einen „Schutzschirm und Griechenland-Hilfe". Diesen Schwenk konnte man dem CDU-Wähler in NRW nicht mehr plausibel machen, was zum Verlust der Wahl führte.

Nach der Landtagswahl NRW Ende 2010 wurde die No-Bail-out-Klausel des EU-Vertragswerks nicht mehr als „unzulässig" erklärt, ein „Rettungsschirm" wurde im EU-Recht ermöglicht. Die neue „Stabilisierungspolitik" erlaubte ein „immenses Hoffnungsrisiko, verhinderte das Ausscheiden einzelner Staaten sowie das Auseinanderbrechen der gesamten Währungsunion".[91] Seit 2010 flossen 274 Milliarden Euro aus den unterschiedlichen Hilfsprogrammen dorthin.[92] Hätte Merkel ihre Formel „Scheitert der Euro, scheitert Europa" umgehend beherzigt, wären viele Unsicherheiten und Unklarheiten gegenüber den Wählern vermieden worden.

SPD und Union: inhaltliche Reformen

Ein weiteres großes Thema für die beiden Volksparteien am Anfang des neuen Jahrhunderts war die Gefährdung der Zukunftsfähigkeit von SPD sowie CDU und CSU. Beide Parteien reagierten darauf mit Reformansätzen.

Bundeskanzler Gerhard Schröder verkündete im Jahre 2003 die „Agenda 2010", deren Fahnenworte „Gerechtigkeit" und „Solidarität" waren. „Nachdem im November die Beiträge zur Rentenversicherung erhöht werden mussten, die Arbeitslosenzahl 2003 mit 4,8 Mio. einen neuen Rekord erreichte, das Wirtschaftswachstum mit 0,2 Prozent stagnierte und das Haushaltsdefizit mit 3,6 Prozent die Grenzen des Stabilitätspaktes überschritt, handelte der Bundeskanzler aus ‚purer Not' (Thomas Steeg)."[93]

Die neue CDU-Vorsitzende Angela Merkel wandte sich im Oktober desselben Jahres an die Öffentlichkeit „in einer appellativen

Rede zum Tag der Deutschen Einheit, in der sie als Oppositionsführerin gewissermaßen als eine ‚Getriebene‘"[94] erschien. Sie stellte den Wert „Freiheit" an die Spitze der Werteskala, ohne die Inhalte „Solidarität" und „Gerechtigkeit" – nach christlich-demokratischem Verständnis – zu vernachlässigen.[95] „Mit dieser Priorisierung verstand sie die Forderung nach einer ‚Neuen Sozialen Marktwirtschaft‘, in der Eigenverantwortung ganz oben stehen müsse. Freiheit sei ‚Leistungsfreude, Entfaltung des Einzelnen, Freude an Verschiedenheit, Ablehnung von Gleichmacherei, Eigenverantwortung‘; sowohl die politische Ordnung der Demokratie als auch die wirtschaftliche Ordnung der Sozialen Marktwirtschaft seien ‚Ordnung der Freiheit‘."[96]

Die CDU versuchte zur gleichen Zeit eine neue Definition der „sozialen Marktwirtschaft" zu erarbeiten. Es ging um Reformen in der Bildungs- und Forschungspolitik, um eine Neujustierung der Sozialsysteme und der Steuersystematik (große Steuerreform nach Merz/Kirchhof) sowie um eine grundlegende Neuordnung der Arbeitswelt (Arbeit subventionieren statt Nichtarbeit).[97]

Dafür setzte Merkel eine Kommission unter Vorsitz von Roman Herzog, dem ehemaligen Bundespräsidenten, ein. Der vom damaligen Generalsekretär Meyer formulierte Text wurde in Regionalkonferenzen der Parteibasis vorgestellt. Auf ihrem Leipziger Parteitag 2003 wurde der Antrag des Bundesvorstandes beschlossen. Änderungsanträge, wie ein inhaltlich erheblich veränderter Antrag aus Nordrhein-Westfalen, wurden nicht angenommen. Damit verabschiedete sich die CDU in weiten Teilen von der sozialen Marktwirtschaft Ludwig Erhards und Konrad Adenauers. Die CDU hatte nun ein neoliberales Wirtschaftskonzept.[98]

Beide Parteien wurden aber mit ihren Leitentscheidungen nicht glücklich. Schröders Intention, mit der Agenda 2010 wirtschaftspolitisch die Führung zu übernehmen, führte zu heftigen Auseinandersetzungen innerhalb der Partei und auch mit den Gewerkschaften, die sich vor allem an den „Ich-AGs", den Minijobs, der

Lockerung des Kündigungsschutzes und des Tarifrechts entzündeten und die letztlich 1999 zum Rücktritt des SPD-Parteivorsitzenden Lafontaine führte. Dieser Streit bewirkte eine Ergänzung der Agenda 2010, mit der die härtesten Folgen der Hartz-IV-Gesetze sozialpolitisch abgesichert und so eine Befriedung der SPD herbeigeführt werden sollte.

Die CDU hatte 2003 als Leitgedanken „Liberalisierung, Flexibilisierung und Privatisierung" normiert. Zugrunde lag die Auffassung des Wirtschaftsflügels der Partei unter Friedrich Merz, die deutsche Wachstumsschwäche sei eine Folge der hohen Sozialversicherungsbeiträge. Vorgeschlagen wurde ein Prämiensystem in der Gesundheitsversicherung. Angela Merkel wollte den Abschied von der beitrags- und leistungsbezogenen Sozialversicherung.

Der langjährige Sozialpolitiker Norbert Blüm kritisierte die Neupositionierung der CDU heftig. „Wandel muss sein, aber Wandel besteht nicht nur aus Veränderung", kommentierte er, und: „Solidarität bedeutet seit Tausenden von Jahren: Die Stärkeren helfen den Schwächeren."[99]

Auch ich habe in einem Interview mit dem *Stern* die zehn Lebenslügen der neoliberalen Politik kritisiert.[100] Mir ging es darum, dass diejenigen Arbeitnehmer, die länger in die Versicherung eingezahlt hatten, auch länger Leistungen erhalten sollten. Die Wirtschaftsverbände bekämpften den Vorschlag, das Handwerk unterstützte ihn. Die Gewerkschaften schlossen sich nach anfänglichem Zögern der Forderung an.[101]

Letztlich stellte sich auch in der CDU heraus, dass die neoliberale Neujustierung nicht tragfähig war. Der Markenkern der Union, die soziale Marktwirtschaft, war durch die Beschlüsse von 2003 erheblich beschädigt.[102] Durch die öffentliche Debatte über den Sozialstaat gab es einen großen Vertrauensverlust bereits bei der um vier Monate vorgezogenen Bundestagswahl am 18. September 2005. Schwarz-Gelb stand damals mit 45,0 Prozent vor Rot-Grün mit 42,3 Prozent. Erstmals seit 1949 gab es keine Mehrheit für eine

Zwei-Parteien-Regierung. Am Ende blieb nur eine Große Koalition.[103]

Auf dem Dresdener Parteitag 2006 gelang es der nordrhein-westfälischen CDU, eine inhaltliche Korrektur durchzusetzen. Forderung war, die „Leistungen der sogenannten Hartz-IV-Gesetze zugunsten der Betroffenen zu verbessern, eine Debatte in der Union […], die deutlich machte, dass auch die CDU auf die kritischen gesellschaftlichen Haltungen zu den Hartz-Gesetzen reagieren musste".[104] Die CDU korrigierte auf dem Dresdener Parteitag im Jahre 2006 gerade noch rechtzeitig vor der Weltwirtschaftskrise ihre Position. „Als dann 2008 mit der Pleite des US-amerikanischen Finanzinvestors Lehman Brothers die größte Finanzkrise der Weltgeschichte begann, war die Politik der Shareholder-Value-Ideologie nicht mehr zu halten. Niemand konnte mehr sagen, der Finanzkapitalismus sei richtig und notwendig gewesen. Keiner konnte sich auf die vielen Wirtschaftswissenschaftler berufen, die versucht hatten, sich mit einer Kürzungsforderung nach der anderen zu übertreffen."[105] Aus der Marktwirtschaft war ein Krisenkapitalismus geworden. Die neoliberalen Vorschläge waren nicht mehr relevant.

In ähnliche Probleme gerieten zwei andere Reformvorschläge, wenn sie auch (noch) nicht revidiert wurden. Die Abschaffung der Wehrpflicht ohne eine zivilgesellschaftliche und eine innerparteiliche Debatte führte letztlich zu einer Unterfinanzierung der Bundeswehr und der NATO.[106] Gleiches galt und gilt für die gemeinsame europäische Energiepolitik. Der Ausstieg aus der Atomenergie ergab sich nachgerade aus der Tagespolitik.[107] Erst auf dem Parteitag in Karlsruhe 2010 wurde „die erste einer Reihe von ‚Zumutungen' vor allem für die wertkonservative und traditionsbewusste CDU-Klientel"[108] kontrovers diskutiert. Die Aussetzung der allgemeinen Wehrpflicht wurde als Antrag vom damaligen Bundesverteidigungsminister Karl-Theodor Freiherr zu Guttenberg (CSU) vorgestellt. Der Parteitag billigte den Antrag, aber mit einer „beachtlichen Zahl von Gegenstimmen". Die 2011 vom Bundestag beschlossene Aussetzung der Wehrpflicht berührte doch „einen Nerv der CDU, ihr altbundesrepublikanisches Geschichtsverständnis und auch ihr traditionelles Bild eines zum Einsatz für das Gemeinwesen verpflichteten Staatsbürgers".[109]

Die ökosoziale Marktwirtschaft in der CDU

Auch im Kampf gegen die Erderwärmung und zum Schutz des Klimas beschloss die CDU neue Positionen und schloss sich dem „globalen Zug, auf den alle früher oder später aufspringen"[110], an.

„Die Europäische Union hat einen ambitionierten ‚Green Deal, einen detailreichen Aktionsplan' beschlossen. Die EU soll bis 2050 zu einem klimaneutralen Staatenbund werden. Dekarbonisierung, Klimaneutralität, CO_2-Vermeidung, Nachhaltigkeit sind zu zentralen Begriffen unserer Zeit geworden, auch dank neuer sozialer Bewegungen. [...] Das Pariser Klimaabkommen war ein ‚globaler Wendepunkt', wohlgemerkt, zum Guten."[111]

Noch in der Laufzeit des Ausstiegs aus der Steinkohle entstand deshalb auch für die CDU eine neue Herausforderung in der Energiepolitik. Seit vielen Jahren war der Ausstieg aus der Atomkraft ein zentraler Streitpunkt zwischen den Parteien. Während Bündnis 90/ Die Grünen Teil der europaweiten Ausstiegskampagne waren, war auch die SPD mehrheitlich für den Ausstieg aus der Kernenergie. Die FDP befürwortete ein Festhalten an der Kernenergie im Rahmen der schwarz-gelben Koalitionsverhandlungen nach der Bundestagswahl 2009. Im Rahmen dieser Gespräche forderten sowohl die Fraktionsspitze der Union wie die Führung der FDP eine Verlängerung der Laufzeiten der Kernkraftwerke. Die Vertreter der nordrhein-westfälischen Landesregierung setzten sich erfolgreich für eine zurückhaltende Veränderung ein, damit das Thema der Kernenergie nicht zu massiven Protesten führte. Sie plädierten für ein Projekt, bei dem die regenerativen Energien stark unterstützt werden sollten.

Als allerdings im März 2011 die Reaktorkatastrophe in Fuku-shima geschah, dekretierte die Regierung Merkel im selben Monat unter dem Eindruck dieses Ereignisses und vieler Antikernkraftpro-teste den Ausstieg aus der Kernkraft. Auf dem CDU-Parteitag im November 2011 in Leipzig erklärte sie: Es habe sich eben gezeigt, dass bisherige Annahmen über die Beherrschung von Restrisiken falsch gewesen seien: „Die Welt hat sich durch Fukushima verän-dert, und deshalb müssen wir schnellstmöglich aussteigen." Ernst zu nehmende Kritik an der Politik des Kurswechsels wurde nicht geäußert.[112]

Mit der Flüchtlingskrise von 2015 begann eine Erosion der Volksparteien CDU und CSU. Die ausgerufene „Willkommenskul-tur" wollten nicht alle innerhalb der Union teilen. Der Dauerstreit zwischen den C-Parteien führte sogar auf dem CSU-Parteitag im November 2015 zu „fast unerhörten Demütigungen der Kanzle-rin".[113]

Die Euroskepsis, islamistischer Fundamentalismus und Ter-ror, vor allem aber die Flüchtlingspolitik der Bundesregierung im Sommer und Herbst 2015 bildeten Anlässe zunehmender Wahl-erfolge der rechtspopulistischen AfD, aber auch der außerparlamen-tarischen Protestbewegungen wie „Pegida". In diesem Populismus kamen „grundsätzlich – und gerade im Rahmen der parlamenta-rischen Demokratien [...] offenbar Delegitimierungsprozesse zum Ausdruck, die aus der ‚strukturellen Distanz zwischen politischem System und Gesellschaft' erwachsen und zu ‚Entfremdung zwischen Regierung und Regierten' führen".[114] Das deutsche Parteiensystem hat sich seither jedenfalls spürbar verändert.

Bei der Bundestagswahl 2017 gab es weitere Verluste für die Union aus CDU und CSU, aber die beiden Parteien stellten weiter-hin die stärkste Fraktion. Obwohl es eine deutlich gestiegene Wahl-beteiligung (4,6 Prozentpunkte) gab, mussten die Unionsparteien starke Zweitstimmenverluste (−8,6 Prozentpunkte) hinnehmen. Die SPD musste mit ihrem Spitzenkandidaten Martin Schulz ihr schlechtestes Bundestagwahlergebnis von 20,5 Prozent einfahren (−5,2 Prozentpunkte). Die Union war trotz der starken Verluste in allen Bundesländern mit Ausnahme von Bremen und Sachsen jeweils stärkste Partei.[115] Nachdem es weder gelang, eine „schwarze Ampel" noch eine „Jamaika-Koalition" zu vereinbaren, blieb nur eine weitere Große Koalition mit Bundeskanzlerin Angela Merkel (Union) und Vizekanzler und Finanzminister Olaf Scholz an der Spitze.[116]

Bei der Bundestagswahl 2021 war ein dramatischer Umbruch zu verzeichnen. Die Wählerinnen und Wähler gingen diesmal andere Wege. Langjähriges Wahlverhalten wiederholte sich nicht, auch entwickelten weder Programme noch Spitzenkandidaten gewohnte Bindungskraft. Die SPD erhielt 5,2 Punkte hinzu und wurde mit 25,7 Prozent der Zweitstimmen „stärkste" Kraft. Objektiv gesehen war ihr Abschneiden das drittschlechteste Ergebnis nach 1949. Die SPD hatte damit in Westdeutschland mit 26,1 Prozent ein überdurchschnittliches Ergebnis, in Ostdeutschland nur 24,1 Prozent.

Die Unionsparteien verloren 8,9 Punkte (CDU −7,9 Punkte, CSU −1,0 Punkte). Die Union bekam damit das schlechteste Ergebnis seit 1949. In Westdeutschland bekam die Union nur 25,6 Prozent (−8,5 Punkte), in Ostdeutschland nur 16,9 Prozent (−10,7 Punkte). Mit 26,0 Prozent erhielt die NRW-CDU ihr bestes Zweitstimmenergebnis. Die Grünen wurden drittstärkste Kraft, ein Zuwachs von 5,8 Punkten, ein zwar positives Ergebnis, das aber hinter den Erwartungen und Umfragen zurückblieb. Die FDP fuhr 11,5 Prozent der Zweitstimmen ein. Die AfD verlor leicht (−2,3 Punkte). Das ist ein Plus von 13 Mandaten, die von der CDU kamen. Die Linke verpasste knapp den Sprung über die Fünfprozenthürde.

Diese Ergebnisse zeigten eine große Wechselbereitschaft. Die politischen Lager Schwarz-Gelb und Rot-Grün waren nicht mehr relevant. Personalisierungstendenzen sind seither nur noch am Rande von Bedeutung. Olaf Scholz, der Spitzenkandidat der SPD, spielte kaum eine Rolle. Bei der Union wurden Partei und Spitzenkandidat schwach bewertet. Die Grünen hatten zwar ein besseres Ergebnis als erwartet, in den Politikfeldern der Umwelt- und Klimapolitik hatten sie jedoch Stimmen eingebüßt.

Auch diese Wahl 2021 zeigte: Stammwählerschaften haben sich aufgelöst, die Zuschreibung von Problemlösungskompetenz an die Parteien erodiert. Die Wechselbereitschaft hat stark zugenommen. Die festen Anhängerschaften werden immer kleiner. Die Koalitionspräferenzen sind nicht mehr stark ausgeprägt.

Vertrauen – neu erwerben

„Die Demokratie bleibt die Hoffnung für Unterdrückte und Verfolgte in aller Welt. Und für die, die schon länger in ihr leben, ist es der Raum, ganz real und wirkmächtig ihr Bürgersein zu leben und die Möglichkeit zu nutzen, erkannte Fehler zu korrigieren und auch selbst in Frage zu stellen. Es ist dieses Im-Werden-Sein der Demokratie, was sie so unverwechselbar macht. Und es ist ein Element, das Zukunft verheißt. Deshalb verdient dieser Raum der guten Möglichkeiten nach wie vor unser Vertrauen. Die Demokratie bleibt ein Ort, um den es sich zu kämpfen lohnt."[117]

Diesen Satz hat Joachim Gauck aufgeschrieben, ehedem Pfarrer in der DDR. Das Faszinosum der Demokratie kann er deshalb so gut empfinden, weil er die Erfahrungen der Diktatur in der DDR erlebt hat. Er hat die Wiedervereinigung Deutschlands und Europas mit ihren Erfahrungen des Neuanfangs erlebt. Er weiß, warum die Demokratie uns nie und nirgendwo geschenkt wird. Als wir erlebt haben, wie die Mauer in Berlin fiel und der Eiserne Vorhang durch unser Land abgerissen wurde, war die Mehrheit der Deutschen glücklich. Aber nicht alle. Ost und West haben lange gebraucht, um die gemeinsamen demokratischen Institutionen auch innerlich anzunehmen.

Richard Schröder, der Abgeordneter und Fraktionsvorsitzender in der frei gewählten Volkskammer der DDR sowie Abgeordneter zur Zeit der deutschen Vereinigung war und jetzt emeritierter Professor der Humboldt-Universität ist, hat sich sehr für das Zusammenwachsen der beiden deutschen Teile eingesetzt. Er schreibt: „Nach 15 Jahren haben sich die Vertrauenswerte bezüglich der parteistaatlichen Institutionen zwischen West und Ost weitgehend angeglichen, wenn auch auf einem insgesamt niedrigen Niveau. Hinsichtlich der rechtsstaatlichen Institutionen kam es im Osten Deutschlands sogar zu einer eindeutig positiven Entwicklung." – „Demokratische Prinzipien wie die Unterstützung der Meinungsfreiheit, das Recht auf Opposition oder die Möglichkeit zu einer alternierenden Parteienregierung finden in der ostdeutschen Bevölkerung sogar eine größere Unterstützung als im Westen Deutschlands."[118] So hat sich im wiedervereinigten Deutschland eine funktionierende Demokratie entwickelt.

Die Parteien, die diese Demokratie tragen, müssen Vertrauen immer neu erwerben. Sie müssen daran interessiert sein, stets möglichst breite Wählerschichten zu erreichen, damit stabile Regierungsbildungen möglich sind. Denn eine Demokratie basiert auf stabilen Institutionen.

Wie aber gewinnt man Vertrauen zurück?

Zum einen müssen sich die Wähler über den Wahltag hinaus einbezogen fühlen. Man muss ihnen Verfahren anbieten, vernünftig über das Gemeinwohl zu diskutieren und Entscheidungen zu beeinflussen. Solche Partizipation ist beispielsweise der Grundgedanke der von Habermas entwickelten „deliberativen Demokratie", also einer „auf den Austausch von Argumenten angelegten Form der Entscheidungsfindung unter Gleichberechtigten. Das bessere Argument und nicht die Mehrheitsabstimmung soll die Entscheidungen prägen und zu besseren Entschlüssen führen, weil – im Idealfall – alle Argumente gegeneinander abgewogen werden und eine Einigung auf die ‚beste' Lösung möglich ist."[119]

Ein zweiter Punkt: Wer politisches Vertrauen zurückerobern will, muss in seinen weltanschaulichen Inhalten klar sein. Im Umbau des politischen Systems in Europa nach 1989 versuchten die Volksparteien, ihre Mehrheiten weiter zu verteidigen. Dazu waren sie sogar bereit, ideologische oder weltanschauliche Inhalte und Werte den allgemeinen Befindlichkeiten zu opfern. „Ideologische Grundsätze beugten sich kurzfristiger Taktik." Aber sie begründeten auch Beziehungen zu Interessengruppen mit dem Ziel, materielle Unterstützung durch Sponsoring, Spenden und andere Hilfeleistungen zu erhalten. So wollten sie ihre Wählerschaft verbreitern. Die Folge war, dass sie Profil verloren und für Wählerinnen und Wähler uninteressanter wurden. Es ist deshalb notwendig, dass die Parteien ihren Markenkern erneuern. Wahlsiege erringen können sie nur, wenn sie damit alle Milieus und Schichten ansprechen. Eine Volkspartei bedient dabei keine Partialinteressen, sondern hat das oberste Ziel, die Einheit der Gesellschaft zu verteidigen. In Zeiten des Wandels erwarten die Bürger von einer Volkspartei eine „neue Sicherheit".[120]

Drittens: Parteien müssen ihr Gespür für Veränderungen in der Gesellschaft wieder schärfen. Ein abschreckendes Beispiel ist da die Reaktion nach der Wiedervereinigung, als viele Bürgerinnen und Bürger aus den neuen Bundesländern das Gefühl hatten, sie seien bei der Wiedervereinigung zu kurz gekommen. In dieser Situation fanden es die großen Parteien, insbesondere die CDU, klug, eine kontroverse Debatte mit der ostdeutschen Bevölkerung zu vermeiden. Das Motto hieß: Keine Auseinandersetzungen, sondern ein „Wahlkampf der asymmetrischen Demobilisierung".

Viertens: Man muss politische Führung demonstrieren, darf sich nicht verstecken. „Führung erzeugt Gefolgschaft" sagt ein alter militärischer Grundsatz – und tatsächlich schafft starke Führung Vertrauen. Bei der Wahl des Kanzlerkandidaten für die Bundestagswahl 2021 schickte die CDU drei Kandidaten aus der NRW-CDU ins Rennen. Wer aber nicht mehr in der Lage ist, mit den gewählten Gremien klare Personalentscheidungen zu fällen, signalisiert Hilflosigkeit.

„War das schon das Ende der Volksparteien?", fragte Edgar Wolfrum. Seine Antwort ist: „Wahlerfolge erringen Volksparteien nur dann, wenn es ihnen gelingt, mit ihren Forderungen weit in die politische Mitte vorzustoßen. Sie müssen somit auch Wählerinnen und Wähler anziehen, die keinen unmittelbaren Nutzen aus der Umsetzung des engeren Programms der Partei ziehen würden. […] Welche Partei auch immer um die politische Mitte kämpft: Sie muss plausible Antworten auf möglichst viele Herausforderungen der jeweiligen Gegenwart liefern, Innenpolitik und globale Herausforderungen verknüpfen und die drängenden Fragen nach der Gestaltung der Zukunft in den Blick nehmen. Sie darf keinen Politikbereich, im Innern wie im Äußeren, vollkommen ausblenden. Es ist ein Spagat und, wenn er gelingt, eine hohe Kunst."[121]

Ein letzter, fünfter Punkt: Politik muss sich hüten, zur Show zu verkommen – zur Abfolge von Leerformeln, zum Personaltheater oder zur Realisierungsagentur von unrealistischen Ideologien. Politisches Handeln muss ein ernsthaftes, ein seriöses Geschäft bleiben. Klaus von Dohnanyi sagt: „Wir brauchen deshalb eine neue politische Kultur: Schluss mit politischem Exhibitionismus, Gesundheitsbeterei und organisierter Unverantwortlichkeit."[122]

Das heißt: Wir brauchen eine Rückeroberung des Politischen. Das geht, wenn die Volksparteien die Probleme unserer Zeit mit großem Ernst bearbeiten, wenn sie sich öffnen für andere Formen der politischen Teilhabe, für neue Ideen und neue Projekte. Ohne Parteien geht es nicht – oder doch?[123]

7. Die europäische Herausforderung

„Das Wort ‚Europa' war um die Jahrtausendwende in der lateinischen Christenheit nicht unbekannt […]. Ein bestimmter Zusammenhang mit Karl dem Großen (768–814) hat wohl dabei eine Rolle gespielt, zumindest in der nordalpinischen Chronistik, wo schon 799 die Hofdichter den Herrscher als ‚pater Europae' lobten. Der Vater Europas hatte auch wirklich den Grund gelegt zu einem solchen Selbstbewusstsein. Ihn hatten schon seine Zeitgenossen deshalb auch treffend mit dem Begriff der Größe bedacht. Denn Große sind Gründer."

(Ferdinand Seibt)[1]

Europa – auferstanden aus Ruinen

Europa, so scheint es uns, ist ein politischer Erfolg der letzten 70 Jahre – geformt aus den Ruinen, die der Zweite Weltkrieg hinterlassen hatte. Tatsächlich aber hat das gesamtheitliche europäische Denken spätestens seit Karl dem Großen eine lange historische Tradition.

Mit unserem zeitgenössischen Europa können wir ähnlich selbstbewusst umgehen. Europa ist für uns Lebensraum, an dessen Weite wir uns gewöhnt haben. Wir haben die Freiheiten, die unserem europäischen Zusammenleben zugrunde gelegt sind, längst verinnerlicht. Wir reisen grenzenlos, wir pflegen unsere Arbeitsbeziehungen, unsere Bekanntschaften in Europa, als wäre es *ein* Land. Kein Schlagbaum stört uns, und meist gilt überall die eine Währung: der Euro. Wir wissen um die große Kultur- und Geistesgeschichte Europas, die die besten Zeiten unseres Kontinents möglich gemacht und beflügelt haben. Mit ein wenig Nachdenken erkennen wir: Dass dieses Europa so möglich wurde, war eine der größten politischen Leistungen der Neuzeit, ein Friedensprojekt gewaltigen Ausmaßes, das nur Gewinner kennt.

Aber: Es kann der Frömmste nicht in Frieden leben, wenn es dem bösen Nachbarn nicht gefällt. Der Überfall Russlands auf die Ukraine hat „unser" Europa in den Grundfesten erschüttert. Doch zuvor schon hatten wir innere Gärungen wahrgenommen, weil in nicht wenigen Staaten der Europäischen Union nationalistisches Denken wieder mehr Anhänger findet. Diese Entwicklung muss uns Sorgen machen. Denn wenn wir uns den „Geschichtsraum Europa" als Gebilde von Nationalstaaten anschauen und die Instrumente ihrer Kooperation, stoßen wir mit dem politischen Konstrukt „Nationalstaat" auch auf die tieferen Ursachen jener Zeiten der europäischen Geschichte, auf die wir weniger stolz sein können. Das waren die zwei Weltkriege des letzten Jahrhunderts.

Im Zweiten Weltkrieg, dessen Auswirkungen viele von uns aus den sogenannten „Aufbaujahren" noch in Erinnerung haben, ging es um den empfundenen Machtverlust eines Volkes, das sich in jeder Weise für „auserwählt" hielt, kulturell wie genetisch. Es erhob den Anspruch, mehr Raum zu gewinnen für ein „Volk ohne Land". Es ging um die Selbstwahrnehmung der Deutschen als „überlegene arische Rasse", eine Selbsteinschätzung, die durch Verschwörungstheorien befeuert wurde. Es ging um den Versuch, den Versailler Vertrag zu revidieren nach einem Ersten Weltkrieg mit seinen zehn Millionen Toten.

Europa – ein Staatswesen

Den Anspruch des deutschen Nationalstaates, die eingebildete Überlegenheit in einen Herrschaftsanspruch über ganz Europa umzuwandeln, hat die ganze Welt teuer bezahlt. Also muss es darum gehen, ein Europa gegen den Nationalismus zusammenzuhalten, im Bündnis der freien Welt.

Leicht ist das nicht. Die inneren Gärungen sind unübersehbar. Als der damalige amerikanische Präsident Donald Trump die NATO in Brüssel besuchte, erklärte er, dass er die NATO, das gemeinsame Verteidigungsbündnis, verlassen wolle. Das britische Parlament beschloss, aus der Europäischen Union auszutreten. In Frankreich musste der französische Präsident Macron hart um seine Wiederwahl kämpfen, Reformen sorgen dort für fast revolutionäre Proteste mit Millionen Teilnehmern. Und immer wieder wird die Europäische Union für Unbequemlichkeiten verantwortlich gemacht – „die da oben in Brüssel".

Tatsächlich ist die Welt manchmal nicht leicht zu ertragen, und es fällt den Menschen schwer, Verantwortlichkeiten festzumachen. Da war die Pandemie, die drei Jahre lang wütete und Menschen, soziale Beziehungen und die Gesundheitssysteme überforderte. Da war und ist der Krieg in der Ukraine, der mit der Besetzung der Krim begann und weiter eskaliert. Eine Krise folgt der anderen: Weltfinanzkrise, Eurokrise, Staatsschuldenkrise, Flüchtlingskrise, Pandemie, die neuen Finanzkrisen in den USA oder der Schweiz. Kein Wunder, dass in Europa viele Menschen Angst vor der Zukunft haben, weil die Veränderungen Angst machen.

Vielen ist da die Europäische Union als verheißener Problemlöser nicht geheuer. Sie haben das Gefühl, die EU sei für den großen Einfluss, den sie mittlerweile ausübt, nicht ausreichend legitimiert. Und sie streben nach einem Leben, dessen Umfeld sie kennen und beherrschen.

Vereinigungsprozesse aber brauchen eine demokratische Legitimation. Wir Deutsche wissen das aus unserer jüngeren Vergangenheit: Sowohl die Gremien der alten Bundesrepublik als auch die der DDR stimmten nach freien Wahlen und freier parlamentarischer Abstimmung 1990 der Wiedervereinigung zu und mit ihr einer Wirtschafts-, Währungs- und Sozialunion. Das alles wurde in internationale Verträge eingebettet. Am 1. Oktober 1990 wurde auf Vorschlag des US-Präsidenten George Bush sen. die Konferenz über Sicherheit und Zusammenarbeit in Europa (KSZE) ausgebaut und die Sowjetunion einbezogen. Am 3. Oktober 1990 war Deutschland wiedervereinigt.

Wer ist das Volk? Für Deutschland ist die Frage seither beantwortet. Aber für Europa? Gibt es ein europäisches Volk? Die Frage ist nicht unerheblich, denn „das Volk" ist mächtig – schließlich sind wir gewohnt, dass für eine demokratische Nation gilt: „Alle Staatsgewalt geht vom Volke aus. Sie wird vom Volk in Wahlen und Abstimmungen und durch besondere Organe der Gesetzgebung, der vollziehenden Gewalt und der Rechtsprechung ausgeübt."[2]

So ist es auch mit der Macht in der Europäischen Union, und es ist wichtig, das festzuhalten. Die Nationen der EU haben sich aus freien Stücken und durch Beschluss ihrer Parlamente zu dieser politischen Formation zusammengeschlossen, haben sie mit Parlament und verfassungsähnlichen Verträgen und genau bestimmten Rechten zur Normsetzung ausgestattet – ein „Europarecht als System vernetzter Ordnungen", als „begriffliche[s] Dach für mehrere rechtliche Ordnungen, die vielfältig miteinander verflochten sind".[3]

Und das, so haben wir es in unser Grundgesetz geschrieben, soll Perspektive besitzen. Denn die Europäische Union ist nach Art. 23 GG eine Zwischenstufe auf dem Weg zu einem vereinten Europa. Aber die Europäische Union und auch das vereinte Europa müssen „demokratischen, rechtsstaatlichen, sozialen und föderativen Grundsätzen und dem Grundsatz der Subsidiarität verpflichtet sein und einen diesem Grundgesetz im Wesentlichen vergleichbaren Grundrechtsschutz gewährleisten".[4]

Jeder Staatsangehörige eines EU-Mitgliedstaates ist nach Art. 9 Abs. 2 des Vertrages über die Europäische Union (EUV) sowie des Vertrages über die Arbeitsweise der Europäischen Union (AEUV) Bürger der Europäischen Union. EUV und AEUV stellen die gegenwärtige „Verfassung" der Union dar. Zu diesen Verfassungsverträgen gehört auch die Charta der Grundrechte, die von der Europäischen Union mit dem Vertrag von Lissabon in Art. 6 anerkannt worden ist. Die Charta der Grundrechte und die Verträge sind rechtlich gleichrangig (Art. 6 Abs. 1 EUV).

Das Europäische Volk definiert sich also – nicht mehr und nicht weniger – als die Gemeinschaft aller Staatsbürger der Mitgliedstaaten – eine Gemeinschaft, die selbst eine repräsentative Demokratie ist. Unionsbürger ist also, wer die Staatsangehörigkeit eines Mitgliedstaates besitzt, dessen Bürgerinnen und Bürger im Europäischen Parlament durch gewählte Abgeordnete unmittelbar vertreten sind. Die Unionsbürgerschaft tritt „zur nationalen Staatsbürgerschaft hinzu, ohne sie zu ersetzen" (Art. 9, S. 3 EUV).

Dieses europäische Volk ist der „pouvoir constituant", also die verfassunggebende Gewalt für die dem Vereinten Europa übertragenen Rechte und Pflichten. Die Europäische Union ist ein Staat, weil sie in der Gesamtheit der Mitgliedstaaten über ein Staatsgebiet verfügt, über ein aus den Unionsbürgerinnen und -bürgern bestehendes Staatsvolk und über eine Staatsgewalt, die sie nach innen und außen im Rahmen ihrer verfassungsgemäßen Rechte wahrnimmt.

Die Europäische Union ist eine Demokratie, die ihre Institutionen und Entscheidungen demokratisch legitimiert. Das Europäische Parlament ist durch das europäische Volk gewählt. Die Mitglieder des Rates sind in den Mitgliedstaaten demokratisch gewählt und im Rahmen des Verfassungsvertrages für Verfassungsänderungen zuständig. Der Europäische Rat ist bei supranationalen Entscheidungen durch Wahlen in den Mitgliedstaaten legitimiert. Die

Europäische Union ist ein Rechtsstaat, dessen auf Recht und Gesetz beruhende Entscheidungen gerichtlich durch den Europäischen Gerichtshof (EuGH) kontrolliert werden können. Die soziale Marktwirtschaft ist die Wirtschafts- und Sozialordnung der europäischen Institutionen.[5] Europa hat auch in zahlreichen Krisen bewiesen, dass es die Europäische Union schützen und verteidigen kann.

Die Europäische Union erfüllt also prinzipiell alle Kriterien, die einen Staat ausmachen. Denn ihre demokratische Willensbildung verfügt über zwei Legitimitätsströme, und zwar einerseits den aus den Mitgliedstaaten über die nationalen Parlamente und die Exekutive, andererseits den eines neuen eigenen über das Europäische Parlament. „Diese duale Repräsentation garantiert ununterbrochene Legitimationsketten", urteilte deshalb Wolfgang Böckenförde.[6] Das Bundesverfassungsgericht konnte so feststellen, dass alle Voraussetzungen des Grundgesetzes für die Europäische Union erfüllt sind.[7] Das bedeutet: Die Europäische Union ist heute schon ein Staat, der sich seine Souveränität mit den Mitgliedstaaten teilt.

Aber ein Manko bleibt: Sie fußt nur auf verfassungsähnlichen Verträgen, eine echte „Verfassung" hat sie bisher (trotz der Versuche unter Roman Herzog) nicht zustande gebracht. Das heißt: Unsere Aufgabe ist es, für weitere Integration, für eine Verfassung, für eine gemeinsame Außen- und Sicherheitspolitik, für eine gemeinsame Wirtschafts-, Währungs- und auch Energiepolitik, kurz: für eine Politik des Multilateralismus einzutreten. Das Ziel: die Vollendung des vereinten Europa.

Die Gegner des europäischen Volks- und Staatsgedankens sind freilich niemals weit. Und meist sind es keine Demokraten. Sie suchen ihre Herrschaft zu stabilisieren, indem sie Feinde außerhalb ihrer nationalen Grenzen ausmachen, auf deren Einwirken man alle Fehlentwicklungen schieben kann. Sie grenzen aus. Sie stellen ihre Nation immer über diejenige anderer Völker, glauben sich überlegen. Sie beschwören den Gedanken einer Nation, die durch Sprache, durch Religion, durch Bräuche, auch durch Wirtschaftsinteressen definiert sei. Sie sprechen von ihrem Land als „Gottes heiliger Nation", die es gegen böse Mächte zu verteidigen gelte.

Dabei hat der französische Historiker Ernest Renan in seinem Vortrag über die Nation schon im Jahre 1882 eine Antwort auf die Frage gegeben, was die Nation sei und was nicht.[8] Ihm war klar, dass die Menschen einer Nation nicht dieselbe Sprache sprechen müssen. Auch Religion sei „keine hinreichende Grundlage für eine Nation, weil sie eine individuelle Angelegenheit geworden" ist und die Trennung von Staat und Religion ohnehin fortgeschritten sei. Ebenso könnten Wirtschaftsinteressen keine Nation begründen, was er mit dem wunderbaren Satz illustriert: „Eine Nation ist kein Zollverein."

Wenn es eines Beleges bedarf, wie Nationalismus funktioniert, so liefert ihn Russlands Präsident Putin seit Jahren. Als er mit der Annexion der Krim begann, sprach er am 4. Dezember 2014 von der „heiligen Bedeutung der Krim" für Russland. Dort liege „der geistige Ursprung der großen russischen Nation".[9] Er sieht sich als der Führer eines starken Volkes, das sich zum Christentum und zum Slawentum bekennt, ein Land des Gegensatzes zum „dekadenten Westen". Putin braucht solche Abgrenzungen, weil er nach dem Untergang der Sowjetunion und deren Staatsideologie des Marxismus/Leninismus heute in Russland keine geistige Grundlage und auch keine wirtschaftlichen Erfolge mehr hat, mit denen er seine Herrschaft legitimieren könnte. Deshalb sind sein nationalistisches Gehabe und seine religiöse Überhöhung der Nation für ihn machtpolitisch überlebenswichtig.

Das alles freilich hat mit der Nation, wie wir sie in Demokratien verstehen, nichts zu tun. Vielmehr: Die Nation muss offen sein für andere, für Neues und Altes.[10] Sie muss sich in dieser Zeit der Globalisierung aller Lebensumstände von völkischen Begründungen befreien. Die Nation ist „das tägliche Plebiszit, wie das Dasein des Einzelnen eine andauernde Behauptung des Lebens ist", wie Ernest Renan gesagt hat. Das heißt: Die Nation definiert sich täglich neu als freiwilliger, nicht herbeigezwungener Zusammenschluss von

Menschen, die sich zusammengehörig fühlen und sie aus diesem Willen zum gemeinsamen Leben in Freiheit verteidigen.

Die Nation bleibt also eine wichtige Konstante kollektiver Identität. Sie steht dabei Europa nicht im Wege, im Gegenteil: Die Nation wird nur überleben, wenn sich die unheilvolle Allianz früherer Tage zwischen Staat und Nation auflöst. Die europäische Einheit ist deshalb nur als Einheit von Volk und Staat sowohl im vereinten Europa als auch in seinen Mitgliedstaaten vorstellbar, aber nicht als Einheit von Nation und Staat. Statt eines solchen Nationalstaates wird sich die Nation also mit der Zivilgesellschaft, also der Gemeinschaft der Bürger, verbinden. Das heißt auch: Nur durch eine Belebung der Demokratie wird auch die Nation überleben.

Darauf kommt es wesentlich an: Der Aufbau eines kraftvollen Europa ist kein Projekt der Macht, sondern der Demokratie. Wer sie lebendig halten will, muss ständig an der institutionellen und rechtlichen Weiterentwicklung demokratischer Prozesse arbeiten. Mindestens ebenso wichtig aber erscheint mir, in den Bürgern Europas den europäischen Gedanken wachzuhalten, also die Flamme von Freiheit und Menschenwürde, und die Überzeugung, dass die Vaterländer Europas in dieser Welt nur überleben werden, wenn sie gemeinsam handeln.

Für Deutschland: vier Lehren aus der Geschichte

Die erste Lehre: Kooperation erzeugt Frieden, Nationalismus aber Krieg.

Mit Sorge muss man sehen, dass eine lautstarke Minderheit in Deutschland heute mit dieser Errungenschaft leichtfertig umgeht und den europäischen Gedanken gerne wieder eintauschen würde gegen eine Nation mit ihren Grenzen, ihrer alleinigen Gesetzgebungshoheit, ihrer eigenen Währung, gar einer deutsch-nationalen, bei uns also: einer rein „deutschen" Kultur, was immer das sei, oft verbunden mit dem Wunsch nach einer Bevölkerung ohne Migrationshintergrund.

Dabei sollte uns die historische Erinnerung an die Zeiten der Grenzziehungen und ihrer Konflikte noch präsent sein. Wer nachliest über die Kriege in Europa, über die Grenzziehungen der Nachkriegszeit mit einem Eisernen Vorhang vom bayerischen Dreiländereck bis zur Lübecker Bucht, im weiteren bis nach Triest an der Adria, hinter dem nach 1945 in kommunistischer Unfreiheit die alten Kapitalen Mittel- und Osteuropas, Städte wie Warschau, Berlin, Prag, Budapest, Belgrad, Bukarest, Kiew oder Sofia verschwanden und für die der 8. Mai 1945 kein Tag der Befreiung war – der muss heute für die europäische Idee kämpfen.

Denn diese Geschichte der nationalstaatlichen Konflikte zeigt gerade uns Deutschen, dass es größter Mühen wert ist, die Freiheit des Individuums und seiner Gesellschaft zu verteidigen. Und dass es Frieden nur geben kann, wenn sich die Nationalstaaten in feste Freundschaftsverbünde mit hohen gegenseitigen Verpflichtungen und Verflechtungen einbinden lassen.

Es ist eines der großen Wunder der Geschichte, dass ein solcher Freundschaftsbund mit der Europäischen Union gelungen ist. Ihr erster Gründungsimpuls war auch von dem Bestreben begleitet, Deutschland den alleinigen Zugriff auf seine Kohlegruben zu nehmen, weil die Stahlherstellung davon abhängig war und mithin auch jede denkbare Form der Wiederaufrüstung. Aus der Europäischen Gemeinschaft für Kohle und Stahl wurde aber rasch sehr viel mehr, es wurde eine Wirtschafts- und Wertegemeinschaft, die sich seither in vielen Verträgen – von den Römischen Verträgen 1957 bis zum Vertrag von Lissabon 2007 – verfestigt hat – und das alles in einer verflochtenen Schlagkraft, die kaum mehr auflösbar ist und die übrigens auch von Einzelstaaten kaum zukunftsträchtig leistbar wäre.

Die zweite Lehre: Kooperation schafft wirtschaftlichen Erfolg.

Aus Erzfeinden sind in der EU kooperierende Nachbarn geworden. Auf dem Feld der Wirtschaft ist das natürlich am augenfälligsten. Einige Relationen zeigen, was EU heute bedeutet: Das Bruttoinlandsprodukt der EU der 27, also ohne Großbritannien, betrug 2021 mehr etwa 14,5 Billionen Euro. Der EU-Anteil an der Weltbevölkerung macht zwar nur sieben Prozent aus, am Welthandel aber ist er mehr als doppelt so groß. Zwei Drittel des Gesamthandels der EU-Länder erfolgen mit anderen EU-Ländern, bleiben also sozusagen „in der EU-Familie".

19 der 27 Länder haben überdies mit dem Euro eine gemeinsame Währung. Ihr Handel untereinander ist besonders transparent und auch effizient, weil die Transaktionskosten wegfallen, also alle Kosten und Formalitäten, die mit der Umrechnung der Währungen verbunden sind. Sie haben sich auch auf ein gemeinsames Währungsmanagement durch die Europäische Zentralbank verpflichtet. Krisen haben wir in der EU bisher auch immer letztlich gemeinsam und erfolgreich bestanden. Das war in den Jahren nach 2001 so nach dem Terroranschlag auf das World Trade Center und den wirtschaftlichen Folgen. Das war so in der Finanz- und Schuldenkrise 2008/2009, gerade weil wir den Euro und die Europäische Zentralbank hatten.

Die dritte Lehre: Auch nichtökonomische Krisen brauchen Kooperation.

Das gelingt auch in der Flüchtlingsproblematik, nicht perfekt, aber in einer Solidarität der großen Mehrheit der EU-Staaten. In der Coronakrise haben wir zwar mit Bedrückung beobachtet, dass – wie die Schriftstellerin Olga Tokarczuk das formuliert hat – „im Augenblick der Gefahr das Denken in abschließenden und ausgrenzenden

Kategorien zurückkehrt" und die EU „im Grunde kapituliert und es den Nationalstaaten überlässt, in dieser Krisenzeit Entscheidungen zu fällen".[11]

Aber wir sehen jetzt schon, dass der Wiederaufbau der Volkswirtschaften in der Europäischen Union nach Corona ein Akt beispielloser Solidarität gewesen ist, nicht zuletzt, weil das in unserem höchsteigenen wirtschaftlichen Interesse liegt. Und auch den Austritt Großbritanniens haben die Industrieländer praktisch schon eingepreist in die finanzielle und politische Konstruktion Europas, wenn auch auf die Rückkehr Großbritanniens in die EU zu hoffen bleibt.

Immer ist die Kernfrage, die auch die Zukunft der Europäischen Union prägen wird: In welchem Maße sind wir bereit, nationale Kompetenzen abzugeben, um den gemeinsamen Lebensraum der Europäischen Gemeinschaft auch gemeinsam zu organisieren?

Die vierte Lehre: Solidarität ist Europas Lebenselixier.

Wie viel Solidarität wollen wir dabei aufbringen, eine Solidarität, die sich durchaus auch in finanziellen Transfers bemessen wird, vor allem dann, wenn es sich nicht um kodifizierte Pflicht handelt, sondern um Hilfe, die einer inneren proeuropäischen Haltung entspringt?

An dieser Stelle sind die Anhänger eines autonomen Nationalstaates und die Europaskeptiker unnachgiebig. Sie fragen: Warum sollen wir helfen, wenn andere EU-Länder, wie man so sagt, „über ihre Verhältnisse gelebt" haben?

Tatsächlich: Während die einen – Deutschland, Dänemark, Finnland, die Niederlande oder Österreich – in guten Zeiten gespart haben, wurden anderswo immer neue Schulden gemacht. Während 2022 (3. Quartal) die deutschen Staatsschulden bei 66 Prozent des Bruttoinlandsproduktes lagen, waren es in Italien mehr als doppelt so viel: 147 Prozent, in Griechenland gar 178 Prozent des BIP. Auch

Portugal, Spanien, Frankreich und Belgien lagen über dem Euroraum-20-Schnitt (92,9 Prozent).

Nun gibt es zwei Wege, darauf zu reagieren. Der erste ist: Man wendet sich ab und überlässt diese Länder ihrem Schicksal, weil die ja „über ihre Verhältnisse gelebt" haben, fordert sie gegebenenfalls noch zum Austritt aus dem Euro aus. Das wird diese Länder in Armut werfen, weil sie außerhalb des EU- und Euro-Verbundes jede Kreditwürdigkeit verlieren. Sie werden die reichen Länder Europas dafür hassen. Aus Freundschaft wird Feindschaft.

Besser wäre: Wir nehmen diese Länder weiterhin geduldig an die Hand und helfen ihnen mit Bestimmtheit und Überzeugungskraft, aber in Solidarität, ihre Haushalte zu konsolidieren, soweit die unterschiedlichen Lebensvoraussetzungen unserer Länder und unser sozialpolitisches Gewissen das zulassen. Das ist uns mit Spanien, Portugal, Irland und partiell bereits mit Griechenland gelungen. Unsere Hilfe hat Griechenland stabilisiert und in der demokratischen Gemeinschaft gehalten.

Notfalls muss es dabei auch bei finanzieller Hilfe über einen Länderfinanzausgleich innerhalb der EU-Mitgliedstaaten bleiben und eine stete Weiterentwicklung gemeinsamer Kriterien für die Finanz- und Steuerpolitik und für die sozialen Standards geben. Europa ist eine Frage der Geduld, seine Vorteile müssen – worauf schon Theo Waigel einst hinwies – nach Generationen und Jahrhunderten und nicht nach Jahresrechnungsperioden bemessen werden.

Viele vergessen: So haben wir das auch bei Gründung der Bundesrepublik gemacht. Es gab im Jahr 1950 arme Länder wie Bayern, Niedersachsen, Rheinland-Pfalz oder Schleswig-Holstein, die allein nicht zurechtkamen und Geld brauchten von den reichen Geschwistern – das waren damals Baden-Württemberg, Hamburg, Hessen und Nordrhein-Westfalen. Noch heute wird Deutschland von solcher Solidarität zusammengehalten, wenn auch durch die Solidarität der anderen aus manchen Nehmerländern Geberländer geworden sind und umgekehrt.

Das trifft vor allem auf das ehemalige Agrar- und heutige Industrieland Bayern zu. Andere, etwa das damals schwerindustriell reiche Nordrhein-Westfalen, werden wegen des Strukturwandels heute von anderen Ländern bezuschusst, namentlich von Bayern, Baden-Württemberg, Hamburg und Hessen. Nettoempfängerländer sind heute auch Berlin, Brandenburg, Bremen, Mecklenburg-Vorpommern, Niedersachsen, Rheinland-Pfalz, das Saarland, Sachsen, Sachsen-Anhalt, Schleswig-Holstein und Thüringen. Aber alles kann sich wieder rasch ändern, wie uns die Vorgänge der Energie- und Autokrise, der Coronapandemie und auch die Ukrainekrise zeigen.

Aber: Kämen wir – weil es in Deutschland Nehmer- und Geberländer gibt – auf die Idee, in Deutschland den Finanzausgleich zu beenden, jedes Bundesland seinem Schicksal zu überlassen, die Grenzen hochzuziehen und jedem Bundesland eine eigene Währung zuzuweisen?

Nein, diesen Rückfall in eine Zeit wie 1815, in der man auf der Reise von Köln nach Königsberg 80 Zollstationen passieren musste, will keiner. Und welch ein Fortschritt die Europäische Union ist, wird auch bei einem Blick auf das Heilige Römische Reich Deutscher Nation deutlich, das nach dem Westfälischen Frieden aus 300 souveränen Staaten bestand.

Die Europäische Union ist aber nicht nur ein Garant von freiem Handel und friedlicher Koexistenz. Sie hat durch ihr Wertefundament eine unwiderstehliche Anziehungskraft, denn sie ist, wie es im Maastrichter EU-Vertrag von 1992 wörtlich heißt, von den Mitgliedstaaten gegründet worden, „schöpfend aus dem kulturellen, religiösen und humanistischen Erbe Europas, aus dem sich die unverletzlichen und unveräußerlichen Rechte des Menschen sowie Freiheit, Demokratie, Gleichheit und Rechtsstaatlichkeit als universelle Werte entwickelt haben".[12]

Das hat sich nach 1989 als besonders attraktiv erwiesen, als praktisch alle Staaten des ehemaligen Ostblocks der Europäischen Union beitreten wollten nach all dem, was sie hinter sich hatten.

Das haben wir mit der Osterweiterung der EU den meisten von ihnen auch ermöglicht.

Der große Diamant: unser Wertefundament

Im täglichen Diskurs aber ist das immer zitierte „Wertefundament" zur Formel geworden, zu einem stumpfen Stein. Erst die Vorstellung vom Verlust dieser Werte, die durch den russischen imperialistischen Ausgriff nach Westen plötzlich Konturen bekommt, schleift sie zu funkelnden Brillanten. Ein Blick in die Europäische Grundrechtecharta zeigt uns, was auf dem Spiel steht, und man muss es ab und zu aussprechen und für sich prüfen: Was wäre, wenn es das bei uns und in unseren Nachbarländern der EU nicht mehr gäbe?

Zum Beispiel den Respekt vor der Würde des Menschen, also

- vor der Unantastbarkeit des Lebens,
- vor dem Recht auf Leben,
- vor dem Recht auf Unversehrtheit,
- vor dem Verbot von Folter, Sklaverei und Zwangsarbeit.

Und wenn es um die Freiheit geht, dann geht es um viel, nämlich

- um das Recht auf Freiheit und Sicherheit,
- um die Achtung des Privat- und Familienlebens,
- um den Schutz personenbezogener Daten,
- um die Freiheit, Ehe und Familie zu begründen,
- um die Gedanken-, die Gewissens- und die Religionsfreiheit,
- um die Freiheit der Meinungsäußerung und Information,
- um die Versammlungs- und Vereinigungsfreiheit,
- um die Freiheit von Kunst und Wissenschaft,
- um das Recht auf und die Freiheit zu Bildung,
- um unternehmerische Freiheit,

- um die Niederlassungsfreiheit,
- um das Eigentumsrecht und auch
- um das Asylrecht.

Auch ließen sich die Begriffe Gleichheit, Solidarität, Bürgerrechte und die justiziellen Rechte durchdeklinieren, die in der Grundrechtecharta niedergelegt sind.

Dieses Wertefundament ist hochattraktiv, es macht das Menschsein aus.

Aber alle diese Grundrechte sind nicht von sich aus stabil. Sie werden oder bleiben es durch unsere fortgesetzte Zustimmung und dadurch, dass wir sie immer wieder verteidigen und dass wir sofort widersprechen, wenn diese Grundrechte für uns oder jeden anderen in Abrede gestellt werden. Und widersprechen müssen wir auch dann, wenn der, dessen Meinung da verboten oder diskriminiert werden soll, so gar nicht unserer eigenen Meinung ist.

Wie schnell Freiheiten auch heute verloren gehen können, hat die Coronakrise gezeigt. Wie richtig die Maßnahmen auch immer waren: Eben noch stolze Bürger lassen sich ohne lange Debatte ihrer Grundrechte berauben, wenn man ihnen eine Gefahr nur groß genug darstellt. Rasch und dauerhaft lassen sich Medien in diesen Strom einfügen. Wer auf Grundrechten bestand, konnte umgehend diskreditiert werden. Nicht die, die diese Grundrechte wegnahmen, haben sich für begründungspflichtig gehalten, sondern sie haben besondere Begründungen von denen erwartet, die ihre Grundrechte zurückhaben wollen. Wer für seine Grundrechte demonstrierte, wurde umgehend in die Nähe von verrückten Rechtsradikalen, von Antisemiten oder Verschwörungstheoretikern gerückt.

Die Verteidigung unserer Freiheiten – je mehr man sich damit befasst, umso mehr gewinnt die EU an Wert. Bei nüchterner Betrachtung muss man sagen: Es steht gar nicht so schlecht um die Europäische Union, wie uns dies oft in der veröffentlichten Meinung vermittelt wird.

Nach den Erfahrungen der Engländer kommt kein Mitglied auf die Idee mehr, aus der EU auszutreten. Alle wissen auch darum, dass Krisen nicht an Grenzen haltmachen, man also zusammen agieren muss. Alle wissen um die großen wirtschaftlichen Vorteile. In keinem Land der Europäischen Union wollen die Menschen auf die ihnen in der EU eingeräumten und einklagbaren Grundrechte verzichten, wenn auch manche Regierungen Lust an autokratischem Gehabe entwickeln. Das betrifft vor allem Ungarn, dessen Ministerpräsident Orbán die Schuld für innenpolitische Fehlentwicklungen bei der Europäischen Union sucht und sich in einer Rede dazu verstieg, „das Projekt der europäischen Einigung mit den Weltherrschaftsplänen von Adolf Hitler zu vergleichen, schon dieser habe – wie vor ihm Karl der Große oder Napoleon Bonaparte – von einer ‚immer engeren' Union geträumt".[13]

Aber Polen, dessen Regierung der EU ebenfalls nicht unkritisch folgt, weiß beispielsweise genau, welchen Wert die Europäische Gemeinschaft für das Land hat in einem Moment, da Russland den Polen gerade eine wesentliche Mitschuld am Zweiten Weltkrieg in die Schuhe schieben will und mit dem Ukrainekrieg begonnen hat, Polen auf den Leib zu rücken. Auch der Hitler-Stalin-Pakt ist nicht vergessen. Sie verlassen sich deshalb auf die Friedenswirksamkeit der NATO, des vereinten Europas und auch auf Frankreich.

Die neuen Mitgliedsländer aus den Unrechtssystemen sind froh, die EU-Mitgliedschaft zu bekommen. Sie hatten vierzig Jahre weniger Zeit, sich an die Prinzipien von Freiheit und Rechtsstaatlichkeit zu gewöhnen und an den unbequemen Umstand, dass Freiheit auch Eigenverantwortung bedeutet und in manchem einen Abschied vom allumfassend sich kümmernden Betreuungsstaat.

Die Attraktivität Europas entdecken auch die Briten gerade erneut – manchmal beginnt man Dinge erst zu schätzen, wenn man sie verloren hat. In den Wendungen der Geschichte werden eines noch fernen Tages vielleicht auch die EFTA-Staaten Island, Liechtenstein, Norwegen oder die Schweiz einen Beitritt erwägen oder weitere Staaten aus dem östlichen Europa. Peter Sloterdijk hatte schon vor dem Ukrainekrieg recht, als er einmal meinte, das Gerede von der europäischen Desintegration sei eine „optische Täuschung".

Denn tatsächlich ist auch den Kaczyńskis und Orbáns Europas deutlich: Der sichtbare geopolitische Kampf um den Bestand oder die Erweiterung von Einflusssphären macht einen starken europäischen Zusammenhalt unausweichlich. Der Kampf der Großmächte – vor allem der zwischen China und den Vereinigten Staaten von Amerika – betrifft uns direkt. Absehbar ist auch, dass die jahrhundertelange „weiße Dominanz" auf der Welt endet, dass sich Asien und speziell China und Indien, aber auch Afrika nicht mehr mit kolonialer Herablassung behandeln lassen.

Der Kampf zwischen China und den USA wird bereits mit allen Mitteln ausgetragen – mit Wirtschaftskriegen, mit Militär zu Lande und zu Wasser, mit Rohstoffen, mit Technologie auf der Erde und im Weltraum, mit geopolitischen Einflussnahmen auf allen anderen Erdteilen.

Europa besteht nur mit Einigkeit

Im Alltag vergessen wir leicht, was Zusammenarbeit und Binnenmarkt in der EU für uns alle bedeuten: Die EU ist zuvörderst ein *wirtschaftliches Erfolgsmodell.* Weder in den Sozialkundebüchern der Schulen noch in der amtlichen „politischen Pädagogik" durch Bundesregierung oder auch die EU selbst wird das den Bürgern ausreichend deutlich gemacht. Gut zusammengefasst hat es die Europäische Kommission selbst auf ihrer Webseite: „Ziel der Europäischen Union ist es, dass die EU-Bürgerinnen und -Bürger in allen EU-Ländern studieren, wohnen, einkaufen, arbeiten oder ihren Ruhestand verbringen sowie aus einem reichhaltigen Angebot an Produkten aus ganz Europa wählen können. Zu diesem Zweck stellt sie den freien Verkehr von Waren, Dienstleistungen, Kapital und Personen in einem EU-Binnenmarkt sicher. Durch die Beseitigung technischer, rechtlicher und bürokratischer Hindernisse ermöglicht die EU den Bürgerinnen und Bürgern den freien Handel und die freie Ausübung von Geschäftstätigkeiten."[14]

Dieser EU-Binnenmarkt ist seit seinem Start am 1. Januar 1993 zu einem echten Erfolgsmodell gereift. Auf die EU 27 entfallen heute etwa 14 Prozent des internationalen Warenverkehrs. Neben China und den Vereinigten Staaten zählt die EU damit zu den drei größten globalen Akteuren im internationalen Handel.

Man muss sich, um die Situation und die Chancen Europas im weltweiten Konzert zu begreifen, nur einige Relationen anschauen. Die Zeiten, in denen wir selbstbewusst darauf verweisen konnten, dass der Freihandelsraum der Europäischen Union mit 27 Staaten und 450 Millionen Konsumenten ein Viertel des Welthandels ausmachte, sind vorbei. Heute dominieren andere Player das Feld. Dem neuen Asien-Pazifik-Abkommen RCEP etwa gehören zwar nur 15 Nationen an, die aber von 2,4 Milliarden Menschen bewohnt werden. Dieser Freihandelsraum vereint heute schon 30 Prozent des Welthandels auf sich. Es folgt die NAFTA, eine Freihandelszone zwischen den USA, Kanada und Mexiko: Der Anteil am Welthandel liegt bei 28 Prozent. Auf Platz drei findet man heute die EU mit 18 Prozent. Das Bruttoinlandsprodukt (BIP) der EU (Gesamtwert aller produzierten Waren und Dienstleistungen) belief sich 2021 auf 14,5 Billionen Euro. Die größten Volkswirtschaften der EU sind Deutschland (3,33 Billionen Euro), Frankreich (2,28 Billionen Euro) und Italien (1,65 Billionen Euro).

Zugleich sind die Wachstumsraten sowohl der Wirtschaft als auch der Bevökerung im Bereich des RCEP und der NAFTA überdurchschnittlich hoch. So wird sich die Schere weiter zu unseren Ungunsten vergrößern.

Das zeigt: An enger wirtschaftlicher Zusammenarbeit und an gemeinsamem internationalem Agieren der Staaten der EU führt kein Weg vorbei. Je größer unsere Kooperation in Europa ist, umso erfolgreicher sind wir. Und wirtschaftliche Stärke ist kein Spielgeld. Es geht nicht darum, größer zu sein als andere, sondern um die Wahrung unseres hohen technologischen Standards. Was andere durch Massenmärkte schaffen müssen, können wir nur durch Spitzentechnologie und Spitzenprodukte sichern, um so erfolgreich zu sein, dass wir weiterhin hohe Einkommen, Vollbeschäftigung und einen hohen sozialen Standard finanzieren können.

Jeder Staatschef in Europa weiß – übrigens auch der Präsident des wirtschaftsschwachen und von anderen Staaten abhängigen Russland –, dass er alleine nicht mithalten kann (weshalb Putin sich China andient). Die EU als Ganzes schafft das nur mit aller Kraft. Wenn Europa geopolitisch, politisch, wirtschafts- und sicherheitspolitisch bedeutsam bleiben und seine Unabhängigkeit wahren will, muss es in wesentlichen Fragen einig sein.

Einigkeit braucht die EU nicht nur für ihr inneres Wohlbefinden. Auch darf sie sich nicht auf den vorhandenen Freihandelsabkommen ausruhen. Sie ist auch gefragt als *verlässlicher internationaler Partner* in jenen Staaten, die künftig stärkeren Anteil am Welthandel haben wollen und das auch lautstark einfordern: in Afrika, in Mittelasien, in Indien. Dabei sind die Gespräche der EU mit diesen Ländern meist mit der Ansage konfrontiert: Wenn ihr nicht helft, fragen wir die Chinesen.

Denn die Chinesen sind mittlerweile überall. In Asien, Afrika und Europa kann man die frischen Ergebnisse intensiver Zusammenarbeit besichtigen: Sie bauen Kraftwerke, Pipelines, Datenleitungen, Tiefseehäfen, Straßen, Airports, Bahnhöfe und Schienentrassen. Sie stellen komplette Universitäten und Krankenhäuser hin. Sie verteilen großzügige Kredite an die Regierungen und erlassen ihnen Teile der Schulden. Die Chinesen bauen ganze Wohnviertel, sie bringen Bauarbeiter und Baumaschinen mit, sie exportieren Lehrer und Ärzte. Dafür sichern sie sich nicht nur politischen und wirtschaftlichen Einfluss. Sie exportieren auf diese Weise chinesische technische Standards und erreichen so, dass künftig Produkte aus China gekauft werden müssen. Dabei geht es nicht nur um ein paar Maschinen, sondern um die großen Märkte der Zukunft: Elektromobilität, industrielles Internet, künstliche Intelligenz und Quanten-Computer. Sie implantieren chinesisch geprägte Wertschöpfungsketten, sie verrechnen alles in chinesischer Währung, um den Einfluss des US-Dollars und des Euro zu schwächen.

Ganz an der Spitze aller Wünsche steht allerdings ein militärischer: neue Militärstützpunkte am Atlantik und am Indischen Ozean.

In Djibouti am Golf von Aden haben sie sich schon einen Militärstützpunkt am arabischen Meer gesichert. Im Atlantik versuchen sie es gegenwärtig auf den Kapverden, wo sie großzügig Krankenhäuser, eine medizinische Universität und Straßen gebaut haben. Sie benötigen das alles, weil sie künftig auch den Atlantik als militärische Einflusszone nutzen wollen. Sie wollen die Weltmeere uneingeschränkt kontrollieren, was bisher eher ein Axiom der US-Außenpolitik war. Schon heute verfügt die chinesische Kriegsmarine über mehr Schiffe als die USA (360 zu 280). Sie haben auf den weltweiten Meeren zwei Flugzeugträger, Zerstörer, Fregatten und Korvetten, 130 moderne Kreuzer, 62 U-Boote, davon zwölf atomar, im Einsatz.

Das alles geschieht mit einem großen Masterplan. Er heißt „Belt and Road Initiative", wir übersetzen das Vorhaben mit „Neuer Seidenstraße". Mittlerweile betrifft das Projekt 60 Prozent der Weltbevölkerung und 40 Prozent des gesamten Welthandels.

Dort, wo einst kostbare Stoffe und Gewürze transportiert werden, rollen heute die Güter unserer Zeit. Es geht darum, die interkontinentalen Handels- und Infrastrukturnetze so auszubauen, dass sich für China der unkomplizierte Weg nach Westen öffnet. Diese „Seidenstraßen"-Initiative Chinas umfasst mittlerweile 60 Länder in Asien, Europa und Afrika, die Wege reichen von verschiedenen Regionen Chinas über Süd-, West- und Zentralasien und Westrussland nach Mittel- und Westeuropa sowie nach Afrika.

Aber es geht auch darum, die internationalen Verkehrswege zum Nutzen Chinas neu zu gestalten. Den Suezkanal umgehen sie durch den Bau einer Bahnlinie zwischen Eilat und Aschdod. Zum Mittelmeer schaffen sie eine Bahnverbindung (Dostyk–Baku–Istanbul). In Europa haben sie Beteiligungen an wichtigen Häfen, im portugiesischen Sines ebenso wie in Piräus, im Freihafen Triest ebenso wie in Hamburg. Und auch im deutschen Hafen Duisburg sind sie engagiert. So wird der Asien-Europa-Amerika-Verkehr gänzlich neu geordnet.

Betrachtet man all das aus der Distanz, muss man einräumen: Das ist politisch genial. Die Idee, den Frieden durch gegenseitigen Handel auszubauen und zu wahren, haben sie von den Europäern übernommen. Chinas Einflussbereich wird größer und größer, ohne dass auch nur ein Schuss fällt, ohne imperiale Kriegslüsternheit und aggressive Rhetorik, wie wir sie gegenwärtig aus Russland kennen. China erreicht seine Ziele still, freundlich lächelnd, nachhaltig.

Für die EU ist das eine gewaltige Herausforderung. Aber auch hier gilt: Sie wird nur mit großer Einigkeit bewältigt werden können. Afrika, Indien, Südamerika warten auf eine Antwort Europas auf den Wunsch nach Zusammenarbeit, nach Entwicklungshilfe, nach wirtschaftlicher Kooperation, nach Freihandelsverträgen. Es hat bisher darauf reagiert mit einer vergleichsweise bescheidenen „EU-Asien-Konnektivitätsstrategie" und hat sich in Indien, Vietnam, Ägypten, Afghanistan und dem Westbalkan stärker engagiert als China. Genug ist das nicht.

Die EU muss freilich auch lernen, *geopolitischer Akteur* zu sein. Die Vereinigten Staaten und die Volksrepublik China kämpfen um die Vorherrschaft in Asien, ja sogar in der Welt. Chinas Aufstieg hat sich über einen Zeitraum von 40 Jahren entwickelt. Mit Deng Xiaoping hat er begonnen, der die autoritäre Herrschaftsform der chinesischen Volkspartei mit einer marktwirtschaftlichen Ordnung zu verbinden wusste und den Chinesen Wohlstand brachte. Sein Kalkül: Solange das chinesische Volk mit Unterstützung der chinesischen Volkspartei reich wird, wird es die Macht der chinesischen Volkspartei stützen.

Der wirtschaftliche Erfolg Chinas füllte auch seine Staatskassen. So konnte auch die militärische Stärke der chinesischen Armee ausgebaut werden, und das hat geopolitische Folgen. „Es entspricht der Logik dieses langfristig angelegten Ziels, dass heute, da China neben den USA zur größten Volkswirtschaft der Welt und zur zweiten Weltmacht in puncto Technologie avanciert ist, die Karten neu gemischt werden. Das gilt insbesondere für Europas Verhältnis zum Reich der Mitte. Dies umfasst alle Bereiche der Diplomatie, der Militärstrategie und der wirtschaftlichen Zusammenarbeit. Das chinesische Selbstbewusstsein ist in den letzten Jahrzehnten stetig und spürbar gewachsen […] Deshalb investiert die Kommunistische Partei in eine Außenpolitik, die von den Schwierigkeiten im Inneren ablenken soll und dafür auch aggressive Konfrontation betreibt […] Chinas Verhältnis zu den Vereinigten Staaten ist schon seit langem von einem umfassenden strategischen Verständnis von Konkurrenz geprägt.“[15]

Welche Bedeutung hat da die neue Nähe Chinas zu Russland? Es handelt sich „um einen bewussten Kontrapunkt zu den belasteten chinesisch-amerikanischen Beziehungen“, der sich im Abstimmungsverhalten im UN-Sicherheitsrat ausdrückt, in Kooperationen bei der Rüstungswirtschaft und der Militärpolitik. Das Verhältnis zwischen Russland und China hat gleichwohl die Züge einer „geopolitischen Achterbahnfahrt“.[16] Die chinesische Industrie hält sich mit Investitionen in Russland zurück, der Bankensektor ebenfalls. Denn Russland hat nur finanzschwache Absatzmärkte für Konsum- und Industriegüter. Wenn China dennoch die Wirtschaftsbeziehungen zu Russland pflegt, so hat das mit Russlands Rohstoffen zu tun, an denen in China Mangel herrscht.

Und der Ukrainekrieg? China hält sich offiziell heraus, um vorhandenen Streitfragen mit Russland nicht neue hinzuzufügen. Denn bisher hat China die Unabhängigkeit Abchasiens und Südossetiens und auch die Zugehörigkeit der Krim zu Russland nicht anerkannt, streitet mit Russland über die Bodenschätze der Arktis und über manche Territorien im chinesisch-russischen Grenzgebiet im Fernen Osten. Auch ist dem Kreml die chinesische „Belt and Road Initiative" nicht geheuer, weil sie in ein Gebiet zielt, dass der Kreml in seinen imperialen Absichten als seinen eigenen Vorhof betrachtet.

Dennoch zeigt sich die chinesische Regierung als konstruktiv gegenüber Moskau. „Im Moment monetarisiert China damit lediglich seinen wachsenden Einfluss auf Russland. Doch irgendwann kommt der Kassensturz für Russlands Führung, spätestens, wenn Xi lächelnd von Putin nach wenigen Jahren undenkbare politische Zugeständnisse verlangen wird."[17]

Für Europa ist, so schreibt Ulrich Schlie, der an der Universität Bonn den Henry-Kissinger-Lehrstuhl für Governance und internationale Sicherheit innehat, Russland die große strategische Aufgabe, die seit 30 Jahren als unbewältigtes Problem gilt; ein Dauerbrenner in den Beziehungen zu den Vereinigten Staaten.[18]

Mit Recht sagt Professor Moritz Schularick: „Aber wir dürfen Russland und China nicht in einen Topf werfen. Ja, in China läuft viel falsch. Menschenrechte werden massiv verletzt, die Außenpolitik wird aggressiver und das Regime immer autokratischer […] Das ist die zweitgrößte Volkswirtschaft der Welt, sie wird nicht von der Bildfläche verschwinden. Wir brauchen das Land zudem zur Lösung globaler Probleme wie des Klimawandels. Je mehr wir China in die Ecke stellen, desto mehr treiben wir es in Putins Arme."[19] Der Westen kann den Osten Europas nicht abschreiben.

„Auf den Bühnen der internationalen Diplomatie – im Sicherheitsrat der Vereinten Nationen, im NATO-Russland-Rat, bei der OSZE, in den Abrüstungsverhandlungen und nicht zuletzt auch in den bilateralen Beziehungen – hat die russische Außenpolitik deshalb immer wieder versucht, die Trümpfe militärischer Stärke zu ziehen, wie sie mit Androhung militärischer Gewalt verbunden sind. Dies erklärt die politisch-diplomatische Fokussierung auf die

Osterweiterung der Nordatlantischen Allianz, die mit den amerikanischen Bemühungen um die Aufnahme der Ukraine und Georgiens in die NATO im Jahr 2008 einen Punkt erreicht hatte, der auf russischer Seite als rote Linie betrachtet wurde. Es erklärt auch das Verhalten Putins im Nahen Osten in den vergangenen 20 Jahren."[20]

Wie stark ist der Westen gegen diese Kräfte aus dem Osten? Noch steht er stark da, aber immer wieder regt sich der alte antiamerikanische Reflex. „Sie sind wieder da", diejenigen, die gegen die NATO demonstrieren: „Das ewige, widersinnige USA-Bashing."[21]

Und auch die bisher starke Solidarität der USA zu Europa und zur NATO als einem kraftvollen Verteidigungsbündnis scheint nicht mehr vollends stabil, wenn auch alle amerikanische Präsidenten in der Vergangenheit gemeinsam die Werte von Freiheit, Gerechtigkeit und Demokratie unterstützten. Seit Donald Trump scheint dies heute keine unverrückbare Position.

Die NATO nimmt heute schon eine ganze Reihe globaler Aufgaben wahr. NATO und EU sind in den letzten Jahren aufeinander zugegangen. Sie haben spätestens nach dem Überfall Russlands auf die Krim beschlossen, eine gemeinsame Strategie zu entwickeln. Die finanziellen Beschlüsse sind verstärkt worden. Mit der amerikanischen Schwerpunktverlagerung in Richtung Asien-Pazifik wird der Mittelmeerraum, aber auch die Ostsee für Europa außen- und sicherheitspolitisch in stärkerem Umfang als bisher zu einer europäischen Aufgabe.[22]

„Im Wertesystem der Europäischen Union stehen […] folgerichtig Meinungsfreiheit, Religionsfreiheit, Versammlungsfreiheit, Freiheit der Kunst und Unternehmerfreiheit ganz oben. Die Grundrechte bilden dabei eine Art Leitgedanken, die die politischen Entschlüsse der Gemeinschaftsorgane bestimmen. Rechtsstaatlichkeit und Demokratie sind Grundvoraussetzungen zur Mitgliedschaft in der Europäischen Union […] Der freiheitliche Staat lässt dem Einzelnen genügend Raum für Entscheidungen, doch er weiß auch um die – weit gefassten – Grenzen des individuellen Freiheitsanspruchs

[…] Jede Veränderung des Meinungsklimas, jede technische Innovation, demografische Entwicklungen, Klima- und Umweltkatastrophen bleiben nicht ohne Auswirkungen auf die Politik und können zur Verschiebung der Konstellationen führen."[23]

Reformen für Europa: fünf Vorschläge

Ganz offenkundig ist: Europa muss weiter reformiert werden. Aber das ist ja nichts Neues, die Geschichte der EU ist eine von ständigen Reformen.

Es sind vor allem fünf Reformen, die für die EU sowie für den Euroraum notwendig sind:

Erstens: EU der konzentrischen Kreise

Die Europäische Union ist zweifellos eine Erfolgsgeschichte. In ihrem Gründungsimpuls war sie eine Wirtschaftsgemeinschaft, die Zusammenarbeit geht aber inzwischen weit darüber hinaus. Die Weltlage zeigt uns, dass eine noch stärkere Zusammenarbeit notwendig ist. Deshalb müssen die Vertiefung der europäischen Integration und die Bemühungen um eine wirkliche Verfassung dringend vorangetrieben werden. Die EU benötigt ein neu gedachtes Förderprogramm, in dem sie ihre Aufgaben neu beschreibt. Die Regierungen der Mitgliedstaaten wissen, dass aufgrund von Globalisierung, Klimakrise, Digitalisierung und Wissensgesellschaft eine weitere föderale Institutionenbildung erforderlich ist.[24]

Wolfgang Schäuble, der die Politik in Deutschland und Europa lange geprägt hat und noch prägt, hat deshalb zu Recht einem Satz Mateusz Morawieckis zugestimmt, der den Nerv treffe, wenn er den europäischen Entscheidern zuruft, „den Mut zu haben, in Kategorien zu denken, die der heutigen Zeit angemessen sind […]

Wir brauchen eine tiefgreifende Reform, die das Gemeinwohl und die Gleichheit wieder an die Spitze der Grundsätze der Union stellt […] Sie wird nicht ohne eine Änderung der Perspektiven gelingen: es sind die Mitgliedstaaten und nicht die EU-Institutionen, die über die Richtung und die Prioritäten des Handelns der EU entscheiden müssen."[25] Morawiecki markiert einen wichtigen Punkt: Bei aller notwendigen Vertiefung, bei aller zusätzlichen Institutionenbildung sind es doch immer noch die nationalen Regierungen, die Richtung und Inhalte bestimmen.

Gleichwohl gibt es Politikbereiche, in denen nicht alle 27 an Bord sind: beim Schengenraum etwa, beim Euro oder auch in der Sicherheitszusammenarbeit. Dort handeln sie im Rahmen der „abgestuften Integration", eine Möglichkeit, die der Vertrag von Amsterdam 1997 eingeräumt hat.

Wenn Vertragsreformen und die Herausbildung einer europäischen Verfassung aber rasch nicht gelingen, wenn also solche Gruppenbildungen zur Problemlösung deshalb nur zweite Wahl sind, so haben sie sich doch in der Praxis bewährt. Denn sie haben durch intergouvernementale Zusammenarbeit Projekte möglich gemacht, die gescheitert wären, hätte man auf die Zustimmung aller 27 Mitglieder der EU warten wollen. Manche Probleme aber – nehmen wir nur die sicherheitspolitischen Herausforderungen durch den russischen Krieg gegen die Ukraine – müssen unmittelbar gelöst werden, wenn Europa seinen Bürgern beweisen will, dass es eine für sie wichtige, nützliche und friedensfördernde Institution und ein Versprechen auf eine bessere Zukunft darstellt, „L'Europe qui protège", ein Europa, das schützt, wie das Emmanuel Macron ausgedrückt hat.

Dann muss es Ziel sein, das Einstimmigkeitsprinzip, das bisher manchen vernünftigen Schritt verhindert hat, auch an anderen Stellen aufzugeben. Denn Wolfgang Schäuble hat recht, wenn er sagt: „Auch ohne Vertragsreform können wir schon heute vorankommen – mit jenen rechtlichen Instrumenten, die uns die Verträge klugerweise zur Verfügung stellen: Flexibilitätsklausel, Brückenklauseln, verstärkte Zusammenarbeit. Und wenn es nicht anders geht: durch intergouvernementale Kooperation, wie wir es in der Eurokrise gemacht haben. Auch wenn dadurch unterschiedliche Integrationsgeschwindigkeiten in der EU perpetuiert werden: Wir sollten diese Möglichkeiten entschlossen nutzen, weil wir uns nicht leisten können, dass der Zögerlichste, der Langsamste das Tempo bestimmt. Wir könnten beispielsweise damit beginnen, in der Außen- und Sicherheitspolitik zu qualifizierten Mehrheitsentscheidungen im Rat überzugehen."[26]

Jean Claude Juncker, auch ein großer Europäer, hatte einen solchen Weg 2017 ebenfalls vorgezeichnet und gefragt, ob man immer nur geschlossen voranschreiten könne, „oder muss es nicht so sein, dass die, die schneller voranschreiten wollen, dies tun können, ohne die anderen zu stören, und dabei ein strukturiertes Gebilde schaffen, das für alle offen ist? [...] ein Gebilde, das einen Kern hat und verschiedene Kreise [...] man muss sich den Kontinent in konzentrischen Kreisen vorstellen."[27]

Zweitens: Vom Binnenblick zur Weltorientierung

Die drängenden Herausforderungen der Gegenwart zeigen: In einer Reformagenda für die EU muss, *zweitens*, ein *Perspektivwechsel* vorgenommen werden: *vom selbstreferentiellen Blick nach innen hin zu einer Weltperspektive.* Und dabei gilt: Europa muss Interessenspolitik betreiben, weltweit.

Also weg von einer weiteren steten Verdichtung des ohnehin schon zu dichten Brüsseler Regulationsapparats hin zu den Aufgaben, die die EU im Weltkonzert zu bestehen hat. Da geht es um Wirtschafts- und Machtfragen zwischen den großen Playern der Welt, zu denen die EU zählt. Es geht um die Lösung des Klimaproblems, es geht um die großen Migrationsströme, die wir in diesen Jahrzehnten erleben. Aber es geht vor allem um die neue Weltordnung, die im Entstehen begriffen ist, und die Frage: Wie stark bleibt darin die Europäische Union?

Die Herausforderungen sind also vielfach. Zuerst ist eine *neue Sicherheitspolitik* gefragt. Der Putin-Krieg gegen die Ukraine hat die nach der Wiedervereinigung Deutschlands und Europas gemeinsam zwischen Ost und West beschlossenen und ratifizierten Verträge faktisch zerstört. Russland hat die kooperative Sicherheitsordnung verlassen, vor allem die Helsinki-Schlussakte (1975) und die Charta von Paris (1990). „Die EU- und NATO-Staaten werden in Zukunft Sicherheit und Frieden nicht mehr gemeinsam mit Russland, sondern in Abgrenzung von Russland gegen Russland organisieren müssen."[28]

Trotz der Unterstützung der Ukraine durch die europäischen Mitgliedstaaten sowie die NATO, die Sanktionen gegen Putin verhängt haben, wird eine neue europäische Sicherheitsorganisation spätestens nach dem Ende des Krieges angesagt sein. Es geht eben nicht mehr nur um die Frage, welchen Beitrag die europäischen Partner in die NATO einbringen. Vielmehr „steht nunmehr die Handlungsfähigkeit der Europäer in einer konfrontativen europäischen Sicherheitsordnung im Vordergrund".[29]

Zu dieser bereits laufenden Debatte hat sich eine Diskussion darum entspannt, ob „die europäische Souveränität oder strategische Autonomie bereits vom Tisch wäre". Im Gegenteil: Souveränität bedeute letztlich Handlungsfähigkeit, und der Krieg in Europa fordere umso dringlicher von den Europäern, auch in der Sicherheits- und Verteidigungspolitik handlungsfähiger zu werden.[30]

Die Mitgliedstaaten der Europäischen Union haben eine „beeindruckende politische Gemeinschaft geschaffen, [sie] sind aber bislang zu selten in der Lage, gemeinsame Interessen in ihrer Nachbarschaft oder global gemeinsam durchzusetzen […] Es geht nicht um europäische Unabhängigkeit oder Autarkie, auch nicht darum, Allianzen oder Partner abzulehnen […] Ziel ist eine europäische Souveränität in allen Bereichen, vom Handel über Energie bis Verteidigung. In einigen sind die Europäer besser aufgestellt als in anderen. Im Bereich wirtschaftlicher Standards hat die Stimme der Europäischen Kommission Gewicht. Im klassischen Verteidigungsbereich sind die Europäer schlecht positioniert, hier herrschen die größten Abhängigkeiten: außerhalb Europas von den USA; und außerhalb der EU von Großbritannien und der Türkei."[31]

Die zweite Herausforderung: die *Positionierung Europas im weltpolitischen Wettbewerb.*

Trotz aller Versuche haben die westlichen Staaten (vor allem die USA und die Europäische Union) es bisher nicht geschafft, eine gemeinsame klare Politik gegenüber China zu erarbeiten. Sie wird auch durch eine Sonderposition des französischen Präsidenten Macron erschwert, der für eine „strategische Autonomie" Europas wirbt und gleichzeitig die Wirtschaftsbeziehungen mit China wiederzubeleben versucht, ohne die USA zu verärgern. Die Transatlantikerin von der Leyen hatte in einer Rede vor dem mit Frankreichs Präsident Macron gemeinsamen Besuch in Peking klar erkannt, „dass das Ziel Xi's ein systemischer Wandel der internationalen Ordnung ist, in deren Mittelpunkt China steht". Darauf müsse man „geschlossen reagieren". Das betreffe auch den russischen Krieg gegen die Ukraine: Xi habe sich „unbeeindruckt von der schrecklichen und völkerrechtswidrigen Invasion der Ukraine" gezeigt, kritisierte von der Leyen in ihrer Rede, es werde aber ein entscheidender Faktor für die künftigen Beziehungen sein, wie sich Peking gegenüber Putins Krieg positioniere.[32] „Während Macron glaubt, dass Xi seinen Einfluss nutzen könnte, um auf eine Friedenslösung in der Ukraine hinzuwirken, ist von der Leyen skeptischer."[33]

Die Haltung der EU-Kommission, die sie aus dem Willen ihrer Mitgliedsländer ableitet, ist klar: Sie will das Beste aus beiden Welten, nämlich einerseits die weitere Pflege des Verhältnisses zu China, gleichzeitig aber strebt sie eine Minimierung der ökonomischen und sicherheitspolitischen Risiken an, die aus einer allzu dichten Verbindung mit China erwachsen können. Das ist – nimmt man das entschiedene chinesische Streben nach einer neuen Weltordnung in den Blick – ein diplomatischer Balanceakt, der innerhalb der EU eine große Einigkeit voraussetzt und auch eine genaue Abstimmung mit den USA erfordert, denen eine Abkopplung von China am liebsten wäre. Und sie lebt, sagt Ursula von der Leyen, von der chinesischen „Bereitschaft, die Taktik des Teilens und Eroberns zu vermeiden" – eine Warnung an China, nicht zu versuchen, Keile zwischen die Staaten Europas zu treiben.[34]

Vom Binnenblick zur Weltorientierung: Die wichtigste und dringendste Aufgabe für Europa und damit für Deutschland und Frankreich ist damit die *Entwicklung einer gemeinsamen Außen-, Sicherheits- und Verteidigungspolitik*, die diesen Namen wirklich verdient. Dazu gehört die enge Abstimmung zwischen Deutschland und Frankreich, aber eben auch die Aufgabe, „dass Deutschland und Frankreich für ihre Positionen bei den Partnern werben, sie konsultieren, bevor sie sich endgültig festlegen".[35] Wolfgang Schäuble geht, was die Sicherheit betrifft, sogar noch weiter und meint, dass „Europa jetzt […] einen Doppelbeschluss fassen muss: die eigene nukleare Abschreckung weiterentwickeln und gleichzeitig eine Plattform für Abrüstung von taktischen Atomwaffen und Kurz- und Mittelstreckenraketen in Europa initiieren. All das muss im Rahmen der strategischen Planung der NATO eingebunden sein."[36]

An solcher Abstimmung fehlt es gegenwärtig viel zu häufig. Die kleineren Mitglieder der EU entfremdet das, sie haben das Gefühl, es werde innerhalb der EU arrogant über ihre Köpfe hinweg entschieden, sie würden zur Mitwirkung von „den Großen" gleichsam genötigt. Deutschland und Frankreich müssen zurückkehren zu der betont entgegenkommenden Behandlung der sogenannten Kleinen, sie ist Ausweis des notwendigen inneren Wandels.

Drittens: Stärkung der EU-Außengrenzen

Eines der inneren, emotionalen Lebenselixiere der Europäischen Union ist das freie Reisen, der Abbau der Grenzen innerhalb der EU. Die Unterzeichnung eines entsprechenden Abkommens im luxemburgischen Schengen war insoweit eine Großtat des Friedens. Das „Schengen-Abkommen" hat Europa zu dem großen Lebens- und Arbeitsraum gemacht, den wir heute so schätzen. Inzwischen ist eine ganze Generation herangewachsen, für die es selbstverständlich geworden ist, dass eine Fahrt von Köln nach Antwerpen – obgleich zwei Staatsgrenzen passierend – nichts anderes ist als eine von Köln ins etwa gleich weit entfernte Mannheim."[37] Für die Jugend von heute ist es selbstverständlich geworden, jederzeit überall in Europa hinfahren zu können, um Freunde zu treffen, zu lernen, zu studieren. Oder sie ziehen gleich um: Inzwischen haben sechs Millionen junge Menschen in anderen Orten und Ländern Europas ihre Heimat gefunden.[38]

„Schengen ist insoweit Symbol für die Wechselbezüglichkeit von Ent- und Vergrenzung, für den Anspruch auf territoriales Ordnen als Voraussetzung einer auf Recht gegründeten Gemeinschaft."[39]

Wer aber im Inneren die Grenzen aufhebt, der muss die äußeren Grenzen sichern. Das gelingt nicht allen Mitgliedstaaten, die die Außengrenzen der EU absichern müssen, gleichermaßen. Vielmehr sind „angesichts der offenkundig disparaten Fähigkeiten und Philosophien betroffener Mitgliedstaaten die Außengrenzen der Union zu kontrollieren, […] hier weitere Europäisierungsforderungen (nicht zuletzt im Vollzug) vorhersehbar […] Äußere Grenzrechtspolitik befördert innere Zentralisierung. Ob sich alle Befürworter einer ‚Festung Europa' dessen bewusst sind?"[40]

Ein solches Kooperationsgebiet wie der „Schengen-Raum" muss deshalb weit über das bisherige Maß hinaus auf die Stärkung der EU-Außengrenzen hinwirken. Er hat leider in der Migrationskrise 2015/2016 ihre große Prüfung nicht bestanden, weil die EU-Staaten in einer gewissen Friedensseligkeit nicht mit einem ernsthaften Stresstest dort gerechnet hatten. Grenzen aber heißen so, weil sie im Notfall wirksam abgrenzen sollen. Wenn wir im Inneren der EU die Grenzen fallen lassen, müssen sie nach außen sicher kontrollierbar sein, egal, ob die Herausforderungen militärischer, migrationspolitischer oder gesundheitspolitischer Natur sind.

Denn in der Welt der Geopolitik geht Sicherheit vor Effizienz. Dazu muss die EU „die Sprache der Macht lernen", wie die Präsidentin der EU-Kommission Ursula von der Leyen schon vor ihrem Amtsantritt formuliert hat.[41] Sehr weit ist sie dabei noch nicht gekommen. Und klar ist auch: Nur sichere Grenzen halten im Inneren den Rechtsstaat aufrecht. Dies bedeutet zugleich, dass es „keine freie Gesellschaft, keine Demokratie ohne einen starken Rechtsstaat gibt".[42] Dieser Satz gilt aber auch umgekehrt: Es gibt keinen starken Rechtsstaat ohne eine wehrhafte Demokratie. Alles andere wäre Willkürherrschaft.

„Für das politische Denken der Europäischen Union sind die Fragen im Dreieck der ‚Politikverflechtungsfalle' Migration, Asyl und Grenzschutz kompliziert [...] Dass Grenzen nicht nur trennen, sondern auch schützen, dass sie Freiheit garantieren und nicht nur Freiheit einschränken können, ist in Europa lange Zeit keineswegs Denkkonsens gewesen."[43]

Viertens: Mehr Realismus beim Euro

Der Euro, so hatten es seine Gründerväter versprochen, sollte eine stabile Währung sein. Denn Inflation, so hat die Geschichte mehrfach bewiesen, zerstört nicht nur Volkswirtschaften, sie zerstört Lebenschancen und sie ruiniert Menschen.

Realismus beim Euro heißt deshalb: Inflationäre Tendenzen müssen im Ansatz bekämpft werden. Die vergangenen Jahre haben gezeigt, dass die Europäische Zentralbank (EZB) diese Aufgabe nicht ernst genug nimmt. Als die Inflation im Euroraum 2022 an Fahrt aufnahm und die Preise infolge des Ukrainekriegs, der Wirtschafts- und Lieferkettenkrise mit China und hoher Lohnforderungen der Gewerkschaften stiegen, hat sie erst spät reagiert. Sie war zu selbstverliebt in ihre großzügige Zinspolitik, mit der sie viele Finanzminister von Schuldenstaaten glücklich machen konnte. Zu spät nahm sie von dieser Großzügigkeit Abstand, weil ihre Prognosen noch Anfang 2022 davon ausgingen, die Inflation werde rasch – sozusagen von selbst – wieder unter die Zwei-Prozent-Marke fallen. „Das war wahrscheinlich eine der größten Fehlprognosen, die eine Notenbank je getätigt hat",[44] urteilt einer der Väter des Euro und ehemaliger Chefvolkswirt der EZB, Otmar Issing, der dringend eine entschiedene Zinsreaktion auf jede Inflation einfordert, will man nicht in eine wirtschaftlich desaströse Preis-Lohn-Spirale geraten. Das Wunschdenken der EZB muss nun beendet werden, denn tatsächlich sind die Zinsanhebungen der EZB noch zu unentschlossen angesichts einer Geldentwertung, die in Deutschland (nach einem Durchschnitt von 7,9 Prozent im Jahr 2022) im Jahr 2023 von 8,7 Prozent im Januar auf gerade einmal 7,2 Prozent im April gefallen ist[45] – noch immer viel zu hoch also. Die mittlerweile erzielten hohen Tarifabschlüsse lassen die Gefahr einer Lohn-Preis-Spirale weiter steigen.

Realismus beim Euro und eine erfolgreiche Inflationsbekämpfung sind auch erforderlich, um Ruhe in die Wirtschafts-, Finanz- und Sozialpolitik der EU und der Euro-Raum-Mitglieder zurückkehren zu lassen. Erst dann kann man sich wieder „darauf konzentrieren, die allgemeinen Voraussetzungen für die Weiterentwicklung jener Wirtschaftsstrukturen zu schaffen, die das europäische Modell so erfolgreich gemacht haben […] Hierzu gehören etwa: Verschuldungsgrenzen; eine Steuerung der Haushaltspolitik (allerdings mit mehr Freiheit für investive Ausgaben) […] eine unabhängige Zentralbank, die neben der Entwicklung des Geldwertes auch Wachstumsperspektiven im Blick hat; künftig vielleicht ein

Transfersystem, mit dem sich die Staaten horizontal unterstützen.“[46] Denn die Erwartung, dass eine gemeinsame Währung an sich schon ausreichenden Druck zur Angleichung wirtschafts- und finanzpolitischen Verhaltens erzeugen würde, hat sich nicht erfüllt.

Daraus ergibt sich ein weiterer Anlass, Realismus einzufordern: Wir müssen nüchtern sehen, dass der Euroraum nicht nur die Verpflichtung hat, eine Hartwährungsgemeinschaft zu sein, sondern im Notfall auch eine Transferunion und Haftungsgemeinschaft. Den Verlust einiger Milliarden Euro können wir eher verschmerzen als den Zusammenbruch unseres Währungssystems und mit ihm des ganzen europäischen Projektes.

Gespürt haben wir das im Falle der 2010 drohenden Insolvenz Griechenlands. Weil einige Mitgliedstaaten „zunächst die intergouvernementale Methode der zwischenstaatlichen Übereinkünfte bei der Installierung von Rettungsschirmen abgelehnt“ hatten, löste sie „indes bewältigt geglaubte nationale Ressentiments neu aus“.[47]

Da auch die Bundeskanzlerin monatelang die finanzielle Hilfe für Griechenland ablehnte, führte dieses Verhalten zur Niederlage der CDU bei der Landtagswahl in Nordrhein-Westfalen am 14. Mai 2010, weil die Änderung erst drei Tage vorher bekannt gegeben wurde. „Doch bereits die Ankündigung des Präsidenten der EZB Mario Draghi von 2012 – ‚whatever it takes‘[48] – stellte die supranationale Hierachie [...] wieder her.“[49]

Bundeskanzlerin Angela Merkel sagte in ihrer Regierungserklärung vom 19. Mai 2010 vor dem Deutschen Bundestag: „Deshalb gab es zur Sicherung der Stabilität des ganzen Euro-Finanzsystems wenige Tage später keine vernünftige Alternative“, helfen sei nun also „unsere historische Aufgabe; denn scheitert der Euro, dann scheitert Europa. Wenden wir diese Gefahr aber ab, dann werden der Euro und Europa stärker als zuvor sein.“[50]

Realismus beim Euro, die Förderung einer starken Währung, die Bekämpfung von Inflationsgefahren: All das wirkt unmittelbar auf alle anderen Politikbereiche der Europäischen Union. Da die wirtschaftlichen Grundlagen der Mitgliedstaaten unterschiedlich sind, kommt einer zentralen Strukturpolitik große Bedeutung zu – Bildung und Innovation also und das Setzen von Anreizen und die Vermittlung von Wissen für die Volkswirtschaften. Auch die Mobilität des Arbeitsmarktes und die Förderungen von wirtschaftlichen Stärken können Wachstumsimpulse geben – es geht am Ende um den „impliziten sozialen Kontrakt"[51] der EU.

Dieser „implizite Kontrakt" hat gelitten, seit die Migrationskrise die Tagespolitik bestimmt und unverändert unbewältigt erscheint – in ihrer Form des täglichen Zustroms ebenso wie in der Gestaltung der Anerkennungsverfahren oder der Integration. Die Bürger sind beunruhigt und drücken das in Wahlergebnissen aus.

Fünftens: Demokratische EU-Struktur erfahrbarer machen

Wir müssen *Europa besser erklären*. Da wir es uns ermöglicht haben, nationale Hoheitsrechte durch „Gesetz mit Zustimmmung des Bundesrates" an europäische Institutionen zu übertragen, muss jedem Bürger immer aufs Neue deutlich gemacht werden: Dies geschieht, weil wir nur gemeinsam stark sind und deshalb vieles gemeinsam regeln müssen. Es geht – so steht es in unserem Grundgesetz – um die „Verwirklichung" einer *solchen* Europäischen Union, „die demokratischen, rechtsstaatlichen, sozialen und föderativen Grundsätzen und dem Grundsatz der Subsidiarität verpflichtet ist und einen diesem Grundgesetz im wesentlichen vergleichbaren Grundrechtsschutz gewährleistet".[52] Und: Es geschieht auf demokratische Art und Weise.

Also muss man kommunikativ deutlicher machen, dass jede Brüsseler Kompetenz, jede Verordnung von dort mit der Zustimmung auch unseres Parlaments und im Ministerrat durch unsere Regierung erfolgt. Das ist demokratische Legitimation. Wenn es einmal Unbequemes zu erklären gibt, pflegen sich manche unserer

Parlamentarier durch einen Verweis auf „die in Brüssel" zu exkulpieren. Das ist erstens sachlich falsch und zweitens politisch feige. Europa sind wir, und wir haben es über die letzten 70 Jahre mit vielgestaltigen Regelungsmaterien demokratisch aufgebaut.[53]

Umbruchzeiten wie die gegenwärtige haben es an sich, dass es keine erkennbare Finalität gibt. Es bleibt unklar, wohin die Reise geht, viele Fragen bleiben naturgemäß offen. Für die Menschen ist eine solche Lage eine Zumutung, für die Politik eine große und ernst zu nehmende Herausforderung. Denn kommunale Räte, Landes- und Bundesregierungen und auch das Europäische Parlament und die EU-Kommission müssen Entscheidungen trotz noch unklarer Perspektiven treffen. Es gibt zu viele politische Entscheider, die Angst vor der Zukunft haben und deshalb Führung vermissen lassen.

Das fördert Skepsis. Europa ist manchen deshalb keine Verheißung mehr, sondern wird zur Belastung umdefiniert. Das hat Europa verändert: Rechte und linke Populisten propagieren deshalb wieder einen deutschen Sonderweg. Großbritannien hat sich mit dem Brexit verabschiedet, Italien ist nach rechts gerückt, in Ungarn radikalisiert sich die Regierung Orbán. Polen und die baltischen Staaten stehen unter dem Druck des Kreml, der sein altes Imperium zurückhaben will. Und schließlich möchte auch China die Welt nach seinen Vorstellungen ordnen, „wenngleich eleganter und abwägender als Russland".[54]

Die großen Herausforderungen unserer Zeit – Globalisierung, Klimakatastrophe, Migrationskrise, Digitalisierung, Wissensgesellschaft – stoßen auf einerseits übermächtige, andererseits aber überforderte Parteien und Politiker. Zu jedem der großen Themen müssen mühsam gemeinsame Linien und gemeinsame Entscheidungen gefunden werden. Das dauert oft lange, manchmal misslingt es sogar. „Aber gerade weil das so ist, muss sich jeder Akteur nicht nur Kritik gefallen lassen, sondern darf auch Verständnis einfordern für seine Rolle in einem komplizierten Verbundsystem: Die EZB, der EuGH ebenso wie das Bundesverfassungsgericht. [...] Aber das bedrängte westliche System einer demokratisch regierten personalen Entfaltungsordnung bedarf einer klaren Orientierung an unseren Grundwerten, der entschiedenen Pflege von Institutionen der Demokratie, des Rechtsstaats, des Marktes und des Bildungs- oder Gesundheitssystems [...] Es gilt, die Union zu stärken als Raum der Freiheit, der Prosperität, des friedlichen Zusammenhalts. Ihr wächst neue Kraft zu, wenn die Mitgliedstaaten stabil und erfolgreich sind."[55]

Und das Rezept? Gestärkt wird die Union, wie übrigens auch die sozialen Zusammenhänge unseres Privatlebens, wenn – wie Di Fabio festhält – „latente Konflikte nicht auf die Spitze getrieben und markante Entscheidungen gesucht werden, wo bisher Aushandlungsprozesse, Netzwerke und bewegliche Hierarchien den Alltag prägten".[56] Diese Einsicht muss man den Bürgern der Europäischen Union immer wieder vermitteln.

Das geschieht zu wenig. Die Öffentlichkeitsarbeit der Europäischen Kommission und auch die des Europaparlaments agiert bedauerlicherweise mit angezogener Handbremse. Sie scheut den Auftritt in den einzelnen Mitgliedsländern, einen Auftritt, der mit den Methoden moderner politischer Werbung überzeugend und gewinnend gestaltet werden könnte. Haben sie Sorge, sie könnten den jeweiligen Regierungen in die Quere kommen, deren einige ja nicht müde werden, eigene Versäumnisse auf die Europäische Union zu schieben? Gerade das müsste Motivation sein, in die Offensive zu gehen: Sachlich natürlich, aber auch emotional, denn Europa ist eben mehr als ein Projekt für Buchhalter. Von einem Projekt der Vernunft muss es zu einem Projekt der Herzen avancieren.

Hinzu kommt: Wir müssen *Parteien- und Demokratievertrauen stärken*. Wenn wir über den werbenden Auftritt für Europa sprechen: Er wäre auch eine bedeutende Aufgabe der politischen Parteien. Sie sind im demokratischen Prozess nicht alleine – Demokratie ist heute nicht gleich Demokratie. Demokratie ist in jedem Land anders aufgebaut, sie ist niemals statisch, ihre Verfahren unterliegen Fortentwicklungen, die von soziodemografischen Veränderungen, bildungspolitischem Fortschritt und von gesellschaftspolitischen Entwicklungen ausgelöst werden. Sie zieht ihre Kraftquellen aus der geschriebenen Verfassung, aber auch aus dem Ansehen, dem Charisma und der Aktivität ihrer Protagonisten. Je nach Sichtweise haben wir also eine Parlamentsdemokratie, eine Kanzlerdemokratie, eine Parteiendemokratie.

Blicken wir in die Nachkriegszeit zurück, dann sehen wir: Unsere Demokratie war sehr erfolgreich. Sie hat alle Krisen bestanden, hat mit ihren Aushandlungsprozessen eine kontinuierliche und friedliche Entwicklung der Gesellschaft ermöglicht. Sie ist sogar fähig, sich selbst, reformierend, im Zaume zu halten, wie die Wahlrechtsreform zeigt, die der Bundestag im Frühjahr 2023 beschlossen hat.[57]

Reicht das Eigenlob? Sidney Decker ist da skeptisch: „In den Geschichten darüber, wie Systeme ins Versagen geschlittert sind, scheitern Organisationen eben daran, dass sie gut funktionieren, und zwar innerhalb einer engen Bandbreite von Leistungskriterien – denen nämlich, für die sie in ihrer aktuellen politischen oder ökonomischen oder kommerziellen Ausgestaltung belohnt werden."[58]

Dem Volke also immer nach dem Munde reden, nach Zeitgeist und momentanen Mehrheiten regieren? Durs Grünbein geißelt einen solchen Populismus zu Recht, denn „der Populismus ist eine große Geschichtsvergessenheit, anders wird er nicht funktionieren. Die Massen müssen ihre eigene Geschichte vergessen haben, um sich neuerlich aufputschen und in gefährliche Abenteuer stürzen zu lassen. Ultrarechte Parteien, die sich als Volksbewegung verkaufen, sich auf den Weg des Volkes berufen und so den Begriff der Demokratie umwerten, müssen einstweilen noch den Weg der Legalität beschreiten; aber man wird sehen, wann sie von dem abweichen […] Rechts sein heißt, davon zu träumen, die Macht nie mehr aus den Händen zu geben. Es kommt also immer darauf an, ob sie sich eher bürgerlich-gemäßigt oder national-revolutionär entpuppen."

So schreibt der Lyriker Durs Grünbein und fügt hinzu: „Das Gespenst ist wieder da. Von Italien bis Skandinavien, von Russland bis Frankreich, und auch in Deutschland sind die Fackeln nie ganz erloschen. Die Rechte jubelt in diesem Moment. Das ist kein gutes Zeichen für die Demokratie, eine Demokratie freier Bürger, die sich ihrer fragilen Geschichte bewusst sein sollte, um gemeinsam zu überleben."[59]

Für „Volksparteien" heißt das: Es reicht nicht, sich nur als „Volkspartei" zu proklamieren, man muss auch mit dem Volk reden, mit den normalen Wahlbürgern. Jeder Abgeordnete ist einer von ihnen, als Repräsentant dieser Bürger in die Parlamente entsandt, um dort wirklich „das Volk" zu vertreten, und nicht, um in eine elitäre, abgehobene politische Kaste zu entschwinden. Im Klartext: Es gibt zu wenige Möglichkeiten für das Volk, sich an der Vermittlung von Inhalten, Zielen und Konzepten zu beteiligen. Partizipation aber ist das zentrale Element politischer Teilhabe; sie fördert das Wissen um die eigene Verantwortlichkeit. Erst Teilhabe macht den Bürger zum Demokraten.

Für Parteien gilt es auch zu würdigen: Die Mehrheit der Menschen in Europa ist europafreundlich. Sie tritt für die Demokratie auf der Grundlage der Werte des Westens für Freiheit, Gerechtigkeit und Frieden ein. Immer wieder bestätigen Europas Demoskopen diesen Befund. Diese Zustimmung zu Europa ist ein großes Pfund, mit dem man als Partei aktiv wuchern muss. Dieses Vertrauen dürfen die politischen Parteien und ihre Parlamentäre nicht enttäuschen. Nur so können Freiheit und Rechtsstaat, die soziale Marktwirtschaft und damit das vereinte Europa eine gute Zukunft haben.

Und schließlich soll man *Stadt nicht gegen Land ausspielen*. Die Probleme der Bürger liegen auch anderswo, und die Parteien als wesentliche Institutionen einer repräsentativen Demokratie müssen sich ihrer annehmen. So spüren die Bürger, dass sich die Ungleichheiten in Deutschland verstärken. Das funkelnde Leben findet in den großen Metropolen statt, in denen die Industrien und die Zulieferfirmen, die Wissensökonomien, die Finanzierungsmöglichkeiten und Start-ups, aber auch besonders qualifizierte Arbeitnehmerinnen und Arbeitnehmer permanent Innovationen vorantreiben und hohe Wachstumsraten erarbeiten, stattliche Renditen und attraktive Löhne und Gehälter. Die zweiten großen Gewinner sind die Universitäts- und Hochschulstädte. Sie sind der Ort der Transformation zur Wissensgesellschaft, ein aussichtsreicher Startpunkt ins spätere Leben.

Dort siedeln sich die Unternehmen aus zwei Gründen bevorzugt an. Sie profitieren erstens „von ‚tieferen‘ Märkten, das heißt von einer größeren Auswahl von Zulieferern, Kooperationspartnern und Abnehmern, mit denen sie passgenaue Verträge schließen können". Und zweitens „erleichtert die räumliche Nähe den Austausch von Ideen".[60]

Was aber wird aus den alten Industrieregionen, den früheren Stahl- und Steinkohleregionen im Ruhrgebiet oder den Steinkohlelagern in Gera oder Chemnitz? Welche Zukunft haben kleinere Industriestädte wie Hoyerswerda, Schwedt oder Eisenhüttenstadt? Wie (über-)leben die stillen, ländlichen Regionen Europas? Welche Infrastruktur kann man dort entwickeln, wenn man doch weiß, dass die „jungen Kreativen" aus Wissenschaft, Bildung, Medien, Design, IT und Kultur eine hohe Lebensqualität erwarten, unbedingt also Kulturangebote, Freizeitangebote, Sportanlagen, attraktive private Treffpunkte und exzellente Einrichtungen für Kinder und Jugendliche?

Untersucht man die Differenzen zwischen Großstädten und Dörfern, stellt sich Erstaunliches heraus. Zwei Drittel der Landbewohner finden, große Städte haben in der Politik viel zu sagen, das Land hingegen werde nicht gehört.

Eine Antwort auf dieses Gefühl der Benachteiligung hatte die Verlegung des Bundestages von Bonn nach Berlin sein sollen. Aus der romantischen rheinischen, scheinbar unproblematischen Abgeschiedenheit ins Zentrum des Landes, ins lebenskundige Berlin, ran ans Volk sozusagen. Gregor Gysi war damals Fraktionschef der Linken, und er fragte: „Soll ein Parlament, soll eine Regierung wirklich dorthin gehen, wo es problemlos ist, oder sollen Parlament und Regierung nicht genau dorthin gehen, wo die meisten Probleme eines Landes kulminieren, um sich ihnen direkt zu stellen und nicht den Eindruck zu hinterlassen, dass man mit diesen Problemen eigentlich nichts zu tun haben will?"[61]

Für Claudia Neu, die an den Universitäten Göttingen und Kassel den Lehrstuhl für Soziologie ländlicher Räume innehat, sind neben dieser Parlamentsfrage aber noch andere Orte des Austauschs wichtig: Bäckereien, Poststellen, Supermärkte etwa, an denen sich sozialer Zusammenhalt organisiere oder auch Einsamkeit manifestiere. Das Land fühle sich zu Unrecht nur als Dienstleister der Städte, sagt sie und verweist auf die großen Bürgerwindparks, den Beitrag des ländlichen Raums zur Energiewende, der zugleich auch Steuermittel generiere für andere Infrastrukturprojekte. Auch versuchten viele ländliche Kommunen, ihre infrastrukturellen Nachteile durch allerlei Bürgerengagement auszugleichen, würden da aber vom Staat zunehmend frustriert, der seiner Pflicht zur Daseinsvorsorge, zur Sicherung des Zugangs zu Wasser- und Energieversorgung, Bildung, Gesundheit, Kultur, Post und Verkehr auf dem Land nicht mehr ausreichend nachkomme. Das führe zur Haltung: „Der Staat tut nichts, also tun wir eben auch nichts." Diesen Bürgersinn müsse man wieder reaktivieren, sagt Neu, denn die Energie und Mobilitätswende, die großen Themen unserer Gegenwart, würden beide auf dem Land entschieden. Den Menschen dort zu vermitteln, dass sie im Zentrum des Geschehens stehen, empfände sie da als ersten Schritt.[62]

„Die Art und Weise, wie Berlin heute die Politik prägt, verursacht natürlich Reibungen. Aber wie der Blick in die Geschichte zeigt, sind diese Reibungen ein regelmäßiger Begleiter von Urbanisierungsprozessen",[63] die zugleich die Entleerung ländlicher Räume fördern. Die Beschleuniger dieser Prozesse haben wir in diesem Buch beschrieben: Die Digitalisierung, die künstliche Intelligenz, die Bildungsnotwendigkeit sind allesamt Faktoren, die Netzwerke vor Ort brauchen, ein großes und gut ausgebildetes Arbeitnehmerpotenzial, eine schnell funktionierende Service-Infrastruktur – alles, was urbane Räume bieten, aber eben nicht das auf diese Weise abgehängte flache Land.

Wer aber das Gefühl hat, abgehängt zu sein, wird anderen politischen Parolen nachlaufen als jene, die im Zentrum des ökonomischen und Innovationsgeschehens leben. Eine Zersplitterung des Parteiensystems, wachsender Rechtspopulismus samt seiner Verachtung für demokratische Institutionen und eine Stadt-Land-Polarisierung sind die Folge. Kann man das zurückdrehen? Nein, meint Lukas Haffert mit Blick auf Erfahrungen in anderen Ländern, „aussichtsreicher erscheint es, von diesen anderen Ländern zu lernen, wie sie mit diesen Entwicklungen umgehen, was dabei gut und was weniger gut funktioniert. Wie gelingt die Regierungsbildung in einem Parteiensystem ohne Volksparteien, aber mit sieben, acht oder zehn Parteien im Parlament? Wie kann es gelingen, dass Städter und Landbewohner ihre unterschiedlichen Interessen politisch repräsentiert finden? Wie kann ein politisches System sich polarisieren, ohne zu paralysieren?"[64]

Die Antwort ist: Deutschland braucht eine Revitalisierung der gegenwärtig lahmen Regionalpolitik. Ob es die Grünen gerne hören oder nicht: Der ländliche Raum braucht beste Verkehrsinfrastruktur auf schnellen Straßen und Schienen. Er braucht eine vollständige digitale Infrastruktur mit den schnellsten Datenautobahnen, die wir technisch zur Verfügung haben. Er braucht billige Energie. Er braucht höhere Investitionsanreize, als sie in den Rahmenplänen der Gemeinschaftsaufgaben zur regionalen Wirtschaftsstruktur, zur Agrarstruktur und zum Küstenschutz nach Art. 91a GG gegenwärtig vorgesehen sind. Kurz: Wer politische Radikalisierung durch das Gefühl, abgehängt zu werden, verhindern will, muss sich um die ländlichen Räume intensiver kümmern.

Visionäre Führung und Empathie

Politischer Erfolg hat auch Ingredienzien, die sich dem Handwerklichen entziehen. Der geschichtliche Moment muss auf Persönlichkeiten treffen, die klarsichtig, charismatisch und handlungsstark sind. Und es braucht Empathie mit den politischen Partnern.

Die Erfahrung lehrt, dass es nur einiger weniger großer Staatsmänner bedarf, die uns das Schicksal zur gleichen Zeit auf die Weltbühne schickt, um Großes zu bewirken. Europa hatte solche Staatsmänner beispielsweise in Robert Schuman, Konrad Adenauer, Willy Brandt oder Helmut Kohl, in Leonid Breschnew, der 1975 den bedeutsamen KSZE-Vertrag zuließ, in Michail Gorbatschow.

Auch der welthistorische Umbruch wie der von 1989 – der hier exemplarisch sein kann – zeigt, dass man politische Entscheidungen mit einem weiten Denkhorizont und mit historischer Perspektive treffen muss. Auch 1989 kam nicht „out of the blue", sondern stand am Ende einer Kette richtiger Entscheidungen. Grundlage war die Politik des ersten Bundeskanzlers der Bundesrepublik Deutschland Konrad Adenauer, die die Westintegration und die feste Verankerung der neuen Demokratie in Europa verwirklichte mit dem unerschütterlichen Ziel einer Wiedervereinigung in Frieden und Freiheit. Dieses Ziel und die sich daraus ergebende Strategie führten dazu, dass die deutsche Einheit 1990 möglich wurde, weil „Bundeskanzler Helmut Kohl die unerwartete Chance begriff, die sich uns bot. Er hat sie sofort beherzt und zugleich vorsichtig genutzt."[65]

„Damit schuf der Kanzler politische Fakten, die unmissverständlich klarmachten, dass Deutschland keine Hegemonie in Europa anstrebte, sondern in Europa aufgehen wollte – in einem Europa, das möglichst allen Staaten jene Freiheitsrechte gewährte, von denen die Deutschen 1989/1990 profitierten. Kohl war also ein ‚Kanzler der Einheit', sogar in einem doppelten Sinn. Er setzte sich für die Einheit Europas ebenso ein wie für die Einheit Deutschlands."[66]

Helmut Kohl verband mit Otto von Bismarck „sein Gespür für den historischen Augenblick und zugleich sein Sinn für die Verbindung der operativen Politik mit den gesellschaftlich-politischen Kräften, die erst die Einheit ermöglichten. Instinktiv erfasste Kohl die Richtung der Entwicklung."[67]

Auch die Europäische Union braucht eine solche visionäre Kraft, wenn sie in ihrer freiheitlichen Form überleben will. Die EU, die ich mir wünsche, ist eine, die von demonstrierter Freundschaft und Empathie getragen ist in dem Wissen um unsere große gemeinsame Geschichte und unsere gemeinsame Kultur. Viele unserer Wurzeln haben wir gemeinsam. Das schließt ja Differenzen nicht aus. Die aber kann man unter Freunden auch in Sympathie austragen. Diese Sympathie aber muss man sich gegenseitig immer wieder zeigen, kein EU-Mitglied darf sich vernachlässigt oder gar benachteiligt fühlen.

Da geht es auch um emotionale Symbolpolitik. Noch eine Lehre aus der Coronakrise: Man muss zu Eurobonds nicht Ja sagen, aber wenn die italienischen Spitzenpolitiker für solche Bonds in großformatigen Anzeigen an die „Lieben deutschen Freunde" in deutschen Zeitungen werben mit dem Satz: „Wir können nun alle beweisen, dass Europa stärker ist als diejenigen, die Europa schwächen wollen", dann ist klar: Hier werden Geschichtsbücher geschrieben und keine Wirtschaftslehrbücher. Da hätte man als Bundeskanzlerin auch einmal nach Rom fahren und eine leidenschaftliche Ansprache der Freundschaft halten können über die große Bedeutung, die unser Sehnsuchtsland Italien für uns hat, und über die umfangreichen Hilfen, die wir im Rahmen der Europäischen Union, der EZB oder des europäischen Stabilitätsmechanismus für Italien in gern gelebter Solidarität jetzt und künftig aufbringen.

Derweil hatten die Chinesen einige Ärzte und ein paar Kisten Schutzkleidung nach Rom geschickt mit der Aufschrift „Forza Italia" und „amicizia", „Freundschaft" daraufgeschrieben samt ein paar Herzchen und haben ihren Botschafter in Rom wörtlich sagen lassen, „Wenn Handschläge in Europa nicht mehr gelten, dann kann China helfende Hand einen Unterschied machen."

Für solche Sätze werden die Chinesen geliebt. Neue Umfragen in Italien sagen: Chinesen sind große Freunde, Deutschland der neue Feind. Wir schaffen es immer, viel großzügiger als andere zu helfen und dafür noch verachtet zu werden.

Deshalb sollten wir uns ein Europa der Empathie wünschen. Wir brauchen ein neues Narrativ und ein neues Bewusstsein für das, was wir an wirklich Bedeutendem geschaffen haben in Europa: Frieden, Freiheit, Wohlstand, Sicherheit, Demokratie, Rechtsstaatlichkeit. Vielleicht war die Coronakrise und ist der russische Überfall auf die Ukraine der doppelte Espresso, der uns für all das wach macht.

In der Bewältigung der Pandemie sehen wir auch, wie wichtig europäische Gemeinsamkeit sein kann, wie wertvoll Solidarität, wie bedeutsam die hoffentlich dauerhaft offenen Grenzen sind. Corona hatte uns Europa vorübergehend genommen, nun haben wir es zurückbekommen. Wir sollten mit Europa und seinen Bürgerinnen und Bürgern fürsorglich, gegen Nationalisten aber kämpferisch umgehen.

Eine solche kämpferische Antwort ist im Grunde auch die Europäische Union. Ihre Gründung hat die Frage, ob man aus der Geschichte lernen kann, beispielhaft beantwortet: Ja, man kann.[68] Die Gründung der EU und ihrer Vorläufer war „Prävention als angemessene Antwort auf die Erfahrung der beiden Weltkriege".[69] Sie sollte – nach allen Erfahrungen und als Lehre aus dem Kriegsdesaster der ersten Hälfte des 20. Jahrhunderts – Friedensprojekt, Demokratisierungsprojekt, Ort der Erinnerungskultur und der Menschenrechte zugleich sein.

Solche Zeichen haben sich seither großartig wiederholt: Charles de Gaulle und Konrad Adenauer 1962 im Hochamt in der Kathedrale von Reims, Willy Brandt 1971 am Denkmal der jüdischen Ghettokämpfer in Warschau mit seinem Akt der Reue durch den

Kniefall, 1984 Helmut Kohl und François Mitterand auf dem Sol-
datenfriedhof Douaumont vor dem Beinhaus sich die Hände rei-
chend, 1989 die Deutschen aus dem Osten und dem Westen mit
der Wiedervereinigung Deutschlands und Europas dem Frieden ein
Fundament setzend. Sie alle, die die Freiheit und die Demokratie
erneuern wollten, zeigten uns, dass dieser Friede nicht nur pro-
klamiert, sondern gelebt werden muss. Wenn wir sehen, dass diese
Freiheit infrage gestellt wird, müssen wir uns wehren. Wir werden
uns wehren, indem wir unseren „Way of life" lebendig halten.

Nachgedanke

Im Zentrum der Überlegungen dieses Buches steht immer wieder das vereinte, freie und demokratische Europa. Dieses Geschenk müssen wir bewahren. Den Schluss soll deshalb eine Hommage an Helmut Kohl bilden, den großen Europäer und Gestalter der deutschen Einheit. Sein Appell „Aus Sorge um Europa" aus dem Jahre 2014[1] ist unverändert gültig:

„Europa ist eine historische Chance und hat alle Chancen, wir müssen sie nur ergreifen. Der Rückblick auf die vergangenen 100 Jahre lässt ermessen, welche gewaltige Wegstrecke wir in Deutschland und Europa an der Seite unserer amerikanischen Freunde zurückgelegt haben. Wir haben heute überhaupt keinen Anlass zur Resignation. Wir haben viel mehr Grund zu realistischem Optimismus. Wir müssen nur handeln – mit Mut und Klugheit, mit Geduld und Augenmaß, mit Weitsicht und Grundsatztreue, mit Demut und Selbstbewusstsein. Wenn wir das beherzigen und wenn wir Europa wieder auf einen guten Weg bringen, wenn wir Europa für den Bürger verständlich machen, auch positiv erfahrbar durch konkrete, sachorientierte Politik, dann bin ich ganz sicher, dass wir auch das Vertrauen der Menschen in Europa und in den Euro zurückgewinnen. Wir wollen nie vergessen: Europa wird am Ende nur gelingen, wenn die Politik beherzt vorangeht und die Menschen entschlossen mitnimmt. In diesem Sinne wünsche ich mir auch, dass Europa wieder stärker eine Herzensangelegenheit der Menschen wird und dass wir das Haus Europa weiterbauen und kommende Generationen neben ihrer nationalen Identität ganz selbstverständlich auch ihre

europäische Identität leben und vielleicht eines Tages sogar von einem ,Europa der Vaterländer in einem gemeinsamen Vaterland Europa' sprechen. Wenn uns das gelänge, dann wäre in Europa viel erreicht."

Anmerkungen

Vorwort

[1]   Jürgen Osterhammel, Die Verwandlung der Welt. Eine Geschichte des 19. Jahrhunderts, München 2011, S. 795.

[2]   Vgl. Volker Kronenberg, Tilman Meyer (Hrsg.), Volksparteien. Erfolgsmodell für die Zukunft?, Freiburg i. Br. 2009, S. 60 ff.

[3]   https://european-union.europa.eu/system/files/2021-06/eu-pioneers-jean-monnet_de.pdf (alle Links wurden zuletzt am 05.05.2023 abgerufen).

1. Transformationen – ein Überblick

[1]   Jürgen Rüttgers, Mehr Demokratie in Deutschland, Berlin 2017, S. 17.

[2]   Tony Judt, Geschichte Europas von 1945 bis zur Gegenwart, München 2022, S. 708.

[3]   Jürgen Osterhammel, Die Verwandlung der Welt. Eine Geschichte des 19. Jahrhunderts, München 2011, S. 795.

[4]   Andreas Reckwitz, Ein Ordnungsruf, in: Die Zeit, 16.11.2019, S. 55.

[5]   Frankfurter Allgemeine Zeitung, 15.04.2023, S. 18.

[6]   Marc Elsberg, Blackout. Morgen ist es zu spät, München 2021.

[7]   Arnulf Baring, Kanzler der Einheit – Otto von Bismarck, Konrad Adenauer, Helmut Kohl, in: Hans Jürgen Küsters, Ulrich Lappenküper (Hrsg.), Kanzler der Einheit, Sankt Augustin/Berlin 2012, S. 99.

[8]   Frank Becker, Die Einigung Deutschlands in der Publizistik, in: ebd., S. 86.

[9]   Heinrich August Winkler, Geschichte des Westens. Vom Kalten Krieg zum Mauerfall, München 2014, S. 21.

[10] https://de.statista.com/statistik/daten/studie/1312907/umfrage/nichtwaehler-bei-den-bundestagswahlen/.

[11] Alexander Kissler, Mehr als die Verwaltung von Macht, in: Neue Zürcher Zeitung, 24.09.2022, S. 1.

[12] Vgl. ebd.

2. Globalisierung als System-Wettbewerb

[1] Adam Tooze, Crashed. Wie zehn Jahre Finanzkrise die Welt verändert haben, München 2018, S. 9.

[2] Ebd., S. 11.

[3] Ebd., S. 15.

[4] Ebd., S. 22 f.

[5] Ebd., S. 25.

[6] Ebd., S. 28.

[7] Wilfried Herz, Der Preis des Wachstums, in: Die Zeit, 30.03.2006, S. 26.

[8] https://de.wikipedia.org/wiki/Washington_Consensus.

[9] Severin Weiland, Wie der Geist von Leipzig aus der CDU weicht, in: Der Spiegel, 31.10.2008, https://www.spiegel.de/politik/deutschland/arbeitnehmer-gegen-wirtschaftsfluegel-wie-der-geist-von-leipzig-aus-der-cdu-weicht-a-586071.html (zuletzt zugegriffen am 19.01.2023).

[10] Wolfgang Schröder, Die Sozialpolitik der Union. Christdemokratische Sozialpolitik im Wandel der Zeiten, in: Norbert Lammert (Hrsg.), Christlich-Demokratische Union. Beiträge und Positionen zur Geschichte der CDU, München 2020, S. 686.

[11] https://www.sozialpolitik-aktuell.de/files/sozialpolitik-aktuell/_Politikfelder/Finanzierung/Datensammlung/PDF-Dateien/abbII1a.pdf.

[12] Wolfgang Schröder, Die Sozialpolitik der Union. Christdemokratische Sozialpolitik im Wandel der Zeiten, in: Norbert Lammert (Hrsg.), Christlich-Demokratische Union, Beiträge und Positionen zur Geschichte der CDU, München 2020, S. 687 f.

[13] Ebd., S. 689.

[14] Ebd., S. 690.

[15] Reimut Zohlnhöfer, Krisenmodus statt Visionen. Eine Reformbilanz der Regierungen unter Angela Merkel, in: APuZ 47–49/2021, S. 42.

[16] Volker Kronenberg, Laboratorium der Erneuerung? Die Volkspartei CDU in Nordrhein-Westfalen, in: ders., Tilman Mayer (Hrsg.), Volksparteien. Erfolgsmodell für die Zukunft?, Freiburg i. Br. 2009, S. 69.

17 Jürgen Rüttgers, Wirtschaftliche Vernunft und Soziale Marktwirtschaft. Anmerkungen zur Zukunft der Sozialen Marktwirtschaft, in: Bodo Hombach, Alexander Schweitzer (Hrsg.), Mehr Argumente wagen, Bonner Akademie für Forschung und Lehre praktischer Politik (BAPP) 2015, S. 90; Volker Kronenberg, Jürgen Rüttgers. Eine politische Biografie, München 2009, S. 207.

18 Vgl. dazu Volker Kronenberg, Jürgen Rüttgers, Eine politische Biografie, München 2009, S. 206.

19 Stefan Braun, Franziska Reich, „Manchmal tut mir Frau Merkel leid", Interview, in: Der Stern, 03.08.2006; Rüttgers: „Die CDU ist keine kapitalistische Partei", in: Der Stern, 02.08.2006; Florian Güßgen, CDU-Grundsatzkongress. Der Widerspenstige legt nach, in: Der Stern, 22.08.2006; Rüttgers-Vorstoß, Arbeitslosengeld I verlängern, in: Der Stern, 01.11.2006.

20 Jürgen Rüttgers, Wirtschaftliche Vernunft und Soziale Marktwirtschaft. Anmerkungen zur Zukunft der Sozialen Marktwirtschaft, in: Bodo Hombach, Alexander Schweitzer (Hrsg.), Mehr Argumente wagen, Bonner Akademie für Forschung und Lehre praktischer Politik (BAPP) 2015, S. 99.

21 Jürgen Rüttgers, Worum es heute geht, Bergisch Gladbach 2005, S. 167 ff.

22 Timm Beichelt, Zwischen Transformation und Posttransformation, in: APuZ 1–2/2022, S. 41 ff.

23 John Maynard Keynes, Das Ende des Laissez-Faire, Berlin 2011, S. 47.

24 Mariana Mazzucato, „Der Staat soll die Richtung vorgeben, die Ideen sollen von unten heraufsprudeln", in: Neue Zürcher Zeitung, 05.10.2022, S. 19.

25 Mariana Mazzucato, Mission. Auf dem Weg zu einer neuen Wirtschaft, Frankfurt a. M. 2021, S. 36 ff.

26 Ebd., S. 45.

27 Mariana Mazzucato, Wie kommt der Wert in die Welt?, Bonn 2019, S. 347 f.

28 Ebd., S. 349.

29 Mariana Mazzucato, Der Staat muss ganze Märkte neu erschaffen, Interview von Mark Schieritz und Lars Weisbrod, in: Zeit Online, 21.05.2021, S. 3.

30 Mariana Mazzucato, Wie kommt der Wert in die Welt?, Bonn 2019, S. 293.

31 Ebd., S. 297.

32 Ebd., S. 298.

[33] Wolfgang A. Herrmann (Hrsg.), Geld für die Wissenschaft, Finanzierungsquellen versus Forschungsfreiheit, München 2020.

[34] Vgl. Isabel Pfeiffer-Poensgen, Staatliche Finanzierung und Forschungsfreiheit, in: Wolfgang A. Herrmann (Hrsg.), Geld für die Wissenschaft. Finanzierungsquellen versus Forschungsfreiheit, München 2020, S. 59 ff.

[35] Mariana Mazzucato, Mission. Auf dem Weg zu einer neuen Wirtschaft, Frankfurt a. M. 2021, S. 19.

[36] Zit. nach Jürgen Rüttgers, Worum es heute geht, Bergisch-Gladbach 2005, S. 166.

[37] Wilhelm Röpke, Maß und Mitte, Berlin ²1970, S. 142.

[38] Mariana Mazzucato, Mission. Auf dem Weg zu einer neuen Wirtschaft, Frankfurt a. M. 2021, S. 19.

[39] Margrethe Vestager, „Wir können zu nichts zurückkehren", Interview von Björn Finke, in: Süddeutsche Zeitung, 29.10.2022.

[40] Nicola Leibinger-Kammüller, „Work-Life-Balance finde ich fürchterlich", in: Frankfurter Allgemeine Zeitung, 12.05.2023, S. 26.

[41] https://de.wikipedia.org/wiki/Washington_Consensus.

[42] Jürgen Rüttgers, Die Marktwirtschaft muss sozial bleiben. Eine Streitschrift, Köln 2007, S. 70.

[43] Bronisław Geremek, Interview, in: Die Zeit, 18.01.2007, S. 5.

[44] Horst Wildemann, Produktivität durch Industrie 4.0, München 2018, S. 27.

[45] Vgl. Herfried Münkler, Die europäische Nachkriegsordnung. Ein Nachruf, in: APuZ 28–29/2022, S. 9.

[46] Ebd.

[47] Claudia Major, Christian Mölling, Europas neue (Un-)Sicherheit. Von der Friedens- zur Konfliktordnung, in: APuZ 28–29/2022, S. 12 f.

[48] Vgl. Wim Naudé, Paula Nagler, Technological Innovation and Inclusive Growth in Germany, Bertelsmann-Stiftung Gütersloh, 2017.

[49] Europäische Kommission, Industrie (wieder-)finden, Innovation definieren. Bericht der unabhängigen hochrangigen Gruppe zu Industrietechnologien, Brüssel 2018, S. 6.

[50] Wim Naudé, Paula Nagler, Technological Innovation and Inclusive Growth in Germany, Bertelsmann-Stiftung Gütersloh, 2017, S. 2 f.

[51] Ebd.

[52] Horst Wildemann, Produktivität durch Industrie 4.0, München 2018, S. 9 f.

[53] Hendrik Ankenbrand, Das Reich der Roboter, in: Frankfurter Allgemeine Zeitung, 08.12.2022, S. 22.

[54] Horst Wildemann, Produktivität durch Industrie 4.0, München 2018, S. 11.

[55] Ebd., S. 14 ff.

[56] Ebd., S. 29.

[57] Werner Weidenfeld, Wolfgang Wessels (Hrsg.), in: Peter Becker, Sozialpolitik, BpB Bonn 2014, S. 407 ff.

[58] Jens Beckert, Imaginierte Zukunft. Fiktionale Erwartungen und die Dynamik des Kapitalismus, Berlin 2018, S. 421.

[59] Ebd., S. 267.

3. Ohne schädliche Klimagase – geht das?

[1] Marc Elsberg, Blackout, München 2012, Klappentext.

[2] Jens Voss, Klimaschutz. Wie steht es um das Ozonloch, in: National Geographic, 16.09.2021, https://www.nationalgeographic.de/umwelt/2021/09/klimaschutz-wie-steht-es-um-das-ozonloch.

[3] Felix Baumann, Algen könnten Klimawandel ausbremsen, bergen aber Risiken, basicthinking.de/blog/2022/06/24/algen-klimawandel/.

[4] Julia Kainz, Baumverluste in Deutschland: Satellitenbilder zeigen Zerstörung, in: National Geographic, 21.04.2022, https://www.nationalgeographic.de/umwelt/2022/04/baumverluste-in-deutschland-satellitenbilder-zeigen-zerstoerung.

[5] Ebd.

[6] Ullrich Fichtner, Vom Pfad abgekommen, in: Der Spiegel Nr. 45, 05.11.2022, S. 24.

[7] Ebd.

[8] Ebd., S. 26.

[9] Moritz Baumstieger, Eine Frage der Motive. Greta Thunberg bei „maischberger", in: Süddeutsche Zeitung, 14.10.2022, S. 19.

[10] Ebd., S. 30.

[11] G. Harmut Altenmüller, Geosphäre-, Biosphäre- und Polarforschung, in: Spektrum der Wissenschaft 7/1996, S. 122, https://www.spektrum.de/magazin/geosphaere-biosphaere-und-polarforschung/823145.

[12] Ullrich Fichtner, Vom Pfad abgekommen, in: Der Spiegel Nr. 45, 05.11.2022, S. 32.

13 Ebd.

14 Gerhard Spörl, Groß denken, groß handeln. Wandel, Bruch, Umbruch:
    Wie das Ruhrgebiet sich neu erfindet. München 2017, S. 184.

15 Ebd.

16 Ebd., S. 196.

17 Uwe Anderson, Konstanten und Veränderungen. Bundestagswahlen:
    1949–2017, Bürger und Staat, Heft 3-2021, 71. Jg., Landeszentrale für
    politische Bildung Baden-Württemberg, S. 154 (165).

18 Jürgen Rüttgers, Regierungserklärung vom 13. Juli 2005, Plenarprotokoll
    14/4, S. 145.

19 Rolf-Herbert Peters, Jan Boris Wintzenburg, Wer zahlt die Zeche?, in: Der
    Stern, 19.06.2005, https://www.stern.de/wirtschaft/news/bergbau-altlas-
    ten-wer-zahlt-die-zeche--3298458.html.

20 Schon 2014 keine Kohle mehr für Kohle?, https://www1.de/archiv/kohle-
    abschied/ruettgers_subventionen-100.htm (ausgedruckt am 01.02.2007);
    Rüttgers provoziert Kohle-Streit, in: Stern, 01.02.2007, https://www.
    stern.de/politik/deutschland/bergbau-ruettgers-provoziert-kohle-
    streit-3360372.html.

21 Für Rüttgers ein „sehr, sehr gutes Ergebnis", Einigung im Streit um den
    Kohle-Ausstieg, in: WDR, 07.02.2007, https://www1.wdr.de/archiv/koh-
    le-abschied/kohlestreit_einigung100.html.

22 Ergebnis der Kohlegespräche vom 07.02.2007, Landtag Nordrhein-West-
    falen 5929, 08.02.2007, Plenarprotokoll, S. 37 ff.

23 https://www.stiftung-mercator.de/de/woran-wir-arbeiten/Klimaschutz/.

24 Ebd.

25 Tomasz Kurianowicz, Slavoj Zizek über den Klimawandel. „Die Zeit ist ge-
    kommen für limitierte Gewalt", in: Berliner Zeitung, 22.08.2021, https://
    www.berliner-zeitung.de/wochenende/slavoj-zizek-ueber-den-klimawan-
    del-die-zeit-ist-gekommen-fuer-limitierte-gewalt-li.177670.

26 Zitiert nach Johanna Adorján, Vorsicht, die Natur ist verrückt, in: Süd-
    deutsche Zeitung, 24.10.2022, S. 11.

27 RWE-Boss schlägt Alarm, in: Bild, 06.06.2023, S. 3.

28 Deutsche Wirtschaft wird 2023 wohl schrumpfen, in: Manager Magazin,
    11.04.2023, https://www.manager-magazin.de/unternehmen/iwf-deut-
    sche-wirtschaft-soll-2023-schrumpfen-prognose-nach-unten-korrigiert-a-
    a5cec353-d467-43b5-8b00-951cf40bcc65.

29 René Höltschi, Rettungshysterie ist die falsche Antwort, in: Neue Zürcher
    Zeitung, 14.10.2022, S. 13.

30 Axel Ockenfels, Ottmar Edenhofer, Die deutsche Ampel und das Weltklima, in: Frankfurter Allgemeine Zeitung, 10.12.2021, S. 16.

31 Ebd.

32 Johannes Varwick, Radikale Realpolitik, in: Frankfurter Allgemeine Zeitung, 11.12.2021, Nr. 289, S. 13.

33 Zitiert nach Johannes Varwick, Radikale Realpolitik, in: Frankfurter Allgemeine Zeitung, 11.12.2021, Nr. 289, S. 13.

34 Ebd.

35 Kay Scheller, „Die Ampel spielt nicht mit offenen Karten", Interview von Tim Szent-Ivanyi, in: Kölner Stadt-Anzeiger, 30.11.2022, S. 6.

36 Ralf Fücks, Aufbruch in der ökologische Moderne, in: Frankfurter Allgemeine Zeitung, 15.02.2022, S. 20.

37 Herman Daly, „Es gibt Grenzen", Interview mit Philipp Krohn, in: Frankfurter Allgemeine Zeitung, 30.09.2022, Nr. 228, S. B5.

38 Bruno Latour und Nikolaj Schultz, Zur Entstehung einer ökologischen Klasse, Berlin 2022.

39 Ebd., S. 10 f.

40 Samira El Ouassil, Die Natur wartet auf die Revolution, in: Süddeutsche Zeitung, 17.11.2022, S. 9.

41 Leopoldina, Zukunftsreport Wissenschaft, Juni 2022, https://www.leopoldina.org/fileadmin/redaktion/Publikationen/Zukunftsreport/2022_Zukunftsreport_Erdsystemwissenschaft_DE_web.pdf.

42 Gerald Wagner, Erdkunde im Anthropozän, in: Frankfurter Allgemeine Zeitung, 07.09.2022, S. N 4.

43 Ulrike Herrmann, Das Ende des Kapitalismus. Warum Wachstum und Klimaschutz nicht vereinbar sind – und wie wir in Zukunft leben werden, Köln 2022; zitiert nach Fred Luks, Das grüne Schrumpfen, in: Frankfurter Allgemeine Zeitung, 21.11.2022, Nr. 271, S. 18.

44 Ebd.

45 Katja Gelinsky, Umweltkriminalität wirksamer bekämpfen, in: Frankfurter Allgemeine Zeitung, 02.11.2022, Nr. 255, S. 16; Karina Marzano, So lassen sich Risiken der Waldzerstörung ermitteln, in: Frankfurter Allgemeine Zeitung, 04.01.2023, Nr. 3, S. 16.

46 Josef Aschbacher, Alexander Gerst, Raumfahrt für eine grüne Zukunft, in: Frankfurter Allgemeine Zeitung, 17.11.2022, Nr. 268, S. 9.

47 Clemens Fuest, Die Zukunft des Geschäftsmodells Deutschland, in: Ifo Schnelldienst 9/2022, S. 3 ff.

48 Gros, D., Russlands Gaslieferkürzungen werden die deutsche Wirtschaft nicht umbringen, Project Syndicate, 09.08.2022.

49 Clemens Fuest, Die Zukunft des Geschäftsmodells Deutschland, in: Ifo Schnelldienst 9/2022, S. 4.

50 Karl-Heinz Büschemann, Zu kurz gesprungen, in: Süddeutsche Zeitung, 10./11.12.2022, S. 24.

51 Horst Wildemann, Die Pflicht zur Tugend machen, in: Frankfurter Allgemeine Zeitung, 31.10.2022, Nr. 253, S. 16.

52 Ebd.

53 Vgl. ebd.

54 Teresa Ribera, Interview, „Von 2030 an spanischer Wasserstoff", in: Frankfurter Allgemeine Zeitung, 10.12.2022, Nr. 288, S. 23.

55 Pipeline für Wasserstoff aus Norwegen, in: Frankfurter Allgemeine Zeitung, Nr. 3, 04.01.2023, S. 17; Christian Geinitz, Ziemlich beste Energiefreunde, in: Frankfurter Allgemeine Zeitung, Nr. 5, 06.01.2023, S. 17.

56 Christan Geinitz, Neue deutsche Abhängigkeiten, in: Frankfurter Allgemeine Zeitung, Nr. 5, 06.01.2023, S. 17.

57 Jürgen Hoffmann, Heute LNG-Gas, morgen grüner Wasserstoff?, in: Zukunft Energie des Süddeutschen Verlages, 13.12.2022.

58 Christoph von Eichhorn, Der Weg des Wunderstoffs, in: Süddeutsche Zeitung, 06.12.2022, S. 16.

59 Oliver Weinmann, Deutscher Wasserstoff- und Brennstoffzellenverband, Pressemitteilung Nr. 23/2022, 05.12.2022.

60 Christoph von Eichhorn, Der Weg des Wunderstoffs, in: Süddeutsche Zeitung, 06.12.2022, S. 16.

61 Christoph Hein, Indien will Wasserstoffgroßmacht werden, in: Frankfurter Allgemeine Zeitung, 06.01.2023, Nr. 5, S. 19.

62 Habecks Wasserstoff-Wende, in: Handelsblatt, 03.05.2023, S. 6.

63 Vgl. Jürgen Rüttgers, „Er war ein ganz großer Häuptling" – Neues über Konrad Adenauer, Paderborn 2017, S. 151 ff.

64 Tony Judt, Die Geschichte Europas seit dem Zweiten Weltkrieg, bpb, Bonn 2005, S. 152.

65 Ebd., S. 142.

66 Ebd., S. 158.

67 Vgl. Heinrich August Winkler, Geschichte des Westens. Vom Kalten Krieg zum Mauerfall, München 2014, S. 193 f.

[68] Green Hydrogen Coalition, https://www.ghcoalition.org/thierry-lepercq (zuletzt zugegriffen am 30.01.2023).

[69] Thierry Lepercq, Aufregung zwischen Berlin, Brüssel und La Coruña, Robert Schuman Foundation, Europäische Themen, Nr. 644, 25.10.2022.

[70] Ebd., S. 2.

[71] Ebd., S. 3.

[72] Ebd., S. 4.

[73] Ebd., S. 6.

[74] Ebd., S. 6.

[75] Ebd., S. 6–7.

[76] Sebastian Dullien, Institut für Makroökonomie und Konjunkturforschung, in: Dirk Mewis, Editorial. Zukunft Produktion und Kreislaufwirtschaft, in: Frankfurter Allgemeine Zeitung, Verlagsspezial, 24.03.2023.

[77] Carlos Moedas, Europäische Kommission, Re-finding Industry, Defining Innovation, Science Research and Innovation Performance in the EU 2018 (Wissenschaftliche Forschung und Innovationsleistung in der EU 2018), S. 55 und 57.

[78] Next Generation Solutions, in: Evonik Industries AG, www.evonik.com.

[79] Stephan Finsterbusch, Ilka Kopplin, „Für uns sind es goldene Zeiten", in: Frankfurter Allgemeine Zeitung, 01.04.2023, S. 24.

4. Digitalisierung und künstliche Intelligenz

[1] Giuseppe Gracia, Der Posthumanismus schafft den Menschen ab, in: Neue Zürcher Zeitung, 29.09.2022, S. 8.

[2] Vgl. Andreas Reckwitz, Die Gesellschaft der Singularitäten, Berlin 2017, S. 230 f.

[3] Ebd., S. 226.

[4] Henry Kissinger, „Wie Aufklärung endet – philosophisch, intellektuell – in jeder Hinsicht – ist die menschliche Gesellschaft auf den Aufstieg künstlicher Intelligenz nicht vorbereitet", in: Der Atlantik/The Atlantic, Juni 2018.

[5] Henry Kissinger, Weltordnung, München 2014, S. 398.

[6] Bernd Roeck, Amerika droht das Chaos, in: Neue Zürcher Zeitung, 23.04.2022, S. 10.

[7] Patrick Zoll, Matthias Sander, Der Westen gerät im Technologie-Wettlauf in den Rückstand, in: Neue Zürcher Zeitung, 04.03.2023, S. 6.

8   Stellungnahme des Ethikrats, KI darf Menschen nicht ersetzen, in: Tages-
    schau.de, ARD-aktuell, 20.03.2023, https://www.tagesschau.de/inland/
    ethikrat-kuenstliche-intelligenz-101.html.

9   Sven Astheimer, Alexander Armbruster, Roland Lindner, Die digitale All-
    zweckwaffe, in: Frankfurter Allgemeine Zeitung, Nr. 18, 21.01.2023,
    S. 21.

10 Ebd.

11 Sundar Pichai, Interview mit der Frankfurter Allgemeinen Zeitung,
    31.05.2023, S. 19.

12 Sam Altmann vergleicht Risiken von KI mit Atomkriegen, in: Frankfurter
    Allgemeine Zeitung, 31.05.2023, S. 18.

13 Jürgen Schmidhuber, Interview Frankfurter Allgemeine Zeitung,
    01.06.2023, S. 22.

14 Vgl. auch Jürgen Rüttgers, Guten Morgen, Europa!, Baden-Baden 2019,
    S. 60 f.

15 Vgl. Dani Rodrik, in: Martin Hesse, Marcel Rosenbach, Michael Sauga,
    America Only, in: Der Spiegel, Nr. 48, 03.12.2022, S. 48.

16 Andreas Barner, Gerald Haug, Uwe Cantner, Georg Schütte, Wie wir
    technologisch Souveränität gewinnen, in: Frankfurter Allgemeine Zeitung,
    Nr. 6, 08.01.2022, S. 18.

17 Christoph Meinel, Deutschland gibt seine Souveränität am Router ab, in:
    Frankfurter Allgemeine Zeitung, 05.10.2020, Nr. 231, S. 21.

18 Uwe Cantner, Das deutsche Digitalisierungsproblem und wie es gelöst wer-
    den kann, in: Frankfurter Allgemeine Zeitung, Nr. 67, 21.03.2022, S. 21.

19 Alexander Jung u. a., Angsträume, in: Der Spiegel, Nr. 46, 20.11.2019,
    S. 66 ff.

20 Markus Gabriel, Der nächste Fortschritt, in: Süddeutsche Zeitung,
    25.10.2019, S. 11.

21 Vgl. Re-Finding Industry – Defining Innovation, Report of the Indepen-
    dent High Level Group on Industrial Technologies, chaired by Jürgen Rütt-
    gers, European Commission 2018, COM (2018) 306 final, S. 22.

22 Vgl. Winand von Petersdorff, Was die technologische Aufrüstung bedroht,
    in: Frankfurter Allgemeine Zeitung, Nr. 67, 21.03.2022, S. 21.

23 Jürgen Schmidhuber, Die Wiege der künstlichen Intelligenz, in: Die Zeit,
    28.02.2019, S. 29.

24 Ebd.

25 Vgl. Wolfgang Kopf, Wie nachhaltig ist das unbegrenzte Datenwachstum
    im Netz?, 13.01.2022, https://www.telekom.com/de/konzern/manage-

ment-zur-sache/details/wie-nachhaltig-ist-das-unbegrenzte-datenwachs-tum-im-netz-644366.

[26] Hendrik Ankenbrand u. a., Das nächste Chip-Beben, in: Frankfurter Allgemeine Zeitung, Nr. 240, 15.10.2022, S. 17.

[27] Giuseppe Gracia, Der Posthumanismus schafft den Menschen ab, in: Neue Zürcher Zeitung, 29.09.2022, S. 8.

[28] Alexander Grau, Das Recht auf ein analoges Leben, in: Der Spiegel, Nr. 37, 10.09.2022, S. 52 f.

[29] Lukas Mäder, Cybersicherheit ist keine Aufgabe der Armee, in: Neue Zürcher Zeitung, 12.10.2022, S. 15.

[30] Thomas Rid, Interview mit Lukas Mäder, „Wir überschätzen die Wirksamkeit von Cyberangriffen tendenziell", in: Neue Zürcher Zeitung, 29.01.2022, S. 3.

[31] Gabriel Rinaldi, Die Cyberpandemie, in: Frankfurter Allgemeine Zeitung, Nr. 31, 07.02.2022, S. 18.

[32] Stephan Finsterbusch, Thiemo Heeg, Attacken im Sekundentakt, in: Frankfurter Allgemeine Zeitung, Nr. 247, 24.10.2022, S. 19.

[33] Vgl. ebd.

[34] Simon Bock u. a., Gut gelebt, schlecht gewirtschaftet, in: Der Spiegel, Nr. 51, 17.12.2022, S. 54 ff.

[35] Christoph Koopmann, Wenn Hacker alles lahmlegen, in: Süddeutsche Zeitung, Nr. 4, 05./06.01.2023, S. 2.

5. Die neue Wissensgesellschaft

[1] Aleida Assmann, Gibt es Weisheit im Krieg?, in: Die Zeit, Nr. 7, 09.02.2023, S. 49.

[2] Vgl. Lord Ralf Dahrendorf in Jürgen Kluge u. a., Wachstum und Wohlstand durch Innovation und Bildung. Bericht der Arbeitsgruppe 1, in: Zukunftskommission beim Ministerpräsidenten des Landes Nordrhein-Westfalen (Hrsg.): Innovation, Beschäftigung, Leben. Berichte an die Zukunftskommission, Düsseldorf 2009, S. 6–45.

[3] Markus Gabriel, Der nächste Fortschritt, in: Süddeutsche Zeitung, 25.10.2019, S. 11.

[4] Hubert Markl, in: Jürgen Rüttgers, Zeitenwende – Wendezeiten. Das Jahr-2000-Projekt: Die Wissensgesellschaft, Berlin 1999, S. 24.

5   Bodo Hombach, Über das Internet und die Entgrenzung kultureller und zeitlicher Lebensräume, in: Hubert Burda u. a. (Hrsg.), 2020 Gedanken zur Zukunft des Internet, Essen 2010, S. 240.

6   Ebd., S. 248.

7   Klaus F. Zimmermann u. a., Vom Hort der alten Industrien zum Magneten der Moderne? Bericht der Arbeitsgruppe 2, in: Zukunftskommission beim Ministerpräsidenten des Landes Nordrhein-Westfalen, Düsseldorf 2009, S. 76.

8   Georg Eckert, Leonard Novy, Dominic Schwickert (Hrsg.), Zwischen Macht und Ohnmacht, Wiesbaden 2013, S. 129.

9   Bodo Hombach, Über das Internet und die Entgrenzungen kultureller und zeitlicher Lebensräume, in: Hubert Burda u. a. (Hrsg.), 2020 – Gedanken zur Zukunft des Internets, Essen 2010, S. 239.

10 Wim Naudé, Paula Nagler, Technological Innovation and Inclusive Growth in Germany, Bertelsmann-Stiftung, 2017, S. 6 f.

11 Petersberger Modell: Schule und Lernen in der Wissensgesellschaft, in: CDU-Landtagsfraktion NRW, 29.08.2001.

12 Thomas de Maizière, Ekkehard Winter, Bildungsnotstand – Jetzt wird es wirklich Zeit!, Deutsche Telekom Stiftung, Februar 2023.

13 IHK NRW, Fachkräfte, https://www.ihk-nrw.de/hauptnavigation/unsere-schwerpunkte/fachkraefte-5166162.

14 Bundesministerium für Wirtschaft und Klimaschutz, Das Fachkräfte-Potenzial wecken, https://www.bmwk.de/Navigation/DE/Fachkraefteland/home.html?etcc_cmp=fachkraefteland&etcc_med=sea&etcc_par=google-ads&etcc_ctv=mallgemein.

15 DGB Bezirk Nordrhein-Westfalen, Stellungnahme Landtag NRW, 18. Wahlperiode, Nr. 18/233, S. 2.

16 Unternehmer NRW, Stellungnahme Landtag NRW, 18. Wahlperiode, Nr. 18/261, S. 6 ff.

17 Vgl. Städte- und Gemeindebund Nordrhein-Westfalen, StGB NRW-Mitteilung 538/2007 vom 15.08.2007.

18 Informationen des Bundesministeriums für Bildung und Forschung, ganztagsschule.org/de/bundeslaender/nordrhein-westfalen-weitere-kurzinformationen-im-ueberblick_5428.html.

19 Wilhelm von Humboldt, Ideen zu einem Versuch, die Grenzen der Wirksamkeit des Staats zu bestimmen, in: Wilhelm von Humboldt, Gesammelte Schriften, hrsg. von Albert Leitzmann, Band 1: Gesammelte Schriften (1785–1795), Nachdruck (Original 1903), Berlin 1968, S. 106.

20 Birgit Walter, Jedem Kind ein Instrument. Kultur bildet, Deutscher Kulturrat, 09.07.2018, in: https//www.kulturrat.de/themen/kulturelle-bildung-schule/Jedem-Kind-ein-Instrument-2/.

21 Ebd.; Volker Kronenberg, Jürgen Rüttgers. Eine politische Biografie, München 2009, S. 197.

22 Jürgen Rüttgers, Thesen für den Weg in die Wissensgesellschaft, März 1997, in: ACDP, 01-713-Jürgen Rüttgers-074/1.

23 Zitat Karl Jaspers, in: Grußwort Dr. Jürgen Rüttgers, Beiträge zur Hochschulpolitik 4/1998, S. 27.

24 Ebd.

25 Ebd., S. 29.

26 Ebd., S. 30.

27 Felicitas von Aretin, Startschuss für Reform, in: Die Welt, 27.02.1992.

28 Jürgen Schriewer, „Bologna", ein neu-europäischer „Mythos"?, in: Zeitschrift für Pädagogik 53 (2007) 2, S. 182–199, S. 185.

29 Ebd., S. 184.

30 Sorbonne-Erklärung, 25.05.1998, https://www.bmbf.de/bmbf/de/bildung/studium/bologna-prozess/die-entwicklung/die-entwicklung-von-den-anfaengen-bis-heute.html.

31 Vgl. Jürgen Schriewer, „Bologna", ein neu-europäischer „Mythos"?, in: Zeitschrift für Pädagogik 53 (2007) 2, S. 182–199, S. 185.

32 Ebd., S. 188; Wissenschaftsrat 2000, S. 102 ff.

33 Jürgen Schriewer, „Bologna", ein neu-europäischer „Mythos"?, in: Zeitschrift für Pädagogik 53 (2007) 2, S. 182–199, S. 189 f.

34 Bundesministerium für Bildung und Forschung, bmbf.de/bmbf/de/bologna-prozess/die-entwicklung-von-den-Anfängen-bis-heute-html (zuletzt zugegriffen am 06.03.2023).

35 Ullrich Fichtner, Weltuntergang? Im Leben nicht!, in: Der Spiegel, Nr. 14, 03.04.2021, S. 13.

36 Vgl. Ludwig Lenzgeiger, Wissen und Wirkung, Wiesbaden 2022, S. 566 ff.

37 Strategiepapier „Wir greifen an" – Stichworte zur Auseinandersetzung mit der SPD im Vorfeld der Bundestagswahl 1994, 02.02.1994, in: ACDP, 01-713-Jürgen Rüttgers-080/12.

38 Ludwig Lenzgeiger, Wissen und Wirkung, Wiesbaden 2022, S. 566 ff.

39 Ebd., S. 579.

40   Bundesministerium für Bildung und Forschung (Hrsg.), Integrierter Abschlussbericht. Zusammenfassung von Delphi I („Wissensdelphi") und Delphi II („Bildungsdelphi"), 1998, S. 99–107.

41   Vgl. auch Jürgen Rüttgers, Rede zur Eröffnung des BMBF-Kongresses „Die Zukunft Deutschlands in der Wissensgesellschaft", in: Bundesministerium für Bildung, Wissenschaft, Forschung und Technologie (Hrsg.), Zukunft Deutschlands in der Wissensgesellschaft, Tagungsband, Bonn 1998, S. 4–10.

42   Andreas Reckwitz, Eine Zukunft ohne Fortschritt. Freiheit, Wohlstand, Globalisierung, in: Der Spiegel, Nr. 38, 17.09.2022, S. 78.

43   Human Development Report 2021/2022, Berlin 2022, https://hdr.undp.org/system/files/documents/global-report-document/hdr2021-22overviewdepdfpdf.pdf.

44   Andreas Reckwitz, Eine Zukunft ohne Fortschritt. Freiheit, Wohlstand, Globalisierung, in: Der Spiegel, Nr. 38, 17.09.2022, S. 81.

45   Human Development Report 2021/2022, Berlin 2022, Tabelle 1, S. 31 ff. https://hdr.undp.org/system/files/documents/global-report-document/hdr2021-22overviewdepdfpdf.pdf.

6. Die Wiederbelebung der Volksparteien

1   Joachim Gauck, Demokratie als Hoffnung für Unterdrückte und Verfolgte, in: Michael Rutz (Hrsg.), Demokratie – ein Auslaufmodell?, Freiburg i. Br. 2020, S. 63.

2   Golo Mann, Deutsche Geschichte des 19. und 20. Jahrhunderts, Frankfurt a. M. 1958, S. 201.

3   Walter Tormin, Geschichte der deutschen Parteien seit 1848, Stuttgart 1968, S. 48 f.

4   Walter Henry Nelson, Die Hohenzollern, München 1972, S. 361; Barbara Tuchmann, August 1914, Frankfurt a. M. 2013, S. 140.

5   Hans-Ulrich Wehler, Deutsche Gesellschaftsgeschichte 1914–1945, Bonn 2010, S. 193; Heinrich August Winkler, Geschichte des Westens. Die Zeit der Weltkriege 1914–1945, Bonn 2011, S. 100 ff.

6   Udo Di Fabio, Die Weimarer Verfassung. Aufbruch und Scheitern, München 2018, S. 24 ff.

7   Ebd., S. 37 ff.

8   Walter Tormin, Geschichte der deutschen Parteien seit 1848, Stuttgart 1968, S. 46 ff.

[9] Sigmund Neumann, Die Parteien der Weimarer Republik, Stuttgart 1970, S. 96.

[10] Heinrich August Winkler, Geschichte des Westens, Die Zeit der Weltkriege 1914–1945, Bonn 2011, S. 1163 f.

[11] Ulrich Herbert, Geschichte Deutschlands im 20. Jahrhundert, Bonn 2014, S. 549 ff.

[12] Keith Lowe, Der wilde Kontinent. Europa in den Jahren der Anarchie 1943–1950, Stuttgart 2014, S. 11 f.

[13] Konrad Adenauer, „Es musste alles neu gemacht werden.", Protokoll des Bundesvorstands der CDU 1950–1953, bearbeitet von Günter Buchstab, Stuttgart 1986.

[14] Franz Walter, Die SPD. Vom Proletariat zur Neuen Mitte, Berlin 2002, S. 123 f.

[15] Ulrich von Alemann u. a., Das Parteiensystem der Bundesrepublik Deutschland, Wiesbaden 2010, S. 57.

[16] Robert Kagan, Die Demokratie und ihre Feinde, Bonn 2008, S. 111 f.

[17] Churchills Zürcher Rede, https://churchill-in-zurich.ch/de/churchill/churchills-zurcher-rede/.

[18] Victor Sebestyen, 1946, Berlin 2015, S. 14 f.

[19] Adenauer an Efferoth, 16.04.1964, Briefe 1945–1947, S. 223, zit. nach Hans-Peter Schwarz, Adenauer, Der Aufstieg 1876–1952, Bd. I, Stuttgart 21986, S. 437.

[20] Ebd., S. 428.

[21] Auf der Liste heißt es: „Adenauer, Konrad: Bad Honnef, Former Mayor of Honnef, Worth contacting by Allies for cooperation recording to anti-Nazi P/W (May be identical with Adenauer, Konrad, Oberbuergermeister of Köln 1919–1933), zit. nach ebd., S. 429.

[22] Ebd., S. 470.

[23] Franz Walter, Die SPD. Vom Proletariat zur Neuen Mitte, Berlin 2002, S. 7.

[24] Ebd., S. 123 ff.

[25] Tony Judt, Die Geschichte Europas seit dem Zweiten Weltkrieg, Bonn 2006, S. 302.

[26] Franz Walter, Die SPD. Vom Proletariat zur Neuen Mitte, Berlin 2002, S. 128; Golo Mann, Deutsche Geschichte des 19. und 20. Jahrhunderts, Frankfurt a. M. 1958, S. 984, beschreibt Schumacher „körperlich gebrochen, aber unbeugsamen Geistes […], sehr deutsch, sehr preußisch in der Nachfolge Bebels, Patriot und Demokrat, ohne Zweifel über den Fort-

bestand des ‚Reiches', Nation, Staat, Sozialismus in selbstverständlicher Einheit sehen"; Wolfgang Benz, Das Ende der Besatzung, in: Jahre der Besatzung. 1945–1949, hrsg. von Theodor Eschenburg (Geschichte der Bundesrepublik Deutschland in 5 Bänden, Bd. 1), Stuttgart 1983, S. 529.

27 Franz Walter, Die SPD. Vom Proletariat zur Neuen Mitte, Berlin 2002, S. 132.

28 Tony Judt, Die Geschichte Europas nach dem 2. Weltkrieg, Bonn 2006, S. 302; Hans-Ulrich Wehler, Deutsche Gesellschaftsgeschichte 1949–1990, Bonn 2010, S. 8.

29 Franz Walter, Die SPD. Vom Proletariat zur Neuen Mitte, Berlin 2002, S. 133.

30 Hildegard Hamm-Brücher, Ein deutscher Demokrat, in: Hildegard Hamm-Brücher, Hermann Rudolph, Theodor Heuss. Eine Bildbiographie, S. 188 ff.

31 Christian Staas, Willy Brandt. Ein starkes Stück, in: Die Zeit, Nr. 43, 20.10.2019, S. 21.

32 Heinrich August Winkler, Werte und Mächte. Eine Geschichte der westlichen Welt, München 2019, S. 479.

33 Dominik Geppert, Geschichte der Bundesrepublik Deutschland, München 2021, S. 46.

34 Andreas Wirsching, Der Preis der Freiheit. Geschichte Europas in unserer Zeit, München 2012, S. 202.

35 Heinrich August Winkler, Werte und Mächte. Eine Geschichte der westlichen Welt, München 2019, S. 481.

36 Vgl. ebd., S. 484.

37 Jürgen Rüttgers, Menschen und Zeitenwenden, in: Hendrik W. Ohnesorge, Xuewu Gu (Hrsg.), Der Faktor Persönlichkeit in der internationalen Politik, Wiesbaden 2021, S. 201 ff.; Jürgen Rüttgers, „Er war ein ganz großer Häuptling", Neues über Konrad Adenauer, Paderborn 2017, S. 163.

38 Frank Bösch, Die CDU-Vorsitzenden und Generalsekretäre, in: Norbert Lammert (Hrsg.), Christlich Demokratische Union. Beiträge und Positionen zur Geschichte der CDU, München 2020, S. 61 f.

39 Hans-Otto Kleinmann, Geschichte der CDU 1945–1982, Stuttgart 1993, S. 371.

40 Norbert Lammert, Die Union. Christlich und demokratisch, in: ders. (Hrsg.), Christlich Demokratische Union. Beiträge und Positionen zur Geschichte der CDU, München 2020, S. 23.

41 Helmut Kohl, Erinnerungen 1930–1982, München 2004, S. 118 f.

42 Werner Maser, Helmut Kohl. Der deutsche Kanzler, Frankfurt a. M. 1993, S. 107 f.

43 Heinrich August Winkler, Werte und Mächte. Eine Geschichte der westlichen Welt, München 2019, S. 400 f.

44 Ebd., S. 419.

45 Susanne Beyer u. a., Langer Atem, in: Der Spiegel, Nr. 41, 09.10.2021, S. 25.

46 Vgl. Helmut Kohl, Erinnerungen 1982–1990, München 2005, S. 173 ff.

47 Heinrich August Winkler, Werte und Mächte. Eine Geschichte der westlichen Welt, München 2019, S. 570.

48 Ebd., S. 501 ff.

49 Ebd., S. 500.

50 Helmut Kohl, Europa bleibt eine Frage von Krieg und Frieden, in: Bild, 15.05.2014, S. 1.

51 Jürgen Rüttgers, Menschen und Zeitenwenden, in: Hendrik W. Ohnesorge, Xuewu Gu (Hrsg.), Der Faktor Persönlichkeit in der internationalen Politik, Wiesbaden 2021, S. 201.

52 Helmut Kohl, Erinnerungen 1982–1990, München 2005, S. 186 ff.

53 Robert Kagan, Die Demokratie und ihre Feinde, Bonn 2008, S. 25.

54 Anne Seibring, Editorial, in: APuZ 1-2/2022, S. 3.

55 Kristina Spohr, Umbruchsjahr 1991, in: ebd., S. 11.

56 Ebd., S. 17.

57 Ulrich von Alemann u. a., Das Parteiensystem der Bundesrepublik Deutschland, Wiesbaden 2010, S. 80.

58 Hubert Kleinert, Das vereinte Deutschland. Die Geschichte 1990–2020, Berlin 2020, S. 113 ff.

59 Vgl. zum Folgenden Uwe Andersen, Bundestagswahlen. 1949 bis 2017, in: Bürger & Staat, Bundestagswahl 2021, Parteien, Trends und Themen am Ende der Ära Merkel, Heft 3-2021, S. 163 f.

60 Ebd., S. 164.

61 Ebd.

62 Ebd., S. 165.

63 Zit. nach Hubert Kleinert, Das vereinte Deutschland. Die Geschichte 1990–2020, Berlin 2020, S. 313.

64 Uwe Andersen, Bundestagswahlen: 1949 bis 2017, in: Bürger & Staat, Bundestagswahl 2021, Parteien, Trends und Themen am Ende der Ära Merkel, Heft 3-2021, S. 166.

65 Veit Medick, Severin Weiland, Steinbrücks Ehrlichkeit ärgert die Genossen, in: Der Spiegel, 10.07.2009, spiegel.de/politik/deutschland/streit-ueber-rentengarantie-steinbruecks-ehrlichkeit-erregt-genossen-a-635459.html.

66 Fabian Leber, Griechenland und NRW-Wahl. Merkel hat sich verzockt, in: Tagesspiegel, 23.04.2010, https://www.tagesspiegel.de/meinung/die-zockerin-6496129.html; Florian Gathmann, Severin Weiland, Merkel steckt in der Griechenland-Falle, in: Der Spiegel, 23.04.2010, spiegel.de/politik/deutschland-a-690778.html, S. 1 ff.

67 Uwe Andersen, Bundestagswahlen: 1949 bis 2017, in: Bürger & Staat, Bundestagswahl 2021, Parteien, Trends und Themen am Ende der Ära Merkel, Heft 3-2021, S. 167.

68 Jürgen Rüttgers, Die Botschaft der Wähler an die politische Wissenschaft. Anmerkungen zur Bundestagswahl 2013, in: Regierungsforschung.de, 25.06.2014, S. 3.

69 Ebd.

70 Karl-Rudolf Korte, Niko Switek, Regierungsbilanz. Politikwechsel und Krisenentscheidungen, in: APUZ 48–49/2013, S. 3 (5 ff.)

71 Jürgen Rüttgers, Menschen und Zeitenwenden, in: Hendrik W. Ohnesorge, Xuewu Gu, Der Faktor Persönlichkeit in der internationalen Politik, S. 9; Hans-Jörg Dietsche, Die gefühlte „Volkspartei". Die Wahlerfolge von Bündnis 90/Die Grünen im Jahre 2011 und die Konsequenzen für ihre weitere Bündnisstrategie, in: Ralf Thomas Baus (Hrsg.), Parteiensystem im Wandel, Konrad-Adenauer-Stiftung, Berlin 2013, S. 93 ff.

72 Eckart Lohse, Schwieriger als eine Kanzlerschaft, in: Frankfurter Allgemeine Zeitung, 16.05.2019, S. 1.

73 Michael Mertes, Zyklen der Macht, Dynamik und Stagnation. Aufstieg und Niedergang in der Politik, Bonn 2021, S. 22.

74 Ebd., S. 22; Markus Wehner, Das doppelte Bekenntnis der Kanzlerin, in: Frankfurter Allgemeine Zeitung, 22.07.2021, zitiert nach Michael Mertes, Zyklen der Macht, Dynamik und Stagnation. Aufstieg und Niedergang in der Politik, Bonn 2021, S. 22, Fn. 20.

75 Uwe Andersen, Bundestagswahlen: 1949 bis 2017, in: Bürger & Staat, Bundestagswahl 2021, Parteien, Trends und Themen am Ende der Ära Merkel, Heft 3-2021, S. 169.

76 Frankfurter Allgemeine Zeitung, 30.10.2018, S. 5.

77 Michael Mertes, Zyklen der Macht, Dynamik und Stagnation. Aufstieg und Niedergang in der Politik, Bonn 2021, S. 20.

78 Ebd., S. 20 f.

79 Katrin Bennhold und Steven Erlanger, Merkel Succession Crisis in Germany Leaving Europe Leaderless, Too, zitiert nach ebd., S. 15.

80 Ebd., S. 22.

81 Berthold Kohler, So verliert die Union die Wahl, in: Frankfurter Allgemeine Zeitung, 25.08.2021, S. 1.

82 Jasper von Altenbockum, Merkels Tritt in die Kniekehlen, in: Frankfurter Allgemeine Zeitung Online, 24.06.2019, https://www.faz.net/aktuell/politik/inland/kramp-karrenbauer-unter-druck-merkels-tritt-in-die-kniekehlen-16247828.html (zuletzt zugegriffen am 13.09.2022); Michael Mertes, Zyklen der Macht, Dynamik und Stagnation. Aufstieg und Niedergang in der Politik, Bonn 2021, S. 25.

83 Michael Mertes, Zyklen der Macht, Dynamik und Stagnation. Aufstieg und Niedergang in der Politik, Bonn 2021, S. 26.

84 Jürgen Rüttgers, Zwischen Überforderung und Übermacht. Zur Lage der politischen Parteien vor der Bundestagswahl 2017, Essay 2016, in: Regierungsforschung.de, https://regierungsforschung.de/zwischen-ueberforderung-und-uebermacht-zur-lage-der-politischen-parteien-vor-der-bundestagswahl-2017/.

85 Norbert Lammert, Die Union. Christlich und demokratisch, in: ders. (Hrsg.), Christlich demokratische Union. Beiträge und Positionen der Geschichte der CDU, München 2020, S. 21.

86 Ebd., S. 23.

87 Ebd.

88 Frank Bösch, Die CDU-Vorsitzenden und -Generalsekretäre, in: ebd., S. 71.

89 Rede von Bundeskanzlerin Merkel beim Europakolleg Brügge am 02.11.2005.

90 Thomas Brechenmacher, Die CDU unter Angela Merkel (2000–2018), in: Norbert Lammert (Hrsg.), Christlich Demokratische Union. Beiträge und Positionen der Geschichte der CDU, München 2020, S. 108.

91 Ebd., S. 107 f.

92 Ebd., S. 108.

93 Jürgen Rüttgers, Zwischen Überforderung und Übermacht. Zur Lage der politischen Parteien vor der Bundestagswahl 2017, Essay 2016, in: Regierungsforschung.de, https://regierungsforschung.de/zwischen-ueberforde-

rung-und-uebermacht-zur-lage-der-politischen-parteien-vor-der-bundes-tagswahl-2017/.

94 Thomas Brechenmacher, Die CDU unter Angela Merkel (2000–2018), in: Norbert Lammert (Hrsg.), Christlich Demokratische Union. Beiträge und Positionen der Geschichte der CDU, München 2020, S. 94.

95 Ebd., S. 95.

96 Ebd.; Quo vadis Deutschland/Gedanken zum 13. Jahrestag der Deutschen Einheit, https://www.kas.de/einzeltitel/-/content/quo-vadis-deutschland-1-VI, S. 11.

97 Thomas Brechenmacher, Die CDU unter Angela Merkel (2000–2018), in: Norbert Lammert (Hrsg.), Christlich Demokratische Union. Beiträge und Positionen der Geschichte der CDU, München 2020, S. 96.

98 Jürgen Rüttgers, Zwischen Überforderung und Übermacht. Zur Lage der politischen Parteien vor der Bundestagswahl 2017, Essay 2016, in: Regierungsforschung.de, https://regierungsforschung.de/zwischen-ueberforde-rung-und-uebermacht-zur-lage-der-politischen-parteien-vor-der-bundes-tagswahl-2017/.

99 Norbert Blüm, Rede auf dem 17. Parteitag der CDU Deutschlands, 01.– 02.12.2003, Leipzig, zitiert nach Wolfgang Schröder, Die Sozialpolitik der Union: Christdemokratische Sozialpolitik im Wandel der Zeit, in: Norbert Lammert (Hrsg.), Christlich Demokratische Union, Beiträge und Positionen der Geschichte der CDU, München 2020, S. 288.

100 „Zuwanderung löst die Probleme nicht", in: Stern, 05.09.2007, https://www.stern.de/politik/deutschland/juergen-ruettgers--zuwanderung-loest-die-probleme-nicht--3262424.html.

101 Jürgen Rüttgers, Mehr Demokratie in Deutschland, Berlin 2017, S. 18 f.

102 Ebd., S. 18.

103 Uwe Andersen, Bundestagswahlen: 1949 bis 2017, in: Bürger & Staat, Bundestagswahl 2021, Parteien, Trends und Themen am Ende der Ära Merkel, Heft 3-2021, S. 166.

104 Wolfgang Schröder, Die Sozialpolitik der Union: Christdemokratische Sozialpolitik im Wandel der Zeit, in: Norbert Lammert (Hrsg.), Christlich Demokratische Union. Beiträge und Positionen der Geschichte der CDU, München 2020, S. 659.

105 Jürgen Rüttgers, Mehr Demokratie in Deutschland, Berlin 2017, S. 19.

106 Frank Bösch, Die CDU-Vorsitzenden und Generalsekretäre, in: Norbert Lammert (Hrsg.), Christlich Demokratische Union, Beiträge und Positionen zur Geschichte der CDU, München 2020, S. 73.

[107] Ebd.

[108] Thomas Brechenmacher, Die CDU unter Angela Merkel (2000–2018), in: ebd., S. 105.

[109] Ebd., S. 105 f.

[110] Ullrich Fichtner, Weltuntergang? Im Leben nicht!, in: Der Spiegel, Nr. 14, 03.04.2021, S. 15.

[111] Ebd., S. 16.

[112] Protokoll des 24. Parteitags, 14./15.11.2011, Leipzig, https://www.kas.de/c/document_library/get_file?uuid=fd5d42c3-14bc-ca2b-8ce2-329fa-7eb7932&groupId=252038, S. 23.

[113] Thomas Brechenmacher, Die CDU unter Angela Merkel (2000–2018), in: Norbert Lammert (Hrsg.), Christlich Demokratische Union. Beiträge und Positionen der Geschichte der CDU, München 2020, S. 117 f.

[114] Ebd., S. 114 f.

[115] Uwe Andersen, Bundestagswahlen: 1949 bis 2017, in: Bürger & Staat, Bundestagswahl 2021, Parteien, Trends und Themen am Ende der Ära Merkel, Heft 3-2021, S. 166.

[116] Ebd., S. 168 f.

[117] Joachim Gauck, Demokratie als Hoffnung für Unterdrückte und Verfolgte, in: Michael Rutz (Hrsg.), Demokratie – ein Auslaufmodell?, Freiburg i. Br. 2020, S. 63.

[118] Richard Schröder, Irrtümer über die deutsche Einheit, Freiburg i. Br. 2014, S. 287 f.

[119] Deliberation, Europalexikon, Bundeszentrale für politische Bildung, https://www.bpb.de/kurz-knapp/lexika/das-europalexikon/176777/deliberation/.

[120] Volker Kronenberg, Laborraum der Erneuerung?, in: ders., Tilman Mayer (Hrsg.), Volksparteien. Erfolgsmodell für die Zukunft?, Freiburg i. Br. 2009, S. 60 ff.

[121] Edgar Wolfrum, Volksparteien – Entwicklung und Perspektiven, in: Norbert Lammert (Hrsg.), Christlich Demokratische Union, Beiträge und Positionen der Geschichte der CDU, München 2020, S. 772.

[122] Klaus von Dohnanyi, Politik. Fast Food oder spannendes Kocherlebnis, in: Jürgen Rüttgers (Hrsg.), Berlin ist nicht Weimar. Zur Zukunft der Volksparteien, Essen 2009, S. 151 ff.

[123] Jürgen Rüttgers, Ohne Parteien geht es nicht – oder doch?, in: Robert Grünewald, Sandra Busch-Jansen, Melanie Piepenschneider (Hrsg.), Politische Parteien in der modernen Demokratie, Berlin 2020, S. 467 ff.

7. Die europäische Herausforderung

[1]   Ferdinand Seibt, Erste Staats- und Einigungsideen, in: Ludger Kühnhardt und Michael Rutz (Hrsg.), Die Wiederentwicklung Europas, Stuttgart 1999, S. 102.

[2]   Grundgesetz der Bundesrepublik Deutschland, Art 20 (2).

[3]   Matthias Herdegen, Europarecht, München 2023, 24. Auflage, § 1 (1).

[4]   Grundgesetz der Bundesrepublik Deutschland, Art. 23 (1).

[5]   Vgl. dazu Jürgen Rüttgers, Mehr Demokratie in Europa. Die Wahrheit über Europas Zukunft, Marburg 2016, S. 95–98.

[6]   Vgl. Ernst Wolfgang Böckenförde, HStR II 3 2004, § 24, Rn. 1, S. 429 ff.

[7]   Thomas von Danwitz, Zukunft des Grundgesetzes, Adenauer-Vortrag 2018, Stiftung Bundeskanzler-Adenauer-Haus, S. 16.

[8]   Ernest Renan, Das Plebiszit der Vergesslichen, Über Nationen und den Dämonen des Nationalismus, Vortrag aus dem Jahre 1882, vgl. Frankfurter Allgemeine Zeitung, 27.03.1993.

[9]   Putin sieht Russland als Opfer des Westens, in: Der Spiegel, 04.12.2014, https://www.spiegel.de/politik/ausland/russland-putin-haelt-rede-an-die-nation-a-1006527.html.

[10]   Vgl. zum Folgenden: Jürgen Rüttgers, Mehr Demokratie in Europa. Die Wahrheit über Europas Zukunft, Marburg 2016, S. 76 ff.; Jürgen Rüttgers, Guten Morgen, Europa!, Baden-Baden 2019, S. 46 ff.

[11]   Olga Tokarczuk, Jetzt kommen neue Zeiten!, in: Frankfurter Allgemeine Zeitung, 31.03.2020, S. 9.

[12]   Vertrag über die Europäische Union vom 07.02.1992 (Konsolidierte Fassung), Amtsblatt der Europäischen Union vom 26.10.2012, C 326/15.

[13]   Daniel Steinvorth, Viktor Orban streut wieder einmal Sand ins Getriebe der EU, in: Neue Zürcher Zeitung vom 24.05.2023, https://www.nzz.ch/international/viktor-orban-streut-wieder-einmal-sand-ins-getriebe-der-eu-ld.1739174.

[14]   Europäische Union, Binnenmarkt, https://european-union.europa.eu/priorities-and-actions/actions-topic/single-market_de.

[15]   Ulrich Schlie, Europas strategische Lage, Vontobel-Stiftung, Zürich 2022, S. 31 ff.

[16]   Theo Sommer, China First. Die Welt auf dem Weg ins chinesische Jahrhundert, München 2019, S. 320.

[17]   Sören Urbansky, Xi lächelt, Putin verzieht das Gesicht, in: Neue Zürcher Zeitung, 11.04.2023, S. 8.

[18] Ulrich Schlie, Europas strategische Lage, Vontobel-Stiftung, Zürich 2022, S. 31 ff.

[19] Moritz Schularick, „Wir dürfen Russland und China nicht in einen Topf werfen", in: Süddeutsche Zeitung, Nr. 60, 13.03.2023, S. 13.

[20] Ulrich Schlie, Europas strategische Lage, Vontobel-Stiftung, Zürich 2022, S. 50.

[21] Robert U. Vogler, Das ewige, widersinnige USA-Bashing, in: Neue Zürcher Zeitung, 31.03.2023, S. 15.

[22] Ulrich Schlie, Europas strategische Lage, Vontobel-Stiftung, Zürich 2022, S. 54 ff.

[23] Ebd.

[24] Jürgen Rüttgers, Mehr Demokratie in Europa. Die Wahrheit über Europas Zukunft, Marburg 2016, S. 21.

[25] Mateusz Morawiecki, zitiert nach Wolfgang Schäuble, Noch ist Europa nicht verloren, in: Frankfurter Allgemeine Zeitung, 20.10.2022, S. 6.

[26] Wolfgang Schäuble, „Humboldt-Rede", 5.12.2019, https://www.bundestag.de/parlament/praesidium/reden/2019/021-654140.

[27] Juncker für Europa der „konzentrischen Kreise", in: EU-Info, 24.02.2017, https://www.eu-info.de/dpa-europaticker/277905.html.

[28] Vgl. Claudia Major, Nicolai von Ondarza, Zeitenwende (auch) für die Europäische Souveränität, in: APuZ 42/2022, S. 47 ff.

[29] Ebd.

[30] Ebd.

[31] Ebd.

[32] Vgl. Thomas Gutschker, Jochen Stahnke, Besuch beim Systemrivalen, in: Frankfurter Allgemeine Zeitung, Nr. 82, 06.04.2023, S. 4.

[33] Daniel Steinvorth, Tanz um den chinesischen Drachen, in: Neue Zürcher Zeitung, 08.04.2023, S. 2.

[34] Vgl. Jan Diesteldorf, Von der Leyen sagt China den Kampf an, in: Süddeutsche Zeitung, Nr. 76, 31.03.2023, S. 7.

[35] Karl Lamers, ehemaliger außenpolitischer Sprecher der CDU/CSU-Bundestagsfraktion, und Jürgen Rüttgers, Bundesminister für Bildung, Wissenschaft, Forschung und Technologie, im Jahre 2004.

[36] Wolfgang Schäuble, Noch ist Europa nicht verloren, in: Frankfurter Allgemeine Zeitung, 20.10.2022, S. 6.

[37] Klaus Ferdinand Gärditz, Grenzrechtspolitik als europäischer Selbstfindungsprozess, in: Udo Di Fabio und Frank Schorkopf, Die Selbstbehauptung Europas, Tübingen 2022, S. 90 f.

[38] Seitdem das EU-Bildungsprogramm Erasmus 1987 ins Leben gerufen wurde, gingen rund 13 Millionen junge Menschen ins Ausland, um dort zu lernen, zu arbeiten oder sich ausbilden zu lassen. Das 2014 in Erasmus+ umbenannte und erweiterte Programm zur Förderung von allgemeiner und beruflicher Bildung, Jugend und Sport in Europa verfügt über einen Haushalt von ungefähr 26,2 Milliarden Euro. Das ist fast doppelt so viel wie für das Vorläuferprogramm (2014–2020). An der neuen Programmgeneration nehmen 33 Länder als sogenannte Programmländer teil. Neben den 27 EU-Mitgliedstaaten sind dies Island, Liechtenstein, Nordmazedonien, Norwegen, Serbien und die Türkei. Schwerpunkte des Programms 2021–2027 sind soziale Inklusion, der grüne und digitale Wandel und die Förderung der Teilhabe junger Menschen am demokratischen Leben.

[39] Klaus Ferdinand Gärditz, Grenzrechtspolitik als europäischer Selbstfindungsprozess, in: Udo Di Fabio und Frank Schorkopf, Die Selbstbehauptung Europas, Tübingen 2022, S. 91.

[40] Ebd.

[41] Ursula von der Leyen, Europarede vor der Konrad-Adenauer-Stiftung, Berlin, 8.11.2019.

[42] Udo Di Fabio, in: Die Zeit, 14.07.2016, S. 9.

[43] Ludger Kühnhardt, Das politische Denken der Europäischen Union. Supranational und zukunftsoffen, Paderborn 2022, S. 84 f.

[44] Otmar Issing, „Ich bin von der EZB enttäuscht", Interview, in: Frankfurter Allgemeine Sonntagszeitung, 08.01.2023, S. 27.

[45] https://www.destatis.de/DE/Presse/Pressemitteilungen/2023/04/PD23_170_611.html.

[46] Martin Nettesheim, Selbstbehauptung der EU durch Schutz des impliziten sozialen Kontrakts, in: Udo Di Fabio, Die Selbstbehauptung Europas, Tübingen 2022, S. 46 f.

[47] Udo Di Fabio, Die Selbstbehauptung Europas als Idee, in: ebd., S. 10.

[48] Speech by Mario Draghi, President of the European Central Bank at the Global Investment Conference in London, 26.07.2012, https://www.ecb.europa.eu/press/key/date/2012/html/sp120726.en.html.

[49] Udo Di Fabio, Die Selbstbehauptung Europas als Idee, in: ders., Die Selbstbehauptung Europas, Tübingen 2022, S. 10.

[50] Bundeskanzlerin Angela Merkel, Stenografische Mitschrift des Deutschen Bundestages, 19.05.2010, https://www.bundeskanzlerin.de/bkim.de/aktu-

elle/regierungserklaerung-von-bundeskanzlerin-merkel-zu-den-euro-stabi-lisierungsmassnahmen-1122352.

[51] Martin Nettesheim, Selbstbehauptung der EU durch Schutz des impliziten sozialen Kontrakts, in: Udo Di Fabio, Die Selbstbehauptung Europas, Tübingen 2022, S. 47 f.

[52] Art. 23 (1) GG.

[53] Vgl. dazu den Überblick bei Matthias Herdegen, Europarecht, 24. Auflage, München 2023.

[54] Ludger Kühnhardt, Das politische Denken der Europäischen Union. Supranational und zukunftsoffen, Paderborn 2022, S. 187.

[55] Udo Di Fabio, Die Selbstbehauptung Europas, Tübingen 2022, S. 144 f.

[56] Ebd., S. 145.

[57] Bisher galt eine Grundmandatsklausel, nach der eine Partei auch dann entsprechend ihrem Zweitstimmenergebnis im Bundestag vertreten ist, wenn sie weniger als fünf Prozent der Zweitstimmen errungen hat, aber mindestens drei Direktmandate erringen konnte. Diese Grundmandatsklausel soll nun wegfallen, um die Zahl der Abgeordnetenmandate verlässlich auf 630 zu begrenzen.

[58] Ezra Klein, Der tiefe Graben. Die Geschichte der gespaltenen Staaten von Amerika, Hamburg 2022, S. 20, zitiert Sidney Decker, den Gründer des Safety Science Innovation Lab der Griffith University in Brisbane.

[59] Durs Grünbein, Von der Machtübernahme, in: Süddeutsche Zeitung, 28.09.2022, S. 9.

[60] Vgl. Lukas Haffert, Stadt – Land – Frust. Eine politische Vermessung, München 2020, S. 69 ff.

[61] Deutscher Bundestag, Plenarprotokoll, Stenografischer Bericht der 34. Sitzung der 12. Wahlperiode, S. 2745.

[62] Vgl. Elena Witzeck, Die in Berlin und wir da draußen, in: Frankfurter Allgemeine Zeitung Nr. 47, 24.02.2023, S. 12.

[63] Vgl. Lukas Haffert, Stadt – Land – Frust. Eine politische Vermessung, München 2020, S. 156.

[64] Ebd.

[65] Arnulf Baring, Kanzler der Einheit – Otto von Bismarck, Konrad Adenauer, Helmut Kohl, in: Hans Jürgen Küsters, Ulrich Lappenküper (Hrsg.), Kanzler der Einheit, Sankt Augustin/Berlin 2012, S. 99, Fn. 32.

[66] Frank Becker, Die Einigung Deutschlands in der Publizistik, in: ebd., S. 86.

[67] Andreas Rödder, Deutschland einig Vaterland, München 2009, S. 368.

[68] Vgl. Aleida Assmann, Der Europäische Traum. Vier Lehren aus der Geschichte, Bonn 2019, S. 11 ff.

[69] Vgl. ebd., S. 15.

Nachgedanke

[1] Helmut Kohl, Aus Sorge um Europa, München 2014, S. 118 f.

Über den Autor

Jürgen Rüttgers, geb. 1951, war von 2005 bis 2010 Ministerpräsident des Landes Nordrhein-Westfalen und von 1994 bis 1998 Bundesminister für Bildung, Wissenschaft, Forschung und Technologie im fünften Kabinett Helmut Kohls. Er ist Honorarprofessor am Institut für Politische Wissenschaft und Soziologie der Universität Bonn.

Mehr als 30 Jahre trat er zum Teil gegen starken Widerstand auch in den eigenen Reihen für eine Politik der wirtschaftlichen Erneuerung und der sozialen Marktwirtschaft ein. Um die internationale Wettbewerbsfähigkeit und die Einbindung in die globale Wissensgesellschaft zu unterstützen, wurden in seiner Amtszeit viele neue Forschungszentren gegründet und Wissenschaftsinitiativen gestartet. So reformierte er als „Zukunftsminister" das deutsche Hochschulsystem, äußerte sich immer wieder zum Thema Partei- und Politikverdrossenheit und warb für mehr Diskussionen mit den Bürgern und mehr Mitgliederbeteiligung in den Parteien. Als Vorsitzender der Independent High-Level Strategy Group on Industrial Technologies und als Special Adviser der Europäischen Kommission setzte er sein pro-europäisches Engagement fort.